此书是 2014 年国家社会科学基金重大项目"建设社会主义民族法治体系、维护民族大团结"（项目编号 14ZDC025）的阶段性研究成果，是贵州省重点学科中国少数民族经济（培育）系列成果。

明清时期
贵州民田制度研究

曹务坤　著

中国社会科学出版社

图书在版编目 (CIP) 数据

明清时期贵州民田制度研究 / 曹务坤著 . —北京：中国社会科学
出版社，2016.10

ISBN 978 – 7 – 5161 – 9136 – 1

Ⅰ.①明… Ⅱ.①曹… Ⅲ.①土地制度－经济史－贵州－明清时代
Ⅳ.①F329.073

中国版本图书馆 CIP 数据核字（2016）第 252552 号

出 版 人	赵剑英
责任编辑	宫京蕾
责任校对	秦 婵
责任印制	李寡寡

出　　版	中国社会科学出版社
社　　址	北京鼓楼西大街甲 158 号
邮　　编	100720
网　　址	http：//www. csspw. cn
发 行 部	010 – 84083685
门 市 部	010 – 84029450
经　　销	新华书店及其他书店

印刷装订	北京市兴怀印刷厂
版　　次	2016 年 10 月第 1 版
印　　次	2016 年 10 月第 1 次印刷

开　　本	710×1000　1/16
印　　张	14
插　　页	2
字　　数	220 千字
定　　价	52.00 元

序　言

曹务坤的博士论文《明清时期贵州民田制度研究》正式出版，这是他在民族法学少数民族法制史领域取得的阶段性成果，可喜可贺。阅读之后，有如下感想。

从民商法转到民族法学少数民族法制史，对他来说，这是一个难度极大的挑战。为了完成这个挑战，我和他商议，把博士论文选题确定为"明清时期贵州民田制度研究"，这是基于以下几个方面的考虑。一是民田制度属于民商法研究范畴，这个题目便于他尽快熟悉情况；二是他长期在贵州生活和工作，对贵州的情况比较熟悉，便于资料的收集；三是明清时期的文献资料比较丰富，特别是贵州近年来新发现的大量田地契约文书、碑刻和家谱，这为这个选题提供了大量可贵的第一手资料。

经过两年多的努力，曹务坤交了一份比较满意的答卷。在博士论文答辩会上，答辩老师给以了较高的评价，顺利通过了博士论文答辩，获得博士学位。但其中的汗水和艰辛，是一般人难以想象的。入学以后，根据他的具体情况，除了完成规定的课程和学分外，还特别安排他去上著名民族史专家王文光教授开的《中国民族史》课程，这让他受益匪浅，除了受到中国民族史的启蒙教育外，还掌握了中国民族史的研究方法。又把他介绍给贵州民族史、地方史研究专家史继忠教授，史继忠教授针对他的命题进行了精心指导。经济史研究专家博士生导师吴晓亮教授不但给他的博士论文初稿提出了一些宝贵意见，而且提供了一些与其博士论文有关的高质量论文和资料。

　　除了老师们的精心指导外，曹务坤自己的努力和勤奋也是值得肯定的。他来攻读博士学位的时候，已是民商法方向的教授，但他毫不松懈，认真学习。在繁忙的教学和科研工作之余，几乎放弃了所有的休息，查阅了大量的文献资料和相关研究成果，利用自己的优势，对命题进行了新视角的分析和审视，几易其稿，完成命题。

　　通读全书，我认为有以下值得肯定之处。

　　第一，多学科的综合研究

　　同样的命题，不同的研究方法和路径，对命题研究的深度和广度是不一样的。这本书利用法社会学理论、经济史理论、民族史理论、物权法理论综合分析明清时期贵州民田所有权制度、用益物权制度、民田登记制度及明清时期民田制度的变迁等情况。与对这个问题之前单一学科的研究方法相比，显然要深入厚重一些，研究也更新颖，更具有说服力一些。

　　第二，用民商法的理论分析明清时期贵州民田制度

　　这本书最与众不同的地方，是利用他熟悉的民商法理论来分析明清时期贵州民田制度。例如：所有权制度；用益物权制度；抵押制度；物权变动诚信制度等民商法中特有的理论和概念，把这些理论和概念运用到贵州明清时期民田制度的研究中，无疑是一种新的尝试，也基本上能言之成理。

　　第三，从动态的角度分析问题

　　这本书还有一个显著特点，是从动态的角度分析问题。本书除了对贵州明代和清代的民田制度分别进行了较为细致的梳理外，在此基础上还对明代贵州民田制度和清代贵州民田制度的异同进行了比较研究，提出自己的看法：明清时期贵州民田制度变迁的轨迹是民田权能逐步分化和民田权能重新组合，而变迁的内在动因是明清时期官府为实现田土的经济资本所采取的措施。

　　经过比较指出，明清时期贵州的府、州管辖的民田、卫所管辖的民田、土司领地的民田及"生界"的民田之间的关系此消彼长的博弈关系。不同类型民田关系的变迁轨迹为：卫所管辖的民田、土司领地的民田和

"生界"的民田逐渐转化为府、州管辖的民田。曹务坤把命题放在更广阔的背景和更长的时间段下进行考察，得出的结论更为科学客观。

第四，提出了一些自己新的见解

特别值得一提的是，在博士论文中，经过认真的研究和思考，曹务坤对一些问题大胆提出了自己的见解。例如，明清时期贵州地区民田权利变动非常注重诚信、民田权利变动模式多元，并对科田的性质提出自己新的见解。按传统的看法，有的认为科田属于屯田或民田，也有人认为科田属于独立的田土类型。经过对大量史料的爬梳整理，最后认为，明清时期贵州的科田应属于民田，基本言之成理，持之有据，能成一家之说。

在对这本书充分肯定之时，也要指出书中的不足之处。

一是对有些问题研究不够，尚需进一步思考和探讨

前已指出，这本书的成功之处是用多学科的综合研究方法对命题进行分析论证，但这毕竟是一种新的尝试，用法学理论解决历史问题，还值得进行更深入的探讨和研究。例如，作者谈到明清时期贵州不同类型民田的博弈关系与明清时期贵州民田制度变迁轨迹之间具有内在关联性，即明清时期贵州不同类型的民田博弈关系与明清时期贵州民田制度的变迁轨迹的关系是内容与形式的关系，目的和手段的关系，是作用和反作用的关系……这尚需进一步思考和探讨。

二是尚需进一步消化和分析有些史料

这本书确实花了不少功夫，收集了大量与命题相关的史料，也对这些史料进行了剖析，并提炼了一些独到的观点，但对有些的史料的消化和分析不够，尚需加强，这也是本书的不足之处。

总的看来，这本书是一本较为成功的著作，值得肯定和祝贺。同时，也应看到，作者是一个十分努力和勤奋的年轻人，前程远大，在学术生涯中还有很长的路要走，我期望他有更多的佳作问世。

方　慧

2016 年 10 月 23 日于昆明

序

　　本书以作者的博士论文——《明清时期贵州民田制度研究》为基础，吸收了作者所参与的一些项目的阶段性成果。作者先后参与了我主持的"研究阐释党的十八届四中全会精神国家社科基金重大招标项目——建设社会主义民族法治体系、维护民族大团结研究（14ZDC025）"，作者本人主持的"2013年贵州省社科规划项目——明清时期贵州财产法律制度研究（13GZYB31）"和"2013年贵州省出版发展专项资金资助项目——贵州法制史中的明代贵州法律制度"等项目。

　　本书既有实际意义和价值，又具有理论意义和价值。对明清时期贵州民田所有权制度、民田用益物权制度及民田登记制度等制度的研究，这既可以为我国土地制度改革中所存在的解决提供启示和历史经验借鉴，可以为我国"农村土地所有权、农村土地承包权、农村土地经营权"三权分离、农村土地承包经营权流转政策及农村"三变"政策的制定提供史学依据，也可以为贵州集体林权制度改革和贵州自然资源管理体制改革给以启示。我国物权变动理论应该采用"物权变动有因性"理论，还是采用"物权变动无因性"理论，这是我国物权法理论界争议较大的一个问题。现有学者主要从比较法视角论述以上问题，本书以清代贵州民田契约文书为中心，发现清代贵州民田权属变动是有因性的，这为我国物权变动理论应该采用"物权变动有因性"理论提供了佐证。

　　本书沿着从"结构和动因"到"功能和意义"的研究路径，运用法社会学理论和物权理论对明清时期贵州民田的所有权制度、用益物权制度和登记制度、明清时期贵州民田制度变迁及其启示等问题进行了探讨，重点分析了明清时期贵州民田制度的结构、特征、成因及功能，深入而系统地剖析了明清时期贵州民田制度与"改土归流"和对"苗疆治理"的关系，也从法社会学维度诠释了明清时期贵州民田制度变迁轨迹。

本书也不凡具有新颖性。第一，引用了一些新的第一手史料。如《道真契约文书》是时任贵州民族大学文学院院长、现贵州省旅游与发展委员会副主任汪文学教授等学者历时两年多时间编校成文，并于2014年12月在中央编译出版社出版，孟学华收集和整理了贵州毛南族清朝土地契约文书，杨有赓、佘绍基、姚炽昌、杨明兰、杨学军、石同义、黄开运、吴永清等学者收集了清代贵州碑刻和家谱。第二，研究内容具有新颖性。如明代贵州民田所有权制度、贵州明代民田用益物权制度、明清时期贵州民田登记制度、清代贵州碑刻上民田制度等研究内容具有新颖性。第三，研究视角具有新颖性。基于对"清代贵州田土契约文书是物权变动问题"的认识，本文重点以"清代贵州田土契约文书"为中心，从物权法理论的视角诠释了清代贵州民田的所有权制度、用益物权制度和抵押制度，从资本学的角度分析明清时期贵州民田制度形成动因及其变迁轨迹。第四，提出了一些独到的见解和观点。如明清时期贵州民田权利变动非常注重诚信，明清时期贵州民田权利变动模式多元，明清时期贵州民田制度变迁轨迹为：民田权能逐步分化和民田权能重新组合，明清时期贵州民田制度变革的内在动因是明清时期官府为实现田土的经济资本。

固然，本书也存在一些不足。例如，对明清时期屯田制度切换到民田制度的深层次原因分析不够，对明清时期贵州苗疆民田制度制度变迁轨迹和动因的探讨也略为肤浅。但是瑕不掩疵，本书具有学术性和可读性，故推荐给读者。

是为序。

2016 年 9 月 10 日于甲秀楼

目　录

绪　　论

一　选题缘由

（一）选择"明清时期贵州民田制度"作为研究对象的本体论考量

1. 明清时期贵州具有时空的特殊性

明清时期贵州具有时空的特殊性，其表现为三。一是明清时期贵州在西南民族地区中的战略地位重要。明代贵州①是西南民族地区的军事战略枢纽。明代贵州处于云南、四川和湖广的中间，控制和治理云南是明王朝的一个重要课题，明代贵州自身又面临与土司和"苗疆"的战争风险。正因为如此，明王朝于永乐十一年设立了贵州省，率先在贵州推行卫所制度，大力开发屯田。清代贵州是西南民族地区的政治战略枢纽。对土司和"苗疆"管控和治理是清王朝急需解决的政治难题，清代贵州是土司较多和"苗疆"版图较大的民族省份，因此清代贵州是否能够完成"对土司和'苗疆'管控和治理"的政治使命，这事关清代西南民族地区的政治稳定。二是为了从根本上确保贵州及西南其他民族地区的社会稳定和经济发展。明清时期贵州都肩负着三大任务：改土归流、治理苗疆、农业开发。从法社会学的角度看，法律是调控社会的手段，是促使社会文明的手段，改土归流、治理苗疆、农业开发都与社会资本息息相关，从这一意义说，以上三大

---

① 明代贵州是指永乐十一年，明王朝设立的贵州省。

任务都是社会问题，都与法律控制密切相关。在农业社会，田土制度是最重要的法律制度之一，因此，笔者认为，以上三大重任都与田土制度存在内在关联性，进而言之，实际上，改土归流、治理苗疆及农业开发就是推进田土制度改革。三是明清时期贵州"山多地少""农耕文化"。"山多地少""农耕文化"交织是明清时期贵州田土分配和经营的一个特色，这反映在明清时期贵州田土的所有权制度和用益物权制度之上。

2. 明清时期贵州推行了民田制度改革

明清时期的贵州，民田是与官田相对应的田土类型，它是明清时期贵州田赋的重要来源，是明清时期贵州社会稳定的物质基础。由于明代贵州特殊的社会背景和政治背景，明王朝对民田的控制总量并不多，民田对明王朝来说，只是象征资本，而不是经济资本，即民田对明王朝的财税贡献率不高。为了把"民田象征资本"转化为"民田经济资本"，明王朝推行了民田制度改革。明王朝从两个层面推进了民田制度改革。一个层面是把土司领地的一部分民田和"生界"一部分民田转为明代贵州官府直接监管的民田；另一个层面是把一部分土司所有的田土、一部分屯田转化为民田，鼓励外来移民开荒田土。在沿袭明王朝的民田制度改革的基础上，清王朝进一步深化了民田制度改革。逐步把土司田土、屯田、科田、"生界"的田土转化为清代贵州官府管辖的民田，大力鼓励外来移民和少数民族人工造林，开发和使用林地，推进民田权能分离，实现民田权利变动契约化。

（二）选题的项目依托

本人参与了"研究阐释党的十八届四中全会精神国家社科基金重大项目——建设社会主义民族法治体系、维护民族大团结研究（14ZDC025）"的研究，本书是"研究阐释党的十八届四中全会精神国家社科基金重大项目——建设社会主义民族法治体系、维护民族大团结研究（14ZDC025）"的阶段性研究成果，笔者主持并完成了"2013年贵州省社科规划项目——明清时期贵州财产法律制度研究（13GZYB31）"，参与并完成了"2013年贵州省出版发展专项资金资助——贵州法制史中的明代贵州法律制度"。在研究以上项目时，收集了与本选题相关的资料，并汲取了相关研究成果。

（三）选题价值和意义

1. 选题的实际价值和意义

明代贵州是移民省份，是田土开垦省份，清代贵州的人工林发达，清代贵州出现了大量田土契约文书，进而言之，明清时期贵州推行了民田制度改革，因此，通过对明清时期贵州民田所有权制度、民田用益物权制度及民田登记制度等制度的研究，既可以为我国土地制度改革中所存在的解决提供启示和历史经验借鉴，也可以为我国"农村土地所有权、农村土地承包权、农村土地经营权"三权分离、农村土地承包经营权流转政策及农村"三变"政策的制定提供史学依据。

2. 选题的理论价值和意义

本书分析了明清时期贵州民田制度与"改土归流"和对"苗疆治理"的关系，也从法社会学维度诠释了明清时期贵州民田制度变迁轨迹。明清时期贵州民田制度的结构和内容如何呢？明清时期贵州民田制度沿着什么轨迹运动呢？明清时期贵州民田制度与"改土归流"及对"生界"的控制和治理等事物存在内在关联性吗？清代贵州契约文书蕴含哪些物权原则和物权理念呢？本书对这些问题做了纵切面的解剖。一方面，法学界鲜有学者涉足明代贵州民田制度和清代贵州田土登记制度的研究，对其研究可以弥补此方面研究的不足；另一方面，通过对这些理论问题深入而系统的研究，我们既可以全面而深刻地认识明清时期贵州民田制度内在秩序和变迁规律，也可以把握明清时期贵州民田制度与其相关事物之间的关系。从而为我国民族经济社会法治建设提供理论支撑。我国物权变动理论应该采用"物权变动有因性"理论，还是采用"物权变动无因性"理论，这是我国物权法理论界争议较大的一个问题。现有学者主要从比较法论述以上问题，本书以清代贵州民田契约文书为中心，发现清代贵州民田权属变动是有因性的，这为我国物权变动理论应该采用"物权变动有因性"理论提供了佐证。

二　研究现状述评

德国著名法哲学家黑格尔对人与财产的关系做了精辟论述，他认为，没有财产，就没有人格。马克思也对"人与财产的关系"作了经典阐述，他所提出的"物质决定精神"的观点乃是"人与财产的关系"的折射。中国民间俗语"人为财死，鸟为食亡"也是人与物之内在关联性的写照。正因为人与物是世界两大互动的原子，所以古今中外财产法律制度占了法律制度的半壁江山。古今中外的农业社会，田土是最重要的不动产，古代中国田土制度之反思和检讨已是中国法制史学家们绕不开的范畴，因此，有不少学者研究古代中国田土制度，尤其对明清时期中国地权理论和制度进行了深入而系统的研究。

（一）明清时期地权理论和制度研究

梁方仲、伍丹戈、赖家度、赵俪生、蒲坚等学者对明清时期田土的类型化进行了研究，并达成了共识：明清时期田土分为"官田"和"民田"两种类型。不过，对于明清时期"官田"和"民田"范畴的认识存在不同观点。梁方仲认为，根据所有权主体不同，明代中国田土被分为官田和民田。"明田之制，凡二等：曰官田，曰民田。凡此，皆以土地所有权来化分，其在官者曰官田，在民者曰民田。"① 伍丹戈诠释了官田和民田的外延。"官田是封建朝廷的田土，民田是民间私人的田土。均田、均粮之后，过去的官田也成为了民田，它们的买卖无论在事实上还是名义上，都是合法的正当行为。"② "明代田土分为官田和民田两大类。清朝初期土地制度，仍分为官田和民田两大类。"③ 赵俪生分别对广义和狭义的"官田"概念作了阐述。"在洪武

---

① 梁方仲：《明史·食货志》第一卷笺证（续三）北京师院学报（社会科学版）1981年第2期。

② 伍丹戈：《明代土地制度和赋役制度的发展》，福建人民出版社1982年版。

③ 赖家度：《明清两朝土地占有关系及其赋税制度的演变》，《历史教学》1995年第9期。

政令的亚细亚式超强经济强制之下，出现了三种国有土地：一种是
'屯田'，一种是与'民田'相区别以强立名目征收高额租赋'官
田'；一种是'庄田'包括官庄和皇庄"①"官田是明初统治者的意志
强加在不以人们主观意志为转移的经济基础上的一种产物，它是存在
着名与实相矛盾的一种国有土地，广义的官田包括了没官田、还官
田、学田、草场、牲地、苜蓿地陵园坟地、公占隙地、贵族的庄田和
百官的职田，也就是国有土地。狭义而言，官田与民田的对比含义，
仅仅在于官田租额特高，而差役较少；民田租额低，而差役很高。"②
蒲坚先生认为，明清时期的田土也分"官田"和"民田"，"官田"
又分为若干小类。"明土田之制，凡二等：曰官田，曰民田。初；官
田皆宋、元时入官田地，厥俊有还官田，断入官田，学田，皇庄，牧
马草场，城壖苜蓿地，牲地，园陵坟地，公占隙地，诸王、公主、勋
戚、大臣、内监、寺观赐乞庄田，百官□田，迈臣養廉田、军、民、
商屯田，通谓之官田。其余为民田。"③"'官田'范围广泛，包括皇
室庄田、宗室庄田、礼部和光禄寺官庄、盛京官庄、籍田、祭田、学
田、牧地、屯田等。依其性质，'官田'又分为两种。一种是所有权
完全属于国家的'官田'。这种'官田'主要有：籍田、祭田、学
田、牧地、屯田。另一种虽名为'官田'，在法律上属于国有，按规
定亦不准随意买卖转让，但随着时间的推移，它们已逐渐变为私有性
质，这种'官田'实际已转化为'民田'。它包括皇室庄田、宗室庄
田、八旗官兵土地等，主要来自清初权圈占与带地投充的土地以及入
关前在辽东等地的土地。"④

　　以上学者对明清时期田土二分法的观点值得商榷。一方面，对明
清时期田土分类时，以上学者都没有考虑贵州的实际情况，没有回答

---

① 赵俪生：《中国土地制度史》，武汉大学出版社2013年版，第137页。

② 同上书，第137—138页。

③ 蒲坚：《中国历代土地资源法制研究》，北京大学出版社2006年版，第460—461页。

④ 同上。

土司所有的田土归属于官田，还是归属于民田。土司所有的田土在明代贵州占有重要席位，而按照官田和民田的概念，土司所有的田土既不属于"官田"，也不属于"民田"。另一方面，明清时期的贵州，学田、祭田不一定属于官田，一些学田、祭田属于官田，或民田或土司田土。对学田、祭田划分的根据乃是田土的功能。笔者认为，从田土所有权主体对田土分类和从田土功能对田土类型化各有利弊。例如，田土功能具有稳定性的特质，而田土所有权主体具有主观性的特质，所以从田土功能的角度对其类型化更具有客观性。从田土所有权主体角度对田土分类既可以反映不同田土权能关系，又可以揭示不同田土权利主体的特质。

蒲坚、李文治、傅衣凌等学者探讨了明清时期官田和民田相互之间转化问题。从物权变动理论视角看，官田和民田转化问题实质上是田土所有权主体变更。从官田和民田的概念看，地主的田土属于民田，因此，地主制经济不断扩大，这实际上是官田不断转化为民田。蒲坚认为，在明代，田土呈现私有化的趋势。"明朝的'官田'与'民田'时常处于相互转化的变动过程中。但从总的发展趋势来看，国有土地的逐步私有化，是土地所有权制度发展变化的主要趋势。"[1]李文治不但探讨了明清时期官田和民田相互转化的表现和原因，而且分析了地权分配问题和田土地主所有制问题。"明清时期，商品经济伴随着土地关系的变化有着进一步发展。这时土地关系变化主要体现在以下三个方面：一是国家屯田、贵族庄田向民田转化，地主制经济不断扩大；二是官绅特权地主向一般地主过渡，庶民地主有所发展；三是地主经济本身的变化，封建依附关系趋向松解。"[2]"明朝对于屯田，先由禁止典卖到放松禁令，由国家所有制变成人民所有制，正式进入地主制经济体系，这是一个具有历史意义的重要变革。"[3]"在地

---

① 蒲坚：《中国历代土地资源法制研究》，北京大学出版社2006年版，第407页。

② 李文治：《从地权形式的变化看明清代地主制经济的发展》，《中国社会经济史研究》1991年第10期。

③ 同上。

权分配方面，明清两代经过几次大的变化，即由分散到集中，又由集中到分散。"① "在中国地主经济制度下，由于地权形式缺乏严格的等级结构、宗法的尊卑、长幼关系在这里遂成为必要的补充，它在巩固封建土地关系方面起着极其重要的作用。"② 傅衣凌认为，明清时期，不同省份的官田和民田转化的情况不同。"国内各少数民族地区，省份制和土地所有权是紧密结合在一起的。"③

以上学者对官田和民田相互转化问题的研究侧重于官田转化为民田，如地主制经济扩张则是明证，而忽视了明清时期贵州民田转化官田的现象，如"生界"民田转化为屯田，土司领地的民田转化为屯田等，同时，也未关注贵州官田转化为民田的情况。

杨国桢、龙登高、彭波、柴荣、张一平和方行等学者分析了明清时期田土所有权主体多元化（"一田二主"）的过程、原因，也探讨了田面权和田底权的法律属性，诠释了田面权与永佃权的关系。杨国桢以明清时期的契约文书为中心，诠释了永佃权与田面权形成的关系。他认为，永佃权对田面权的形成起到一定的作用，永佃权和田面权具有本质上的区别。"从土地所有权制度与租佃制度变迁的互动关系进行考察，永佃权和田面权具有本质上的区别，田面权所反映的是土地所有权分割，属于所有权制度的变化。传统说法用永佃权概括永佃权和一田二主，这是不符合历史实际的。"④ 龙登高、彭波运用制度经济学理论分析了明清时期的田面权和田底权。"明清时期各地普遍出现同一块田的地权析分出田面权与田底权的现象，南方尤为突出。则明确以资产性地权与经营性地权来分析一般情况下的田底权与田面

---

① 李文治：《论中国地主经济制与农业资本主义萌芽》，《中国社会科学》1981 年第 1 期。

② 同上。

③ 傅衣凌：《论明清时期社会与封建土地所有形式》，《厦门大学学报》（哲学社会科学版）1978 年 ZI 期。

④ 杨国桢：《明清土地契约文书研究》，中国人民大学出版社 2009 年版，第 2 页。

权。"①柴荣分析了田骨权（田底权）和田皮权（田面权）的法律性质，他认为田皮权（田面权）是用益物权。"明清时期一份地权可能分成田底权和田面权，有的地方称其田骨权和田皮权，田皮权能够独立于田骨权，对土地享有占有、耕作、转让等等权利。"②"不同层面的官府基于不同的考量对有关田皮交易的国家制定法和民间习惯法有不同适用态度。"③"田皮权表现为对他人土地享有占有、耕种甚至交易、继承等权利，具有明显的现代民法理论中用益物权的独立占有权和处分权特征。"④方行在分析永佃权法律性质的基础上，论述了地主的土地所有权的一分为二（田底权和田面权分离）的必然性。"永佃权常常表现为一种动态的权利关系。"⑤"在永佃权制下，地主的土地所有权发生分解，分解成田底与田面。田底即土地所有权，田面即土地经营权。"⑥"对传统土地占有、使用、收益、处置的产权构成了重新考量。"⑦

对于田底权法律性质，以上一些学者已形成共识，但是对于田面权法律性质认识却存在明显差异。一种观点认为，田面权不是田土所有权；另一种观点认为，田面权是田土所有权。从形式上看，他们对田面权的法律性质认识不同的根本原因乃是对田面权法律性质界定的理论基础不同，前者的理论基础是大陆法系的物权理论，而后者的理论基础则是功能主义，如田土用途的改变是田土所有权和使用权的一个重要标志。笔者认为，似乎以上两种观点的理论基础不同，但是实

①　龙登高：《地权交易与生产要素组合：1650—1950》，《经济研究》2009 年第 2 期。

②　柴荣：《明清时期"田皮权"属性法理研究——以民法用益物权为解释工具》，《北京师范大学学报》（社会科学版）2014 年第 5 期。

③　柴荣：《明清时期田皮交易契约研究》，《中国人民大学学报》2014 年第 4 期。

④　柴荣：《明清时期"田皮权"属性法理研究——以民法用益物权为解释工具》，《北京师范大学学报》（社会科学版）2014 年第 5 期。

⑤　柴荣：《明清时期田皮交易契约研究》，《中国人民大学学报》2014 年第 4 期。

⑥　方行：《清代前期的土地产权交易》，《中国经济史研究》2009 年第 2 期。

⑦　张一平：《近代租佃制度的产权结构与功能分析——中国传统地权构造的再认识》，《学术月刊》2011 年第 10 期。

际上，他们对田面权法律性质界定的理论基础具有同一性，即大陆法系的物权权能理论，不同点只是对使用权的处分权能与田土所有权的权能根本区别认识不同而已。笔者更倾向于后者的观点，即田面权是田土所有权。

龙登高从制度经济学视角对田土用益物权作了类型化探讨，张湖东、杨德才，陆蕾、方行、柴荣、赖家度、刘志敆等学者诠释田土的"押""典""当""永佃权"等用益物权的概念、性质、特征及其流转等问题。龙登高阐述了资产性地权和经营性地权的形成和影响。"资产性地权与经营性地权的形成在相当程度上突破了地权流转的地域限制，扩展了地权流转的社会阶层范围。"①张湖东分析了"找价"与田土权利变动的关系。"基于土地交易契约和民事习惯调查资料的实证研究发现，绝卖前的'找价'有其边界，绝卖后的'找价'有其规则。从经济社会融合的视角看，'找价'促使了交易发生，发挥了积极功能。"②杨德才、陆蕾等考究了租佃制的源和流。"押租制是明清兴起的土地租佃制度。押租制的先行形态是：执贽受田之俗例；其后慢之演变为典型的押租制。所谓'执贽受田之俗例'指的是，佃户在承耕地主土地、成立租佃关系的时候，要送给地主一点礼物，一般为数不多，在租佃关系中止时，地主也退还佃户。"③"典型的押租制以货币抵押佃权，佃户交付一笔货币给地主以交换土地的耕作权，主佃关系中止时退钱还田。押租制最显著的特征就是地权和佃权发生分离，地主只拥有土地的所有权，土地经营权属于佃农。"④方行诠释了田土的"押""当""典"的概念。"押是指以土地文契作为凭证，以换取钱物。通常以地租或利息支付给债权人。不发生实际地权转移。明确规定赎回年限，到期归还钱物，收回地契。当也是一种甚为

---

① 龙登高、彭波：《近世佃农的经营性质与收益比较》，《经济研究》2010 年第 1 期。

② 张湖东：《传统社会土地交易"找价"新探》，《学术月刊》2013 年第 7 期。

③ 杨德才、陆蕾：《论中国历史上的押租制——新制度经济学的视角》，《福建师范大学学报》（哲学社会科学版）2014 年第 5 期。

④ 同上。

流行的形式，它是将土地出当与银主，借贷银钱。在当田期间，田土必须脱离业主，由银主耕种，或由银主召佃耕种，所收获的粮食或地租，即为银主收益，至期钱还田退。典是与当相近的一种地权交易形式，二者区别不大。当的债权人通常要掌握土地使用权与收益权，典也同样如此，有些地方官实际上对典与当不加区别。抵是以价值相当的土地或土地收益来偿还旧欠。押、典、当的借债，土地产权始终掌握在债权人手中，债权人可以暂时占有使用权与收益权，以收取租息，产不离业，始终不发生产权转移。但抵则有所不同。"①赖家度阐述了"更名田"的含义。"'更名田'是指清朝把原先明朝最大地主皇族、藩王、贵戚等的庄田，下令赐给原来的佃主，归佃户所有，称为更名田。"②张一平论述了租佃制与田土占有权与收益权的内在关联性。"从租佃制的形态看，租佃比例和地租率反映了土地占有权和收益权的分割，而一田多主体现了占有、使用、收益、处置等权利复杂化；从租佃制的功能看，租佃经营不仅是一种组合各类要素的生产方式，更是以土地为中心为中介的资金运行方式，发挥着现代金融工具产生的财富保值增值功能；从地权构造的内涵来看，无论是权利的类别与主体，还是权利大小、时间长短，交易和衍变过程，租佃制度均具有相当大的弹性。"③刘志敫诠释了永佃权的内涵和作用。"永佃权亦为存于土地之权利，而以使用土地为目的，其与地上权区别之处，不但目的事业互有歧异，即其有存续状况各不同。"④"永佃权为存在土地之物权，系为耕作或畜牧而使用他人土地之权利，为永久使用他人土地之定限物权，为有偿设定之权利。"⑤

---

①　方行：《清代前期的土地产权交易》，《中国经济史研究》2009 年第 2 期。

②　赖家度：《明清两朝土地占有关系及其赋税制度的演变》，《历史教学》1995 年第 9 期。

③　张一平：《近代租佃制度的产权结构与功能分析——中国传统地权构造的再认识》，《学术月刊》2011 年第 10 期。

④　刘志敫：《民法物权编》，中国政法大学出版社 2006 年版，第 185 页。

⑤　同上。

不可否认，以上学者对明清时期的田土用益物权认识和诠释也符合明清时期贵州田土用益物权运行情况，对研究明清时期贵州田土用益制度具有指导意义。然而，他们并没有对明清时期贵州的田土用益物权制度进行研究，而明清时期贵州田土用益物权制度具有自身的一些特质。

（二）明代贵州田土制度研究

何仁仲、史继忠、[日] 长野郎、翁家烈、中国科学院民族研究所贵州少数民族社会历史调查组和中国科学院贵州分院民族研究所、李仕波、朱艳英、李中清、怀效锋、张晋藩等学者和研究机构对明代贵州田土制度进行了研究，他们的研究对象和内容主要集中于三个方面：一是探讨了明代贵州的土司田土制度、屯田制度、田赋制度。二是描述了明代贵州的军屯机制、田土垦荒机制、官田机制等田土运行机制。三是反思和透析明代贵州的典权、佃权、土地所有权变迁。

何仁仲、史继忠等对明代贵州水西制度进行了梳理和评析。所谓"则溪地"法律制度是指对"则溪地"的权属和性质等方面所作的规定。"则溪地"的所有权主体是宣慰和土目，它的使用权是子民，而子民不但要缴纳地租，而且要服兵役，"则溪地"属于"公地"。"水西的土地大体分为'官庄地'和'则溪地'两类。官庄地是宣慰、土目直接占有的土地，在这种土地上实行劳役地租，由其属民为之代耕，即所谓众苗通力合作，土目按亩收利的'私土'。'则溪地'，即'宣慰公土'，分属于各则溪管理而统归于宣慰使，实际上是分给属下人民耕种的'份地'，种地的人，既是'土目之佃户'，又是'士兵'，他们分地而耕，纳租于主。"① [日] 长野郎不但剖析了贵州土司土地租佃制度，而且也探讨了贵州土司领地地主所有制问题。"贵州土司的地租，当普通地主的三分之一。但在佃种地中所出产的物品或副产物等，一切都须缴纳，所以有'玉蜀黍租''稻租''辣椒租''果子租'等的名称。甚至'鸡租''猪租'的也有。可是，像'鸡

---

① 何仁仲、史继忠等：《贵州通史》（二），当代中国出版社2003年版，第24页。

租'‘辣椒租'等，大半头人在中间就夺取了，土司不能得到的。"①
"贵州的土司，设有中间支配者的‘头人'和‘总佃户'等，在地租
以外，他们征收种种的物品，大部分多于头人的荷包里，汉人的地主
和贵州的官田中，也有总佃户之设，本欲使其监督佃农，征收地租，
但弊害也就随着发生了。"②"贵州的土司地主，对于佃农，恰如家主
对家奴，无论命令作什么，均须绝对服从。例如，土司想开一道小河
以供娱乐，则就聚集全部的佃农，使服劳役，在这劳动期间，一天除
了管三次饭之外，没有工资一说。河成以后，佃农们还须赠送礼物，
以为庆祝。凡在土司境内居住的人，就令不是他的佃农，这也是一样
的。官庄的佃农，对于官田地租征收者或区长，也有以上的义务，不
过不像土司的佃农那样绝对的罢了。"③翁家烈对贵州一些土司田土所
有制的变动进行了探讨。"《平播全书》卷6载：当时播州居民仅存者
十之一二耳。遗弃田地，多无主人。乱平后，复业之民往往昌认影
占，原少而报多，以至一人有占田一千亩者，其余大部分田地则收归
国有，由政府招人承种，纳粮当差，承种者交赋服役，成为国家的
佃户。"④

　　李中清从时空角度描述了1500年前后贵州的官田机制和军屯田
机制运行情况，勾画了明代时期贵州省税收情况。中国科学院民族研
究所贵州少数民族社会历史调查组和中国科学院贵州分院民族研究所
共同整理了有关明清时期贵州的垦荒制度、屯田制度方面的资料，李
仕波分析了明代贵州军屯制度，他认为，明代贵州屯田制度具有自身
的特质。"明代在贵州大规模推行了屯田制度，最主要的屯田类型是

---

　　① ［日］长野郎著，强我译，袁兆春点校：《中国土地制度的研究》，中国政法大学出
版社2004年版，第307页。

　　② 同上书，第307—308页。

　　③ 同上书，第310页。

　　④ 翁家烈：《明清时期贵州封建土地所有制的转化与发展》，《贵州文史丛刊》1990
年第2期。

军屯，在贵州驻军并不是从事军事活动，而是屯垦屯土。"① 曹务坤、卢丽娟等探讨了明代贵州屯田制度的内容和特征，从法社会学视角评述了明代贵州屯田制度的借鉴意义和局限性。史继忠先生从社会学、经济学、政治学及民族学等维度探讨了明代贵州领主制不断向地主所有制转化的动因，探讨了奴隶制与原始公有制日益解体的主要原因。朱艳英博士以佃权和典权为切入点，分析了明代西南民族地区物权制度变迁的特殊性及其重要原因，她认为，明代西南民族地区物权制度变迁呈现"非均衡"之特征。"明代西南民族地区物权制度变迁在时空上体现出明显非均衡特征。"②

　　一方面，他们的研究成果具有两个方面的意义：一是填补了明代贵州土司田土制度和屯田制度研究空白。二是为研究明代贵州民田制度提供了一些方法和启示。另一方面，他们的研究也存在一些不足，其主要表现为五个方面。其一，他们虽然对明代贵州田土制度的某些方面进行了整理和分析，从宏观维度勾画了明代贵州土司田土制度，但是并没有从微观维度，并没有运用物权法理论梳理和透析明代贵州田土所有权制度和田土用益物权制度的内在运动规律、特征和功能等，而明代田土制度属于物权法范畴。其二，他们对明代贵州屯田制度和民田研究不够深入和系统，具有"片随性"的特质。例如，对明代贵州屯田制度、田土开垦和抛荒制度的研究仅停留在史料整理和粗加工的层面上，没有相应的理论分析工具给予支撑，也没有揭示这些土地制度所蕴含的物权法思想。其三，明代贵州民田制度是明代贵州重要的田土制度，但是现有学者忽视了对明代贵州民田制度研究，忽视了对其规范性分析。其四，他们所采用的研究方法主要是文献资料分析法，并没有采用多重证据分析法，也没有运用法人类学、法社会学和民法理论等法律理论对其综合分析。其五，资料来源单一，主要

---

① 李仕波：《明代贵州军屯述论》，《贵州文史丛刊》2008 年第 2 期。
② 朱艳英：《明清时期西南民族地区物权制度变迁研究》，云南大学民族法学博士学位论文，2009 年 5 月，第 271—272 页。

资料是《明实录》（嘉靖）、《贵州通志》（万历）、《贵州通志》贵州的一些地方志。

（三）清代贵州田土制度研究

到了清代，贵州与其他省份的交流更加频繁，经济活动更加活跃，社会关系结构更为复杂，同时，移植和吸收西方法律理论和法律制度已成为一种"时尚"，这也许是清代贵州私法比明代贵州发达的因子，如出现了大量文书和碑刻。这为中国法制史学家研究清代贵州田土制度提供了很好的学术土壤，所以研究清代贵州田土制度的学者较多，清代贵州田土制度研究成果也不少。概括起来，学者们对清代贵州田土制度的研究呈现了三个特征。一是宏观性研究。不管是对清代贵州清水江契约文书的研究，还是对清代贵州土地习惯法的研究，都是侧重于宏观维度的解读和分析。二是史料汇编。对清代贵州契约文书和一些有关田土制度方面的碑刻进行了汇编，这在全国的史学界、民族法学界影响较大。三是采用历史人类学和法人类学的研究方法，这是学者们研究清代贵州田土制度的趋同方法。

何伟福从田土功能和赋率两重角度对清代贵州田土进行了分类，他认为，清代贵州田土包括了民苗田、土司田、官田、归并卫所屯田、赈田、学祭田、官庄赈恤田、山地、租地和旱祭田。"在清代，贵州田土的类别大致有民苗田、土司田、官田、归并卫所屯田、赈田、学祭田、官庄赈恤田等，此外，根据赋率得不同，还有山地、租地和旱祭田。"[①] 何伟福教授对清代贵州田土的类型化值得商榷。科田属于屯田，还是属于民田或官田，不得而知，有些赈田、学祭田属于官田，有些赈田、学祭田则属于土司田土或民田。笔者认为，应该采用蒲坚先生划分田土的方法，即从田土功能和田土所有权主体不同对田土进行类型化。根据田土功能和田土所有权主体不同，可以把清代贵州田土分为官田、民田、土司田土三种不同类型。

---

① 何伟福：《制度变迁与清代贵州经济研究》，中国时代经济出版社 2008 年版，第 55 页。

　　中国科学院民族研究所贵州少数民族社会历史调查组和中国科学院贵州分院民族研究所共同辑要了清代贵州的垦荒、屯田等方面的田土制度史料，史继忠先生运用历史学和民族学的方法研究了清代贵州土地所有制的变迁，从政治学及民族学等维度探讨了清代贵州领主制不断向地主所有制转化，探讨了奴隶制与原始公有制日益解体的主要原因。吴大华、潘志成汇编和诠释了清水江流域的土地制度和林木契约文书，孙兆霞等收集和整理了吉昌契约文书，杨有庚、罗洪洋等收集、整理和分析了锦屏林业文书，张新民等收集和整理了天柱契约文书，汪文学等收集和整理了道真契约文书，徐晓光回顾和分析了清代清水江流域林业经济方面的制度，他认为，锦屏契约并不能证明"林地家庭私有制的产物"，从清代锦屏诉讼文书看，清朝中期以后锦屏土地和生产资料还是家族公有的。邓建鹏、邱凯等学者揭示了清至民国清水江纠纷解决的特质：从合意到强制。林芊研究了清代天柱乃洞侗族地区的土地买卖和地权分配，徐莉莉分析了明清时期清水江流域的林权流转，龙泽江、李斌、吴才茂等学者探讨了清代清水江下游苗族的土地制度，吴大华等分析了清代侗族保护森林资源的规约。罗时法探讨了清代前、中期贵州矿业制度，陈纪越诠释了贵州清代土地开垦制度，付可尘论述了清代贵州屯田的民地化，王彪阐述了清代贵州学田制度。"呈现凸洞有土地兼并势头而无土地集中现象，故不存地主所有制，是一个以自耕农为主构成的侗乡社会，即类似经济史家所谓'农民所有制'"。①

　　徐晓光、程昭星、贵州民族研究所等学者和研究部门以清代贵州契约文书为中心，在对清代贵州民田制度进行实证研究的基础上，提出一些富有见地的观点。徐晓光认为，自然分界对山地产权确认起到极为重要的作用。"为了保证各家族林业经营的相对独立性，家族间的林界往往采用自然分界。一般情况下以山脊为界。只有在不得已的

---

　　①　林芊：《近代天柱凸洞侗族地区的土地买卖和地权分配——以清水江文书（天柱卷）研究之一》，《贵州大学学报》（社会科学版），2013第2期。

情况下才以牧场或人为壤沟为界。这些自然界线不仅起到了隔分各家族林地、明确产权的作用，同时还能有效地防止山火的蔓延以及盗伐、盗采，对维护林区的规模性封闭经营同样不可或缺。苗族理词和侗族款约中多处强调各家族的林地要以山冲、山脊为界，道理正在于此。"①贵州民族研究所认为，道光、咸丰年间，天柱县已存在大地主。"据天柱县城龚继昌（黔东南自治州政协委员）先生说：道光、咸丰年间，天柱县的大地主，如吴增爵、李文才、龙运昌、杨沛泽四家，都各占有田地四五万担（每六担约合一市亩）。"②何伟福认为，清代贵州推行了土地重新登记制度，推行了开荒制度。"时任贵州布政使的黎培敬改军需局为善后总局，下设清查局，制定发布了《核定清查田业章程》《清厘田亩粮田示》《续定清查田业章程》等文件，以清理土地产权为重点，恢复并重新界定土地原有主人所有权，发给田契执照，永为己业；对无主荒土或'逆产'，由官府招抚流亡，奖励开垦。"③程昭星认为，清代贵州土地所有制已发生较大转变，即封建领主经济已向地主经济转化。"当时这些地方的社会经济已开始向地主经济转化。这种转化的重要标志之一是买卖土地现象的出现。随着民间买卖土地的现象日渐普遍以及劳役地租逐渐为实物地租甚至货币地租所替代，这表明封建领主经济已向地主经济转化。"④

　　向零、雷广正等学者探讨了清代贵州村寨田土制度问题和田土章程。向零对高增的"二千九"社会组织的土地制度问题进行了实证研究。"为了确保和平，大家商定请来各地方的头人，划分山河地界。

---

①　徐晓光：《清水江流域林业经济法制的历史回溯》，贵州人民出版社 2006 年版，第 125 页。

②　贵州省民族研究所：《天柱县田地的总面积与土地高度集中》（节录）：《民族研究参考资料》（第十三集），1982 年 10 月，第 2 页。

③　何伟福：《制度变迁与清代贵州经济研究》，中国时代经济出版社 2008 年版，第 101 页。

④　程昭星：《试论清王朝对西南民族地区实行的政治改革及其意义》，《贵州社会科学》1991 年第 12 期。

关于这件事，在'二千九条规'中（清朝雍正时期以前）有如下的叙述，款词写道：小黄村脚有加告；岜扒寨头有贾与；高增、平求有水闷、小松；寨神有故哄；母寨有故风；平瑞有华雷；丙梅有华千。从弄林田界，到弄硬平应；经岜扒山岭，进到关现、邓满；经面留，过枫树坳；经召耕半坡，汇合已列山界；到归那河归列，到烈山、领那山；这些山河溪，是'二千九'的地方。经盘流亚朗，过变下和变亚；经关那、堂某、归己；这些田和水塘，归'二千九'所有。岑夏岭，八店河口往下拐弯到黄江已湖；经过已湖，下到岭布王述到达八姑河，往上苟论，往下苟路；上到苟论坳卡河高岜坳卡；划到村七，下论鲁高岜鲁；这些山、坳卡河路，是'二千九'的地方。由高岑岭顺着山岩，到河口下到燕；再上山，到归落沙；再溯河而上，到孟井庆这个深潭。以上这段款词，详细地叙述了划分山河地界的情形。经过各寨的头人讨论、勘查、界定，明确了'二千九'山林、坳卡、河流、溪沟、田坝、水塘河道路等的范围。"① 雷广正探讨了高兴村的土地章程。"高兴村在道光二十七年（1847 年）制定的章程条例规定：山场界址：东方以公妹坳为界；西方以归利、攀了为界；南方以歇气坳为界。四至历明。凡山场各寨各自管业。华有以老砍、茶山地为界；俾丢寨周围上下左右伊自管业；苗老李所种之地归利管业；"②

吴大华、邵泽春等学者以碑刻为文本，探讨了清代贵州土地习惯法，尤其是吴大华等所撰写的专著《侗族习惯法研究》的学术影响较大。"立于乾隆三十八年（1773 年）的《文斗六禁碑》是先民们精心保护森林资源和生态环境的规约：众等公议条禁开列于左：一禁：不俱远近杉木，吾等所靠，不许大人小孩砍削，如违罚艮十两。一禁：各甲之阶分落，日后颓坏者自己修补，不遵者罚艮五两三钱，与众修补，留传舌世子孙遵照。一禁：四至油山，不许乱伐乱捡，如违罚艮

---

　　① 向零：《高增与"二千九"的社会组织》，载贵州省民族研究所、贵州省民族研究学会编，《贵州民族调查》（之九），1992 年 11 月，第 6—7 页。

　　② 雷广正，《榕江县水族社会历史调查》，载贵州省志民族志编委会《民族志资料汇编》（第七集 水族、藏族），1988 年 10 月，第 91 页。

五两。一禁：今后龙之阶，不许放六畜践踏，如违罚艮三两修补。一禁：逐年放鸭，不许众妇女挖阶前后左右锄膳，如违罚艮三两。乾隆叁拾捌年仲冬月 姜弘道书撰 立"①"立于乾隆三十八年（1773 年）的《文斗六禁碑》是先民们精心保护森林资源和生态环境的规约：众等公议条禁开列于左：一禁：不俱远近杉木，吾等所靠，不许大人小孩砍削，如违罚艮十两。一禁：各甲之阶分落，日后颓坏者自己修补，不遵者罚艮五两三钱，与众修补，留传舌世子孙遵照。"②贵州民族志编委会分析了兴义市顶效镇绿荫村碑刻。"清咸丰五年（1855年）冬月二十五日，兴义市顶效镇绿荫村村民将乡规民约刻在碑勒石上，公议：培植树木，禁止开挖，庶几龙脉丰满，人物咸宁。倘有不遵，开山破石，罚钱一千二百文；牧羊割草，罚钱六百文。"③"秧佑乡规碑（同治六年）：一、不准估偷竹木，争夺田地，违者议该罚钱十二吊。一不准纵火烧林，违者议该罚钱一吊二。假契谋业，罚钱二十吊。"④徐晓光研究了黎平县茅贡乡腊洞村《永记碑》。"据黎平县茅贡乡腊洞村《永记碑》载：吾祖遗一山，土名跳朗坡，祖父传冷（吴姓）曰：无树则无以作栋梁，无材则以无以兴家，欲求兴家，首树树也……光绪六年（1881 年）至宣统元年（1908 年）黎平等地的人工造林不下数十万亩。在清水江流域的苗村侗寨旁都种有风景林，还栽种寺庙林、桥头林、护寨林、祭祀林等等，而且还将林木神化，致使人们不敢随便砍伐。人们还有栽培'儿女杉'的传统。"⑤

清代贵州田土权利变动频繁，这势必会增加田土纠纷，一旦发生纠纷，就应该解决纠纷，而清代贵州田土权利纠纷是如何解决的，其纠纷解决效果如何呢？清代贵州田土权利纠纷解决呈现出什么样的特

---

① 吴大华等：《侗族习惯法研究》，北京大学出版社 2012 年版，第 103 页。

② 同上。

③ 邵泽春：《贵州少数民族习惯法研究》，知识产权出版社 2007 年版，第 28 页。

④ 贵州省志民族志编委会：《民族志资料汇编》（第一集 布依族），第 110 页。

⑤ 徐晓光：《清水江流域林业经济法制的历史回溯》，贵州人民出版社 2006 年版，第118 页。

征呢？邓建鹏、邱凯、曹务坤、刘世红等学者对清代贵州田土权利纠纷的某些方面进行了研究。邓建鹏、邱凯诠释了清水江纠纷文书所蕴含的纠纷解决理念，他们认为，"清到民国清水江纠纷变迁规律是——从合意到强制"①，曹务坤、刘世红等从中国传统主观论的法哲学维度解构清代贵州田土纠纷制度的结构，运用比较的方法揭示了清代贵州田土纠纷解决制度的特征。邵泽春探讨了贵州少数民族田土纠纷解决问题。

固然，以上学者对清代贵州田土制度的某些方面和相关问题做了研究，尤其是对清水江田土契约文书，其研究具有较大的学术影响，为本研究提供了佐证，也为本书提供了一些启示。但是，他们的研究也存在一些不足。其一，忽视了对清代贵州民田所有权制度、清代贵州民田用益物权制度及清代贵州民田登记制度深入而系统地研究。其二，他们主要局限于从史学、文化学、政治学、法人类学及合同法理论等视角解构清代贵州清水江契约文书，并没有从物权法理论、象征资本学和社会资本学等视角诠释清代田土制度运行规律。其三，研究方法单一。他们对清代贵州田土制度的研究方法单一，即或采用文献资料分析法，或采用田野调查法，而没有采用"二重"证据法。

从以上对明清时期贵州田土制度研究现状述评可以得知一个结论：现行学者对明清时期贵州民田的认识不够，对明清时期贵州民田的研究不足，其表现为三个方面。一是明清时期贵州民田的概念、明代贵州民田的所有权变动制度、用益物权制度及登记制度、清代贵州民田的所有权变动制度、用益物权制度及登记制度、明清时期贵州民田制度变迁及其借鉴意义等仍未深入研究。二是并未从本体论层面剖析明清时期贵州民田制度。三是并未运用物权法理论对明清时期贵州民田进行纵切面分割和诠释，并未发现明清时期贵州民田制度内在运行规律。

①　邓建鹏、邱凯：《从合意到强制：清到民国清水江纠纷文书研究》，甘肃政法学院学报，2013年第1期。

三 研究思路和研究方法

（一）研究思路

本研究思路是：沿着从"结构和动因"到"功能和意义"的研究路径。即首先，剖析明清时期民田制度各子系统的结构和内容；其次，分析明清时期贵州民田制度各子系统形成动因；再次，诠释明清时期贵州民田制度各子系统的影响；最后，分析明清时期贵州民田制度的变迁轨迹和启示。

（二）研究方法

1. 文献资料分析法

对《明实录》《明会典》《清实录》《贵州通志·前事志》（二、三、四）（嘉靖、万历、康熙、乾隆）《贵州通志》贵州地方民族志、清水江文书、吉昌契约文书、道真契约文书、碑刻等文献纵观分析，从中发现与本书有关的史料，并整理成文，这是本书的主要研究方法。

2. 多重证据法

本研究利用文献资料、碑刻、票据、考古资料及一些学者田野调研所收集的资料等多重证据诠释明清时期贵州民田制度的结构、内容、形成动因、变迁等。

3. 综合分析法

综合运用法社会学理论、法经济学理论及物权法理论透析明清时期贵州民田所有权制度、明清时期贵州用益物权制度、明清时期贵州民田登记制度及明清时期贵州民田制度的变迁等。

四 资料来源

从 2012 年 9 月起，本人先后到云南大学图书馆、贵州财经大学图书馆、贵州财经大学票据馆、贵州省社会科学院图书馆、贵州省民族研究院图书室、贵州省图书馆、贵州省档案馆及贵州大学图书馆查阅了有关明清时期贵州史料、法社会学理论、物权法理论等理论书籍，与此同时，也收集了一些学者调研所获取的第一手资料。本书研究资料分为三种不同类型的资料。一是收集与明清时期贵州民田制度相关的文献资料。如《明实录》《明会典》《明史》《清实录》《清史稿》《贵州通志》（嘉靖、万历、康熙、乾隆）《贵州通志（前事志）》（第一卷、二卷、第三卷、第四卷）《贵州通史》（第二卷、第三卷）《黔记》《贵州司法志》《滇黔志略》《诸夷考释》《平苗纪略研究》《百苗图校释》《清史稿·地理志·贵州研究》《明史·贵州土司列传考证》《明史·贵州地理志考释》及贵州省各地方民族志等。二是一些学者调研所收集的第一手资料。如杨有庚、吴大华、潘志成所收集的清水江契约文书，孙兆霞所收集的吉昌契约文书，汪文学等所汇编的道真契约文书，杨国桢所收集的鲁、皖、江浙、闽台、两广等地的土地契约文书，姚炽昌所著的《学步集》（中国文联出版社 2011 年版），锦屏县政协文史资料委员会 锦屏县县志编纂委员会办公室所编，姚炽昌所选辑点校的《锦屏碑文选辑》（贵州省锦屏县印刷厂，1997 年 9 月），张子刚搜集整理的《从江古今乡规民约》（中国科学技术出版社 2012 年版）。三是与本选题有关的票据资料，收集有关清代贵州民田方面的调研资料，收集了贵州民族研究院一部分有关清代民田方面的内部资料。

五　一些概念的界定

（一）土地（田土）的概念

土地（田土）是什么呢？根据张晋藩、怀效锋等中国法史学者的研究，古代中国的土地是恒产（田宅、产、业或产业），是不动产，具体是指田、地、屋基田地、园地、塘、山、场、井等，而不是财、物或财物者，财、物或财物者却是动产。"田宅与财物、畜产是中国古代民事法律关系于财产的基本区分，也是中国古代民法的重要概念。田宅称为恒产，也称产、业或产业，其所有权人称为业主、田主、地主、房主等。古代民法所称财、物或财物者，大致是指能够移动而不损害其用途和价值的物品，其所有者称为物主或财主；田宅相当于现代民法上的不动产，财物、畜产相当于现代民法上的动产。明代沿袭了将财产区分为田宅与财物、畜产的传统，并在法律上更加明确了这种区分。田宅，即所谓的不动产，主要是土地和建筑物。根据有关史料来看，土地具体是指田、地、屋基田地、园地、塘、山、场、井等。财物、畜产，即所谓的动产，种类繁多，它包括钱币、生产工具、生活用品、六畜，甚至妻子、奴婢。"① 古代中国土地的概念与当今中国土地的概念既有异点，也有相同点。它们的异点表现为二：一是古代中国土地不属于物，而当今中国土地属于物，二是土地价值内涵不同，古代中国土地的价值内涵为农用性、居住性，而当今中国土地的价值内涵为农用性、居住性、工业性和商业性。它们的相同点为二：一是土地都是不动产，二是从土地结构和天然功能的视角看，古代中国土地的外延与当今中国土地的外延趋同。当今中国土地概念的形成受制于大陆法系土地观念的影响，即土地是物的一种类型，进而言之，当今中国土地概念不是"土产品"，而是"舶来品"。不管是基于事实论的历史观，还是鉴于价值论的历史观，采用古代中国土地的概念诠释明清时期贵州土地制度都具有天然的合理性。

（二）民田的概念

民田是官田和土司田土所对应的一个概念，是从田土所有权主体性质不同所下的定义。本文的民田是指除了官田和土司田土之外的田土，明清时期贵州民田是指除了明清时期贵州的官田和土司田土之外的田土。

（三）科田的概念

明代贵州的科田属于屯田或民田，还是属于独立的类型呢？从官方田土登记的视角看，科田属于独立的类型，即独立于屯田和民田。官府所登记的屯田实际上是民屯和军屯。"一曰民科。查通省惟科田之粮最轻，既无册籍可稽，亦无丘段亩数可考。"② "再照黔省有司陋

① 张晋藩、怀效锋：《中国法制通史》第七卷（明），法律出版社1999年版，第188—190页。

② 贵州省文史研究馆校：《贵州前事志》（第二册），贵州人民出版社1987年版，第724页。

规，每遇无主之田，辄断价充饷，士民以为自官卖得，绝不供输。"①
"安顺州：旧志田无顷亩。万历九年，新丈民田共八万三百九十二亩
二分七厘六毫。十二年报存八万一百九十八亩零。"②　"镇宁州：土
田：旧志田无顷亩。万历□□年，新丈实在五万一千四百五十亩
零。"③　"巡抚刘痒、巡抚按傅顺孙略云查得。大明会典内开贵州布政
司田地原无丈量顷亩，岁纳纳粮差俱于土官名下，总行认纳，随查本
省所属民粮，田地黄册开有顷亩，不及一半军屯，田地鱼鳞册籍开
载，颇明后来，又有科田夹□移东改西，莫可究诘此，自来所以未定
田亩也，今奉明旨清丈行令各委官分投查盘，旧管田亩。在有司共该
官民田地壹百肆万叁千伍百玖亩，该夏卫共该屯田地肆万叁千陆百肆
拾玖石陆斗陆升捌合，在军卫共该屯田地肆拾捌万柒千陆百贰拾肆
亩，该夏税屯粮玖万肆千陆百肆石叁斗叁升伍合，科田壹拾贰万捌千
陆百柒拾肆壹拾贰万捌千陆百柒拾肆亩，该粮陆千捌百捌拾伍石壹斗
捌升柒合，内除免丈外其应丈者，在民田该叁拾贰万捌千伍百贰拾玖
亩，在屯田该叁拾叁万伍千玖百陆拾肆亩，科田该捌万捌千贰拾陆
亩，节年失额，民田肆千贰百叁拾亩，屯田肆万柒千伍拾壹亩，科田
伍百壹拾贰亩。今次丈出隐占等项各除低补失额外，尚有余剩在民田
壹拾肆万贰千叁百壹拾肆亩，屯田壹万柒千壹百捌拾壹亩，遵照部
议，不得增粮，应与额田通融摊派，以免日后包赔内普安、永宁、赤
水、华节、乌撒五卫被夷占去，屯田计其丈出之数不足低补，就于丈
出五卫新垦科田通共柒千贰百柒拾柒亩。内摊粮拨补足额外。尚有贵
前龙里等卫余剩科田壹千玖百壹拾伍亩。查系军舍新垦不在屯田数
内，该起粮壹百叁拾壹斗，又清出贵州前卫故绝田叁拾陆亩捌分。该
起粮柒石壹斗壹升陆合计查黄册内开普安夏税地贰千叁百贰拾柒顷伍
分。今丈止有贰千三百贰拾柒亩伍分。向来辨纳夏税贰百叁拾贰石柒斗

———————

　　① 贵州省文史研究馆校：《贵州前事志》（第二册），贵州人民出版社 1987 年版，第
724 页。

　　② （万历）《贵州通志》卷 6。

　　③ （万历）《贵州通志》卷 7。

伍升。每亩起粮壹斗，实兴通省征粮之例，相合黄册以亩作顷，明系差诈相，应该正其先年，误增前卫屯军余田浮粮壹拾壹石玖斗，应兴除豁至于广西、四川二省，夷民越古屯田，今虽已将清出起科田地补作原额仍应移会两省委官查勘，果夷占是实另行归结通融减派贵州田地。自来无额，今始有额豪强影射之弊，尽革困穷包赔之苦复复苏矣。"①

官方田土登记的主要目的有：一是为收田赋提供依据。二是确认田土权利主体。三是为官方解决田土纠纷提供证据。为收田赋提供依据是主要目的。科田的税收轻重介于屯田和民田之间，即科田的税收比屯田的税收重，比民田的税收轻。笔者认为，科田应该归属民田门下。其一，从官方的田土登记情况看，科田独立于屯田。其二，从法律主体性质的角度看，科田权利主体与民田权利主体具有同质性。科田权利主体为卫所家属，而卫所家属与自耕其田的农民一样，自耕其田的农民是民田权利主体。其三，从物权权能的角度看，科田与民田具有同质性。科田权利主体对其科田享有完整的权能，同样，民田权利主体对其民田享有完整的权能。

明代贵州科田归属于民田，清代贵州科田是否也归属于民田呢？笔者认为，虽然清代贵州科田的权属情况比明代贵州科田的权属情况复杂，但是清代贵州科田是民田。从《贵州通志》（康熙）中田土登记的情况看，与明代贵州田土的登记差异比较大。清代贵州是按照原额田、成熟田和荒芜田三大类型进行登记，而明代贵州是按照屯田、科田和民田三大类型进行登记。"贵阳府所辖定番广顺开州三州贵筑贵定龙里修文四县原额田叁拾壹万陆千肆百伍拾亩柒分玖厘伍毫贰丝陆忽贰微玖□肆丝陆渺，荒芜田柒万伍千玖百叁拾柒亩玖分柒厘伍毫伍丝叁忽捌微肆□肆丝，实在成熟田贰拾肆万伍百壹拾贰亩捌分壹厘玖毫柒丝贰忽肆微伍□陆渺，原额成熟租地肆千壹百玖拾亩捌分三厘玖毫陆丝肆忽微叁□丝叁渺。"② "贵阳府亲辖原额田壹万贰千壹百陆

① 《黔记》卷之十九（贡赋志上）。
② （康熙）《贵州通志》卷11。

拾肆亩捌毫叁丝玖忽玖微叁□，荒芜田壹千柒拾伍亩叁分玖厘陆毫，实在成熟田壹万壹千捌拾捌亩陆分壹厘贰毫，原额全熟租地壹百叁拾伍亩。"①"定番州原额本折田陆万捌千肆百柒拾柒亩叁分柒厘玖毫玖丝玖忽玖微玖□玖纤柒渺，荒芜田叁万伍千捌百伍拾捌亩捌分肆丝贰忽伍微陆□贰纤肆渺，实在成熟田叁万贰千陆百壹拾捌亩伍分柒厘玖毫伍丝柒忽肆微叁□柒纤叁渺。"②"广顺州原额田肆万壹千贰百叁拾柒亩，荒芜田叁千柒百肆拾捌亩，实在成熟田叁万柒千肆百捌拾玖亩。开州原额田贰万一千玖百捌拾陆亩壹分贰厘柒毫玖丝伍微肆□叁纤，荒芜田肆千陆百壹拾叁亩陆分壹厘肆毫柒丝叁忽柒微贰□伍纤玖渺。贵筑县原额民科屯田捌万柒千壹百捌拾叁亩捌分壹厘柒毫伍丝贰忽伍微捌□陆纤玖渺，荒芜田玖千柒百陆拾伍亩伍分叁毫肆丝肆忽玖微柒□叁纤肆渺，实在成熟田柒万柒千肆百壹拾捌亩叁分壹厘肆毫柒忽陆微壹□叁纤肆渺。"③

清代贵州田土登记簿（康熙）没有出现屯田和科田，这是否意味着清代贵州不存在屯田和科田呢？答案是否定的。"按：《康志》，顺治十八年正月，报新垦荒田。安顺等府、赤水等卫所，新垦民屯田地九万三千九百三十五亩，应增秋粮屯米共四千三百四十六石零，应征条马岁用银共五千三百四十四两零，黄豆六十六石零。报续垦荒田。本年二月，报续垦荒田。顺治十八年分贵阳等府、贵前等卫所新垦民屯科田五万一千一百九十九亩零，应征秋粮屯米、豆共三千八百七十二石九斗零，条马岁用等银共二千二百八十八两零。"④"附布政司斐宗锡疏言：黔省古州一带，有牛皮大箐，绵恒数百里，山深林密。从前列屯置军，未曾办及屯田。臣思安屯以养军，设防以固守，箐内平旷之土，开垦成田，寓防于屯，斯为周备。查丹江一属，有名雷公院

---

① （康熙）《贵州通志》卷11。

② 同上。

③ 同上。

④ 贵州省文史研究馆点校：《贵州通志·前事志》（三），贵州省人民出版社1985年版，第71页。

者，地平衍可垦四五百亩；又欧收甬、荒高箐二处，欺凌平地，可垦三四百亩，应令附近之震威堡屯军，派拨试垦。成熟后，划界分管，另立屯堡，已资防守。"① 一方面，随着改土归流的推进，云南政局的稳定，一些卫所逐渐撤离；另一方面，屯田私有化和一田二主的趋势强，清代贵州的一些科田已经逐渐转变为民田了。

孙兆霞教授所著的《吉昌契约文书》中有 102 个科田买卖契约，有 5 个科田典当契约文书。科田买卖契约文书和科田典当契约文书的内容与一般民田买卖契约文书和一般民田典当契约文书的内容大同小异。由此可以说明科田实际上就是民田。

"立杜卖明科田文契人胡汪氏，同子胡廷有、延赞，为因夫父在日托（拖）欠账务，无处出办，只得请凭本族上门，将祖遗留下课田壹块，坐落仡佬井下边，随田科米仓升贰升伍合加增在内，东抵陈姓田，南抵井沟，西抵路，北抵陈姓田，以上四至分明，母子情愿出卖与石彦名下管业。言（原）日三面议定卖价足（色）纹银贰拾伍两、玖捌纹银贰拾伍两，共银伍拾两整。卖主母子亲手领明应用。此系二彼情愿，实契实银。自卖之后，任随石处子孙永远管业种耕，胡姓房族人等不得前来争论异言。如有此情，将契赴公理论，自任套哄之咎。恐后无［凭］，立契于石处永远存照。

本中本族伯叔 胡士兴 胡士半 胡士溱 胡士杰 胡世德 胡恒德 胡廷方 胡登有 胡廷权

依□代笔 汪希贤

嘉庆三年二月初九日 立卖契人 胡汪氏 同子廷有 延赞

钤'普定县印'"②

（四）制度（法律制度）的概念

制度的概念包罗万象，汗牛充栋，在此并不列举学者们对制度的

---

① 贵州省文史研究馆点校：《贵州通志·前事志》（三），贵州省人民出版社 1985 年版，第 306—307 页。

② 孙兆霞等编：《吉昌契约文书汇编》，社会科学文献出版社 2010 年版，第 7 页。

概念的种种解释和描述。只是开门见山，直接阐述本书采用哪位学者的制度理论学说。本书的制度概念吸收了法人学家千叶正士［日本］的法律多元的理念，即制度（法律制度）包括了官方法、非官方法和法律原理。

第一章

明清时期贵州的政治背景和社会背景

第一节 明代贵州的政治背景和社会背景

一 政治背景：改土归流

明代贵州对明代西南地区政权稳定和社会发展具有重要战略意义，对明代云南政局稳定尤为重要。洪武初，虽说明王朝在贵州建立了基层政权，但是土司仍是明代贵州基层政权的核心，明王朝对贵州政治控制力不强。如何加强对贵州政治控制力呢？根据马克思政治经济学原理，可以从政治体制和经济基础两个层面加强政治控制力。从政治体制的层面看，其方法乃是：增强流官对贵州政治控制力，减弱土官对贵州政治控制力。由于土司对贵州政治控制力与明王朝流官对贵州政治控制力是此消彼长的关系，增强流官对贵州政治控制力是减弱土司对贵州政治控制力的重要方法，同样，改土归流和罢免一些土司也是减弱土司对明代贵州政治控制力的方法。从经济基础的层面看，应该加强对贵州财产的控制力。在农业社会，土地是最重要的财产。在明代贵州初期，土地的重要控制者是土司，而明王朝没有明确规定土司交纳赋税的数量，换言之，土司对明王朝的赋税贡献少，增加民田是提高田土对明王朝赋税的重要方法，改土归流是增加民田的一个渠道，因此从此意义上说，改土归流具有必要性。"贵阳府［五］因从末减，依土俗纳粟赎罪。都御史请以贵筑、平伐七长官司地设立府县，皆以流官抚理。巡抚覆奏以蛮民不愿，遂寝。宋氏亦遂衰，子孙守世官，衣租食税，听征调而已。"① "疆臣既无功，不与之地，正所以全抚臣之信。宜留抚臣罢臣，以为重臣无能与蕞尔苗噂沓者之戒。于是清疆之议，累年不绝。兵部责令两省巡抚按御史勘报，而南北言官交章诋象干贪功起衅。尚书萧大亨遂主巡按李时华疏，谓：征播之役，水西不惟假道，且又助兵。矧失之土司，得之土司，播固输粮，水亦纳赋，不宜以土地之故伤字小之仁，地宜归疆臣。于是疆臣增官进秩，其母得赐祭，水西尾大之患，亦于是乎不可制矣。"②

如何改土归流呢？这是明王朝所面临的一个难题。从经济基础的维度看，改土归流的关键乃是如何改革土司土地制度。如何改革土司土地制度呢？固然，明王朝采取了诸多方法，但是不可否认，"移民就宽乡"制度和土地开垦制度却是改革土司土地制度一种方法，而"移民就宽乡"制度属于民田制度，除卫所官兵开垦制度之外，土地开垦制度实际上就是民田制度。"改土的重大举措是：第一，开发没有土官、土目的大量土地，包括已开垦种植、丢荒和未开垦种植的田地、旱地、山地、林地、草场等土地资源。第二，招募流民新垦国有未开荒土地和其他官田等，在战争中被抛荒的无主地部分。第三，招募流民新垦国有未开荒土地和其他未开荒土地。这三类土地实行熟地低赋招募耕种，复垦、新垦地权归己，三年免征赋税，土地可自由买卖的鼓励政策。于是，大量汉族移民从四面八方涌入，从事以开荒为轴心的农业种植。"③ "意略谓：万历十八年，奉旨将贵竹司改新贵县，授正长官宋显印以土县丞，副长官宁国梁以土主簿。乃安疆臣听奸拨置，以为诱去宋、宁二人，则土地为己有。故始以兵威相挟，继

---

① （清）张廷玉编，翟玉前、孙俊编著，罗康隆审订：《明史·贵州土司列传考证》，贵州人民出版社 2008 年版，第 91—92 页。

② 同上书，第 123—124 页。

③ 杨昌儒、孙兆霞、金燕：《贵州民族关系的构建》，贵州人民出版社 2010 年版，第 245 页。

用金帛招诱，不服者当刺杀之。"①

二　社会背景："夷多汉少"和大片"生界"

"夷多汉少"和大片"生界"是明代贵州的一个社会特质。所谓
"夷多汉少"是指少数民族的人口多，汉族的人口少，所谓"生界"
是指明王朝和土司都未治理的少数民族地区。根据地理特征、民族种
类及生产方式等因素不同，明代贵州"生界"可以分为三片不同类
型。"从永乐十一年（1413 年）到万历三十年（1602 年），其间经历
了一百八十年，这一时期可以称为'贵州行政建置的完善期'。在这
一时期，贵州省行政建置具有一系列有别于其他行省的突出特点。这
一时期贵州行省的辖境内包裹着大片'生界'。明时贵州境内的'生
界'并不连片，而是被地方行政机构辖境和土司领地分割为若干小
片。第一片'生界'是位于铜仁府和思南府之间的武陵山区。这里的
主要居民是苗族，即明万历以后所称的'红苗'，'红苗'通用苗语、
湘西的方言。第二片'生界'位于明黎平府、都匀府、镇远府和平越
府四府辖境的包围之中。这片'生界'内的主体居民是苗族，通用苗
语中部方言。第三片'生界'位于明贵州省省会贵州城东南部的苗岭
山脊地段，界于贵阳府、都匀府和新添、龙里两卫防区之间，面积将
近一千五百平方公里。这片'生界'的主体居民是苗族，通用苗语西
部方言惠水次方言。"②"生界"的民族关系复杂，农业产生力落后，
采用刀耕火种的粗放型农业生产方式。"今照贵州自添设三司以来，
递年拜进表笺、朝觐、公差、丁忧、任满等项，下至龙里、镇远一带
冲要卫府，虽称军民官制，中间民庶生熟不同，刀耕火种，别无生

---

① 贵州省文史研究馆校勘：《贵州通志·前事志》（第二册），贵州人民出版社 1987
年版，第 389 页。

② （清）张廷玉编，罗康智、王继红编著，杨庭硕审订：《明史·贵州地理志考释》，
贵州人民出版社 2008 年版，第 7 页。

理，所办杂泛科差，只得典卖儿女田产，奉承不暇。"① "地险人稀物态凉，萧疏羸马与群羊。彩绳贯苗姬饰，蛮锦裁衣卫士装。绝壁烧痕随雨绿，隔年禾穗入春香。民间蓄积看如此，那得公家咏积仓。贵州土俗，藏稻穗不藏谷。"② "蛮语兼传红仡佬，土风渐入紫姜苗。耕山到处皆凭火，出户无人不佩刀。一自播兵蹂躏后，几家毛屋入萧条。"③

民族关系既是一个政治问题，又是一个社会问题，历代王朝都非常重视民族关系的调适。对明王朝来说，"夷多汉少"和大片"生界"社会现象并不是他们所期望的。一方面，范围极广的"生界"对明王朝的统治不但无益，反而存在一定后患；另一方面，"生界"农业生产力落后，并不能上缴多少税收，而贵州的财政赤字，需要邻省协助；另外，在明代，作为西南地区的省份，不管是在军事战略上，还是对西南地区政权的稳定方面，贵州都起到了举足轻重的作用，驻扎在贵州的官兵较多，而贵州农业生产能力不足，粮饷严重不足，无奈之下，只好推行协饷制度。"万历三十六年二月乙丑（初八），贵州巡抚郭子章言：坐派贵州采办楠杉大木柏枋一万二千二百九十八根，该木价银一百零七万七千二百七十一两四钱七分六厘，计价四起查给。一给于开山垫路；二给于运到外水；三给运至川楚大河；四给到京交收，大约该运价二万零二百二十两，见存在库应追还官及各省直未到银通共九万八千一百五十六两六钱四分有奇，尚少九十九万九千三百三十四两八钱三分有奇，本省无从措处，乞分派不采木省直起解协济，再议宽限，庶巨材不致稽误而疲民得以输运矣。"④ "例如，明政府从湖南将20000头牛调入西南以备犁耕之用。1390年，又将

---

① 贵州省文史研究馆校勘：《贵州通志·前事志》（第二册），贵州人民出版社1987年版，135页。

② （明）郭子章著，杨曾辉、麻春霞编著：《诸夷考释》，贵州人民出版社2013年版，第110页。

③ 同上书，第104页。

④ 《神宗万历实录》卷443，第6页。

6700头牛从湖南调入贵州。当然，和民屯一样，军屯中也还有许多属于私人的耕牛。"①"洪武二十二年四月壬寅（初四），贵州都指挥使司奏：赤水、层台二卫军饷不给，请命四川运粮往济之。户部尚书杨靖往奏曰：如此供应，益见劳民，莫若命富民输粟而以淮、浙盐偿之。侯各卫屯粮收成，下午必可足用。从之。"②然而，协饷制度的实施效果与明王朝的预期效果相去甚远。其原因有三。其一，粮饷运输成本高。其二，协饷省份的官员和土司缺乏内在动力。其三，协饷省份的一些地方出现自然灾害，从而导致粮食减产或粮食绝收。

为了解决贵州粮饷严重不足问题，为了缓解缺粮现象，明王朝在贵州制定了纳米赎罪的制度，即贵州囚犯减轻纳米例。一方面，根据纳米的数量确定减刑和免刑；另一方面，根据不同罪行规定纳米的数量；另外，对特殊的罪行不实行纳米赎罪制度。"景泰元年二月壬寅（二十二），定贵州囚犯减轻纳米例。三司及所属卫、所、府、州、县官吏军民舍余人等，除真犯死罪、强盗外，其余笞杖徒流杂犯死罪，俱此（比）旧减轻米赎罪。杂犯死罪纳米二十五石，流罪二十石，徒五等递减二石，杖一百九石，余四等递减一石；笞五十三石五斗，余四等递减五斗。从按察使王宪奏，以本地各卫缺粮故也。"③"宣德九年五月己卯（初三），行在刑部奏贵州[纳]米赎罪事例。贵州按察司应履平言：贵州所辖地方悉是蛮夷刀耕火种，纳粮不多，军卫屯田储积亦少，官仓所贮不支半年，虽四川播州等处，重庆等府转输馈给，不能依期而至，且累年逋负甚多。请敕刑部，凡贵州三司并所属官吏军民，除真犯死罪、强盗不在赎例，其余笞杖徒流杂犯死罪依在京事例减轻，纳米于本处官仓赎罪，不分军民官职就令发落。仍具奏拟罪名纳米数，备送上司。侯积米三年之上仍依常例论断。上命行在刑部会官定议，至是议奏：军民职官并民吏有犯罪者皆纳米赎罪，不

① 李中清：《中国西南边疆的社会经济：1250—1850》，林文勋、秦树才译，人民出版社2012年版，第182页。
② 《太祖洪武实录》卷196，第1页。
③ 《英宗实录》卷189景泰附录7，第19页。

足以惩。请仍依见行事例，民官吏解京发落。军民犯赃罪当降调者就彼发广西山云处立功，具罪名并发去月日转达行在兵部。其余笞杖徙流杂犯死罪与军人民等，俱照今定例纳米赎罪，候积粮有余不用此例。杂犯死罪三十石，流罪死罪减五石，徙罪五等三年者二十石，以下四等递减二石，杖罪五等一百者十石，以下四等递减一石，笞罪五等五十者四石，以下四等递减五斗。上以贵州边远，笞罪比今例减一石，余从所议。"①

虽然协饷制度和纳米赎罪制度能够缓解明代贵州粮食短缺的压力，但是并不能从根本上解决明代贵州粮食短缺问题。要从根本上解决明代贵州粮食短缺问题，必须改变"夷多汉少"和大片"生界"的社会局面。此言何出？因为一方面，明代贵州存在大量的荒地，而这些荒地需要大量劳动力开发；另一方面，明代贵州少数民族农业生产能力极低，他们主要采用"刀耕火种"的农业生产方式；另外，由于"生界"既不是土司统领的地盘，也不是明王朝治理的地段，所以"生界"不但不能为缓解明代贵州官饷和军粮不足做出应有的贡献，反而增加明王朝管理成本，例如，"生界"的一些"生苗"与明王朝对抗。由此可见，很有必要改变"夷多汉少"和大片"生界"的社会局面。

如何改变"夷多汉少"和大片"生界"的社会局面呢？明王朝采用了以下一些方法和措施。其一，大力推行"移民实边"和"移民就宽乡"制度，而实质上，"移民实边"和"移民就宽乡"制度就是民田制度。其二，大力推行屯田和科田制度。其三，支持和鼓励土司开发"生界"，"生界"的田土制度也属于民田制度。

第二节　清代贵州的政治背景和社会背景

一　政治背景：改土归流和对苗疆的控制

虽然明王朝在贵州推行了"改土归流"政策，"改土归流"取得

---

① 《宣宗德宗实录》卷110，第10页。

了较大成效，但是清代贵州有一些地方仍是土司管辖，"改土归流"仍是清王朝在贵州所面对的重要政治背景。"顺治十八年七月初八，史部议复云南贵州总督赵廷臣疏言：马乃土司应改为普安县，设知县一员。又分设土司巡检，准令世袭，听其土俗自治，仍节制于县官，并将姓名报部，以便后裔承袭。从之。"① "康熙元年六月二十三，云南总督赵廷臣疏言：曹滴司改土归流，请令黎平府经历管理。从之。"② "康熙五年二月初一，以土司安坤故地比喇为平远府，大方为大定府，水西为黔西府；改比喇镇为平远镇，调云南曲寻武沾总兵官刘文进为平远总兵官。"③ "光绪九年正月初六，蜀云贵总督岑毓英等奏：拟酌改黔省土司为世职；并挑补兵额。"④

　　如何改土归流呢？清王朝除了采用明王朝改土归流的方法之外，还从田土权能分配的层面推动改土归流，从而实现清王朝改土归流的真实意图，即掌控田土的处分权能，增加田土税赋。"十一年（壬申，公元一八七二年）饬司道酌定章程，委员办理下游善后事宜。一、开立屯军。自古屯田兵民互用，皆于军伍外分兵置司。我朝直省，惟黔、楚苗疆有屯，均就间田置之。并募凯撤之勇以充屯丁，既可消纳散卒，又可开垦地利，且耕且守，军民胥赖。至于分旗、授田、务农、讲武之法，应照张经略原设九卫成章妥酌办理，其九卫原屯亦须切实经理以还旧制。一、割正疆域。贵州设立郡县，多就卫、所、土司而改。纳土建官，未暇深勘。郡县各境遂多'华离'之地，搀越断续，不成片段。往往附城田土非我所属，而所属乃在他境之外，致令士民输纳，舍近就远，盗贼流劫，避此趋彼，而牧令声教既阻于重关之外，又或不行卧塌之旁。"⑤ "清乾隆六十年（1795年）《大清律

　　① 《圣祖实录》卷3，第15页。

　　② 《圣祖实录》卷6，第27页。

　　③ 《圣祖实录》卷18，第7页。

　　④ 《宣宗德宗实录》卷158，第3页。

　　⑤ 贵州省文史研究馆点校：《贵州通志·前事志》（四），贵州人民出版社1985年版，第598—600页。

例》明文规定：土目、土民、不许私相典买土司田亩，如有违禁不遵者，立即追价入官，田还原主，并将承买之人，比照盗卖他人田亩律，田一亩笞五十，每五亩加一等，罪止杖八十，徒二年，其违例典卖并倚势抑勒之土司，失察之该管知府，均交部议处。"① "清王朝将土司原有田地除酌留部分外，大部分没入官府，有的由原耕农民耕种，承担对官府得租赋。这是地权再分配的一个大变化。"②

明清王朝鼓励移民到贵州开发农业，到清代中期，贵州移民所占有的田土比重较大，移民与苗民因田土纠纷增多，恩怨也暴增；另外，民族文化冲突，因赋税、清王朝对苗民的治理，以及改土归流所引起的苗疆、土司与清王朝矛盾，苗疆时常与政府爆发冲突，即所谓的苗民起义，因此，如何控制苗疆，这是清代贵州的重要政治背景。为了治理苗疆，清王朝禁止移民和卫所侵害苗民的田土。"二年（1737 年）秋八月，始设古州新疆卫官，大兴屯田。八月，张广泗奏：遵旨筹画苗疆，业将叛苗绝户田产安设屯军，并查余苗现种之田，凡搀入绝田内者，令将明丘段，拨归屯军。另查闲田给还苗人，其有应迁移者，均饬令承办官量给银、米，以资其费。前计算绝田，约可安屯军五六千户。此皆清出叛苗绝产，分布安屯。其应设屯堡一百余处，亦皆形势扼要。若去营汛稍远，不宜安屯者，皆拨还苗人，并赏无业穷苗。并未尝如尚书顾□所奏，于深山邃谷，招募屯田，尽夺生苗衣食之地也。现细查苗人，无不悔过自新，及时耕作。前经奏请添兵三千余名，各查出田亩又可安屯军一万余名，分布险要，于经久之计，已属万全。"③ "十一年（一八七二）一、裁革土司，以免隔阂。一、清查绝产、逆产，兴设义仓、社仓，以备水旱之灾，而储教养之用；升科田亩，以裕国课。一、准民田科则以改屯田。屯田之

---

① 胡积德：《清代盘江流域布依族地区"改土归流"与领主经济向地主经济的转化》，《贵州民族研究》1982 年第 3 期。

② 同上。

③ 贵州省文史研究馆点校：《贵州通志·前事志》（三），贵州人民出版社 1985 年版，第 306 页。

设，重在养兵，故其田特沃。然其始也，屯丁原足以资保卫；而其久也，不惟无以应征调，并不能以助守望，徙使国家维正之供，减耗折损；其甚者，展转运售，流弊日滋。今宜清查所屯之田，尽数归官，募民耕种，照例完粮。"①

二　社会背景：移民与世居民族的矛盾凸显

自从明代推行"移民实边"和"移民就宽乡"政策以来，清代贵州呈现了"移民潮"的特质，移民多而地少的矛盾凸显，不少移民依靠租佃地主、卫所及世居民族"公地"为生，或者开垦零散的荒地维持生计。"清政府把保甲的人口统计资料排除在外，而清丈土地时，就曾发现了大批新来的移民人口。

表1　　　　　　贵州的移民与土地占有情况（1826年）

身份地位	户数	口数	家庭规模	山地数量（块）	水田数量（丘）
各属买当苗人田土客民	31437	184669	5.87	67608	227110
佃户	13190	59623	4.52	24730	7788
雇工客民	20444	70673	3.45		
住居城市乡场及隔属买当苗民田土客民	1973	2963	42618		
买当苗民全庄田土客民 i	321			20087	20051
总数	67365	314965		115388	297567

i 这些客民定居在430个全庄里，有18031个佃户，分属4134个家庭。②

"在贵州，清查出7.15万户家庭，登记了34万多移民。"③ 一方面，贵州山多地少，人口增多；另一方面，由于许多移民是自发行为，所以他们并不能享受移民优惠政策，许多移民仅能租佃土司、地

---

① 贵州省文史研究馆点校：《贵州通志·前事志》（四），贵州人民出版社1985年版，第608—609页。

② 李中清著：《中国西南边疆的社会经济：1250—1850》，林文勋、秦树才译，人民出版社2012年版，第328页。

③ 同上书，第96页。

主的田土，或耕种劣质田土，居住在山上。"1826 年完成的一份对贵州全省少数民族地区 34 万多汉族移民的精确调查，对比了地主、小土地所有者、佃农的土地占有情况。地主合小土地所有者靠日渐扩大的稻田生活，而佃农则靠向土著居民租种山地为生。这些山地较密集地分布在山坡上，多数属于当地土司。土地所有权也与家庭的大小存在着必然联系。土地占有面积越大，家庭规模就越大，水田在田地中的比例也越高。换言之，正如我们所预料的，富人占有最好的土地，家庭庞大，而穷人则占有最差的土地，家庭较小。移民越是贫穷，就越可能居住在山上。"①

　　移民与世居民族的矛盾凸显已成了清代贵州的重要社会问题。如何解决移民与世居民族的矛盾呢？清王朝从两方面解决移民与世居民族的矛盾：一是减少卫所。随着云贵川政局的稳定，卫所的政治稳定战略削弱，减少卫所很有必要，于是清王朝在贵州减少了一些卫所，因此为移民买卖租佃卫所的屯田提供了可能性，这既可以解决移民没有足够田土耕作的矛盾，也间接地缓解了移民与世居民族的矛盾。二是规范移民租佃、买卖苗疆世居民族的田土。"道光二年八月二十九，又谕：縻奇瑜奏体察苗疆情形拟定应办事宜，酌立条款请旨。据称，汉、苗交涉田土事件或因借欠准折，或因价值典卖，历年既久，积弊已深。请查明实系盘剥准则、利过于本者，令苗人照原借之数赎回；其出价承买，如田浮于值，以汉民应得田土若干，划分执业，余田断回苗民耕种，俟备价取赎时全归原户。该地方官将审断过起数按月册报，以杜衅端。"②

------

① 李中清著：《中国西南边疆的社会经济：1250—1850》，林文勋、秦树才译，人民出版社 2012 年版，第 112 页。

② 《宣宗德宗实录》卷 40，第 21—23 页。

第二章

明代贵州民田制度

第一节　明代贵州民田所有权制度

一　耕地户主所有制

　　所谓耕地户主所有制是指耕地的所有权为一个家庭中的家长支配，其家长代表家庭处分耕地所有权。不管是耕地地主所有制，还是耕地农民所有制，都属于耕地户主所有制，"个人占有即所有"的理论是耕地户主所有制的理论基础，如个人通过原始占有耕地（成熟耕地和荒地）宣示所有，这也是耕地户主所有制的表现。明代贵州民田耕地为户主所有制，依据有六。一是不管是嘉靖时期，还是万历时期，民田的耕地权和义务的登记都是以户（家庭）为单位。"弘治十五年，贵州布政司户四万三千三百六十七口，二十五万八千六百九十三；万历六年，贵州布政司户口四万三千四百五口，二十九万九百七十二。"[①] "首曰：田土有田必有农；次曰：户口有田必有粮有役。"[②] 二是外来移民都是以户为单位到贵州开发农业的，外来移民在开荒的田土所有权归属也是以占有为表现，即谁占有，谁所有。"万历六年七月壬子，南京贵州道试御史王廷稷条陈，当此东作之时，宜令有司劳劝流民悉报复业，游懒悉驱耕

---

　　① 乾隆《贵州通志》卷11。
　　② （明）郭子章：《黔记》卷19。

作，田地荒芜者令民开垦，"① 三是不准基层官府阻止合法移民耕种荒地，通过碑刻方式确认合法移民对开荒地的所有权。"白云崖石刻 白云山寺常住田土碑 铜设卫□圣寿。除依家处□栽种□树，□车戽水□，左六丘，共约□□□，南至卫所前，□□□□，北至本寺。所种稻谷，收买□□，共应□□佛天伏睹。永乐二年正月□□□，敕谕内开天下，但有荒芜田地□□百亩，随力开种，官府不许比较，钦此。□□思得前捐田地，均系□□绩常住殿基，启同福□□□，用工挖掘开垦，并不是原先造报有额官田，若不预告给凭，恐后无知一概骗古。到期□□□□告，蒙拘田邻杨震、王纪等□□□□帖，仰住持僧欲即将所告田亩永如法耕种，秋收稻谷□□合同供应常住，后人□□侵欺争占。□此今命工匠刻石，万世为照者。成化无年岁在乙酉叁月初三日 奉三宝开荒种田老夫沈文启 彰恭贵札 本山住持僧福兴 杨斌（后66人姓名，略）"② 四是官方规定了无主耕地所有权归属问题，把无主耕地分给农户。按照不同土质，给予有农业生产能力的农户20亩至100亩。"今应将播之旧民号'杨保子'者，查果真的，无论原业肥瘠，俱人给田三十亩，上中下参酌均给。若一处皆上田，皆下田者，临时酌给。大率纯下田，多不得过一百亩，纯上田，不得少过二十亩。其原非播民，不能为杨保语者，无问曾否奇住，皆不得妄认。遗下无主民田，另行招人承种，纳粮当差。应龙官庄并杨兆龙、田一鹏、何汉良等诸擒斩过有名头人庄田，尽数没官，听三省之民愿占籍播州者承粮。其领田之人，查照时值，量行上纳，以充目下建立城池、衙门、驿传诸费。亦定为限制，平人不得过五十亩，指挥千百户不得过百亩，俱于丈量时定粮定价，令不得挪移。州县官收过绝产价值，给付印契，登入循环，听兵备道稽查，转报抚按查考。官吏干没，从重治罪。"③ 五是户主可以买卖耕地和继承耕

---

① 《神宗万历实录》卷77，第2页。

② 姚炽昌选辑点校：《锦屏碑文选辑》，锦屏县政协文史资料委员会 锦屏县志编纂委员会办公室编，1997年9月，第123页。

③ 贵州省文史研究馆点校：《贵州通志·前事志》（二），贵州人民出版社1985年版，第516页。

地。享有处分权是完整所有权的基础，也是对物享有所有权的重要宣示，户主买卖耕地和继承耕地是对耕地享有所有权的宣示。"《诗摩》翻译：送反煞：你的田地是祖宗给的，是用金银买的。开田锄头缺，挖地锄头断，才得这田地。砌墙手起泡，才得这块田。用银如卵石（鹅卵），才得这块田，钱币向树叶，才得这块田。生时你在哪，死后你回哪。"①"《诗摩》翻译：送旦：送棺材往上走，房屋留它空，送棺材往下走，田地留后人。送棺材送出门，房屋田地，金银财宝，兄弟自己分。"②六是典卖儿女田产是耕地户主所有制最直接和最强有力的证据。"今照贵州自添设三司以来，递年拜进表笺、朝觐、公差、丁忧、任满等项，下至龙里、镇远一带冲要卫府，虽称军民官制，中间民庶生熟不同，刀耕火种，别无生理，所办杂泛科差，只得典卖儿女田产，奉承不暇。"③

明代贵州，耕地户主所有制的产生具有必然性。其一，符合所有权产生理论。依据〔日〕加藤雅信先生的研究，劳动投入和资本投入是农耕社会个人所有权产生的充分条件，而明代贵州的农民在其控制的耕地投入了劳动力、农业生产资料，所以明代贵州农业社会能够诞生个人所有权。"就非生产资料来讲，所有权的功能在于使用权能的私人独占。与此相对，就生产资料来讲，所有权功能不仅在于使用权能的私人独占，还在于通过保护投资者个人和增强社会整体生产力的目的。因此，在对土地不进行劳动投入和其他资本投入的游牧社会、狩猎采集社会，土地所有权概念不会产生。在资本投入程度比较低的粗放农业社会，土地所有权的概念，或者虽然产生了私人所有权的概念，但是只是停留在萌芽状态。另外，即使是从事火耕的粗放农业社会，只要在那里同时存在着水田耕作等劳动投入和其他资本投入程度

---

① 杨芝斌：《布依族摩文化研究》，黔新出 2011 年一次性内资准字（省批）第 67 号，第 143 页。
② 同上书，第 139 页。
③ 贵州省文史研究馆校勘：《贵州通志·前事志》（第二册），贵州人民出版社 1987 年版，第 135 页。

较大的农业，在那里就会产生私人所有权。"① 其二，明王朝在贵州推行"编户"制。纳入"编户"的人会得到一些优惠政策，即会享有一些社会福利。这就促使明代贵州的人能够进入"编户"的行列，这也是推动明代贵州耕地户主所有制的动力。"明代户籍制度规定，凡拥有土地或从事工艺、商贸为生，按明代制度取得相应的居民身份地位、获准正式定居的居民家户，皆泛称为'编户'。按明代制度，未成年的儿童和年满 60 岁的老人，由于不再负担徭役，因而一概不计入统计范围。故此处的'口'仅指纳税应役人口，并非指实际人口数。"② 其三，明代贵州的地理条件、人们的生产方式和生活方式是耕地户主所有制的内因。山多地少是明代贵州的地理条件，山多地少就决定了明代贵州农业生产方式只能采取以"户"为生产单位，只能推行小农经济。

二　"物归原主"制度

"物归原主"制度是明代贵州民田所有权制度的重要内容，针对不同情况，对"物归原主"作了相应的规定。第一，确定了"逆田"归还原主的规则。原主必须有凭证，才能重新得到被"逆民"侵占的田土；若原主没有凭证，贵州官府则采取两种方法对其处分，即一种方法是：若这些田土并没有为官府所支配，则原主可以重新索取其田土；若这些田土为官府支配，则原主不能收回被"逆民"侵占的田土，而这些田土则由官府授予新民。"查旧田有凭者，还旧主，逆田入官者，给新民，俱不令入价，而责其纳租。"③ 第二，确定了无条件遵循"物归原主"规则。"七年（丁卯，公元一六二七），奉行撤屯

---

① 〔日〕加藤雅信著，郑芙蓉译：《所有权的诞生》，法律出版社 2011 年版，第145—146 页。

② （清）张廷玉编，罗康智、王继红编著，杨庭硕审订：《明史·贵州地理志考释》，贵州人民出版社 2008 年版，第 19 页。

③ 贵州省文史研究馆校勘：《贵州通志·前事志》（第二册），贵州人民出版社 1987 年版，第 531 页。

田归民，给田领种，始开征量报入册。"①"宣德六年三月丙子，逃户复业之后，有被人侵占庄宅田地，即与追还，牛具种子或有未备，必相周急。"②"逃户复业之后，有被人侵占庄宅田地，即与追还……"③第三，原居人享有"物归原主"的优先权。侵占世居民族田土是土司扩大领地的重要手段，明王朝对贵州一些地方"改土归流"的田土进行处分时，原居人享有"物归原主"的优先权。"一限田制。播土旧民杨保子者，人给田三十亩，其余无主之田与没官者，许三省之民占籍授田，各为限制。奉旨，授田先尽原住人民，招抚流移复业，果有无主没官田土，方许外人占籍，毋令豪强奸狡，乘机冒夺，致归之人失所。"④第四，归还田土给原主的条件放宽到原主的证言，不一定要原主提供物证。"《与白阃司又书》云：此苗就抚，匪可即止。即争田一事，闻土人一向失业，尤须略见大意，莫深求于苗以启后争。如此则恩威并立矣。土人暨秀才要剿、要尽还旧田之言，切不可从云云。据此，是施秉此次苗恤，以争田也。惟施秉县，据《明史·地志》谓天启元年四月省，崇祯四年十一月复置，不应在此始议废也。废或复字之误欤。"⑤

明代贵州为什么要制定和执行"物归原主"制度呢？笔者认为，其动因有四。一是"物归原主"是一个重要的物权法原则，是所有权的归属原理，体现了所有权的追溯力和绝对化。二是基于恢复农业生产和安抚民心的考虑，所以在制定和认可民田所有权制度时，明王朝遵循了"物归原主"物权法原理，制定和执行"物归原主"的相应规则。三是为了充分利用和开发无主田土。由于战争的原因，所以明

---

① 贵州省文史研究馆点校：《贵州通志·前事志》（二），贵州人民出版社 1985 年版，第 686 页。

② 《宣宗德宗实录》卷 77，第 5—7 页。

③ 同上书，第 6—8 页。

④ 《神宗万历实录》卷 357，第 6 页。

⑤ 贵州省文史研究馆点校：《贵州通志·前事志》（二），贵州省人民出版社 1985 年版，第 687 页。

代贵州出现了不少无主田土，受制于明代贵州农业生产力滞后的影响，受制于新民数量的限制，尤其受制于外来移民数量的限制，所以把田土归还给原主可以充分利用和开发无主田土。四是为了解决"耕者有其田"的问题。由于一些原居民的田土被"逆民"或土司或卫所侵占，从而使一些原居民沦为无田土者，而这些原居民具有农业生产能力，却没有田土耕种。把田土归还原居民可以解决"耕者有其田"的问题。

从理论上说，"物归原主"这一个物权法原则应该折射"实质公平"的法律价值，也应该体现土地的生存价值。然而，明代贵州所有权制度对"物归原主"的物权法原则进行了变通遵循，并对"物归原主"作了相应的规定。

三　通过刑法加以保护民田所有权

侵占民田不仅影响民族团结，如外来移民和卫所官兵侵占夷民的田土，还影响明王朝对民田所享有的经济资本。明代贵州，侵占民田的现象比较严重，其表现为两个方面：一是侵占无主田土。由于战争和自然灾害等不可抗力因素，一些自然村寨出现不少无主田土，存在任意非法占有无主田土的现象。"播土旧民，自逆酋倡乱，大兵征讨之余，仅存十之一二。遗业田土，多无主人，册籍不存，疆界莫考。复业之民，往往冒认隐占，原少报多，原瘠报肥，甚至一人占田一二千亩，尚有异省流徙，假播籍而希冒占者。"[1] 按照"物尽其用"的物权法原理，应该鼓励对无主田土的开发和耕种，然而，一方面，这些无主田土可能是暂时的无主，进而言之，这些无主田土的处分并未遵循物权取得时效理论；另一方面，明王朝在贵州推行"耕者有其田"的农业政策，同时，占有无主田土者并没有经过官府的同意；另外，非法占有无主田土者是非法移民。"万历十年七月癸亥（初八），

---

① 贵州省文史研究馆点校：《贵州通志·前事志》（二），贵州省人民出版社1985年版，第516页。

贵州巡抚王辑题：该省应丈民田三十二万八千五百二十九亩，节年失额民田四千二百三十亩，今次丈出隐占等项各除抵补外，尚有余剩民田一十四万二千三百一十四亩，遵议不得增粮，应与额田通融摊派。"① 二是卫所官兵侵占世居民族的田土。"正统八年二月丙午（二十），云南总督军务兵部尚书、靖远伯王骥等奏：贵州地方，诸种蛮夷所居，各卫所官军欺其愚蠢，占种田地，侵占妻女，遂至不能聊生，往往聚啸为盗。如安庄卫所镇抚卢聪，及普安卫镇抚何鉴等肆为暴横，有卢裹虎、何净街之号，上司不能控制。上谕吏部臣曰：为民除害，不可缓也。尔即选官往彼视察各卫所官员，就将卢聪、何鉴？问明白，并妻子械发云南金齿充军，但逃处死不宥。于是，尚书王直等举都察院右副都御史丁璇。上赐敕遣之。"②

如何保护民田呢？这已成为明代贵州官府需要解决的一个课题。民法和刑法是保护民田的两种重要方法和举措。明代贵州官府不但通过民法保护民田，而且还通过刑法保护民田，遵循"物归原主"的物权法原则和规则就是通过民法保护民田的具体做法。

明王朝不但通过民法保护屯田，而且也通过刑法保护民田。"侵占田产是最常见的侵占行为。占田过限是私人侵占国家的田地，而'盗耕种官民田'则是侵占他人的田地。此类犯罪以所占的田产数量为量刑的依据。侵占财物的行为也根据犯罪客体分为侵占官府财物和私人财物，量刑原则一般是根据所占有财物的多少而确定刑罚。"③ 通过刑法保护民田所有权的形式为二：一是官府利用杖抽打侵害或破坏田土者，根据侵害或破坏田土的数量不同确定杖抽打的次数。"嘉靖三十九年，令宣慰土司越境收种田土，无知军民互为投献者抚按官将土司查究军民，目把人等各照例发遣田土，价银入宫。"④二是对于侵害或破坏田土严重者，给予二年不等徒刑的处罚。

---

① 《神宗万历实录》卷126，第12页。
② 《英宗正统实录》卷101，第9页。
③ 《明会典》卷5《选官》。
④ （明）郭子章：《黔记》卷之十九《贡赋志上》。

虽说明王朝明文规定，通过刑法保护民田，但是司法实践中，不是通过刑法方式处罚侵害民田行为，而是通过行政措施、乡村精英调解、归还田土及赔偿等方式解决"侵害民田行为"这一问题。"各军因贫误将本所东山堡、吴家沟等处田地受诸夷财物，私为典当。强夷遂其巧计，霸占不休，虽各军将典当原价退还，夷众恃恶不肯退还田地。即未经典当者，亦公然占据改为私庄……乞敕户、兵二部移行四川、贵州抚按诸臣，行委两省该道亲自踏勘，将永宁宣抚司奢崇明、奢寅纵令恶夷及旧占新占白撒所田地，勒令一一吐退，给还该所军令种，占住夷民责令搬移别地，其挑祸恶夷者务、以安、田应龙等严行重处，逋欠粮差责令赔还。崇明父子敢再仍前违抗，不遵处断，公为叛逆，听臣参奏，改土为流。"① "景泰三年四月壬辰（二十九），裁省贵州永宁、镇宁二州同知、判官各一员，以事简故也。"② "景泰五年十二月已亥（二十三），命湖广按察司副使邢端致仕。先是，端以贪污不检送法司论断，自陈尝从总兵官征剿湖广、贵州等处苗贼获攻，乞宥过复职。故有是命。"③ "隆庆六年十一月甲申（初二），以贵阳坝场地方添设守备官，摘留标兵三百名以资防御，其贵阳府通判、安顺州判官、宁谷司史司各专驻地方，管理钱粮词讼，不得别项差委。"④ "《与白阃司又书》云：此苗就抚，匪可即止。即争田一事，闻土人一向失业，尤须略见大意，莫深求于苗以启后争。如此则恩威并立矣。土人暨秀才要剿、要尽还旧田之言，切不可从云云。据此，是施秉此次苗恤，以争田也。惟施秉县，据《明史·地志》谓天启元年四月省，崇祯四年十一月复置，不应在此始议废也。废或复字之误欤。"⑤

---

① 《神宗万历实录》卷594，第10—11页。

② 《英宗实录》卷215，景泰附录33，第13页。

③ 《英宗实录》卷248，景泰附录66，第8页。

④ 《神宗万历实录》卷7，第3页。

⑤ 贵州省文史研究馆点校：《贵州通志·前事志》（二），贵州省人民出版社1985年版，第687页。

立法层面上的刑法对民田的保护与司法实践中的刑法对民田的保护存在较大的反差。此现象符合〔美〕黄宗智教授的一个经典观点：民事法律的表达与实践的不一致。〔美〕黄宗智教授的经典观点不仅符合清代以来中国民事法律的实际情况，也符合明代贵州民田的刑法保护的实际情况。从权益保护角度看，民田的刑法保护问题是一个民事纠纷解决方式问题。立法层面上的刑法对民田的保护属于民事法律的表达，司法实践中的刑法对民田的保护属于民事法律的实践。明代贵州民田的刑法保护的表达与实践的关系也突出了中国古代民事法律与刑法的关系：民事权利的刑法和民法双重保护。

第二节　明代贵州民田用益物权制度

一　给予明代贵州移民开荒地用益物权

一方面，明代初期，"人少地多""夷民多，汉民少""农业生产技术落后"是贵州的省情；另一方面，基于政治和军事的考虑，如贵州边疆的稳定问题、军队的粮草问题，增加贵州地方财税问题等；另外，为了大力发展贵州农业，经营管理无人耕种的耕地，开垦荒地给贵州少数民族带来先进的农业生产技术和新的农业物种。所以在贵州推行了"移民实边"和"移民就宽乡"开荒制度，给予移民开荒地用益物权。"贵州古之荒芜三代以上未前开也，庄桥王滇道始通汉，事西南夷其地始郡。"① "明太祖谕镇远知府杨政德敕。敕曰：朕今仍俾汝以世土，授省溪长官世职，彼处田地，任尔开垦，允为世业、养廉子孙，不加俸禄。尔其效忠，谨守法度，以安朕命。故敕！"②

为了充分发挥移民开荒地用益物权的权能，一方面，"移民实边"和"移民就宽乡"制度对移民的范畴、移民开荒的范围和优惠条件等

---

① （万历）《贵州通志》卷21。

② 贵州省志民族志编委会著，《民族志资料汇编》（第九集　土家族），1992年2月，第369页。

方面作了规定，鼓励开荒措施主要包括减免税收、提供路费和生活费、给予田土等。对于外来移民开发荒地，官府主要采用以鼓励措施为主、强制措施为辅。"宣德九年十月丁卯，敕陕西、福建、广东、贵州、四川、广西、云南三司及巡抚监察御史，凡全家充军绝户田地召人承佃。官田俱照民田例起科，免征所欠粮草。"[1] "万历六年七月壬子，南京贵州道试御史王廷稷条陈，当此东作之时，宜令有司劳劝流民悉报复业，游懒悉驱耕作，田地荒芜者令民开垦"，[2] 另一方面，明代贵州所推行"移民实边"和"移民就宽乡"制度与改土制度相伴而行，互为补充、互为推动。

二 民田租佃的规制

明代贵州从四个方面对民田租佃加以规制。一是明代贵州官府鼓励民人租佃民田。例如，嘉靖年间，癸丑岁巡抚贵州都御史刘大直就召集民人租佃田土，永宁州也鼓励民人租佃抛荒地。他们所采取的鼓励措施主要是减免田赋。"缺而田益荒也，亦未甚便嘉靖丑岁巡抚贵州都御史刘大直令各该卫所清查前荒田地，招集军民流商诸人芟秽耕种，许以三年成熟，照数纳粮，则所谓会计人役者将亦可以少缓矣，因纪其实。程番府抛荒田亩不等，招集哨堡土流客民，诸人不一佃种；永宁州抛荒田地不等，招集军余民人八十六名佃种。"[3] 万历二十六年，石阡府知府郭原实奉文议将空闲田土和学田租佃给民人。"石阡府惠乐地租：万历二十六年，知府郭原实奉文议将左右空地召民李大洪、王万贵、王有祖、张大荣、张贵恩各认纳地租银陆钱，陈贵连房壹两，周廷益肆钱，廖月三甘南一各叁钱，罗表一周□各捌钱，萧守敬贰钱各民，自立房住，又苗民司条鞭乐饵银壹两捌钱共捌两陆钱，奉文革去乐局详改准作学田条馆，每年动支贰两柒分其于陆两伍

① 《宣宗宣德实录》卷113，第13页。
② 《神宗万历实录》卷77，第2页。
③ （嘉靖）《贵州通志》卷3。

钱叁分□库。"① 二是认可合法移民租佃民田。如明王朝在贵州推行的"移民实边"和"移民就宽乡"制度。三是认可卫所官兵及其家属租佃世居民族的田土。"宣德九年十月丁卯（二十四），敕陕西、福建、广东、贵州、四川、广西、云南三司及巡按监察御史：凡全家充军绝户田地召人承佃。官田俱照民田例起科，免征所欠粮草。府州县见收税课及为钞法，增收诸色课钞减十之四。逃民所欠及见征粮草皆停征，招抚复业蠲免粮差亦如之。"② 四是推行"改土归流"政策。从田土制度改革的维度看，"改土归流"政策的目的是把"土司田土所有制"变为"土地国有制"或"地主所有制"或"农民所有制"，推动民田租佃。"又广万士合义仓，易粟以金，益以已俸置田。秋成，积贮贷还，一如士和之旧，而田遂为永制焉。"③

三 民田抛荒的规制

明代贵州侵占抛荒田土现象较严重，这增加了社会不稳定因素，也影响了民族关系。"遗业田土，多无主人，册籍不存，疆界莫考。复业之民，往往冒认隐占，原少报多，原瘠报肥，甚至一人占田一二千亩，尚有异省流徙，假播籍而希冒占者。"④ 明代贵州从两个方面规制民田抛荒。一方面，禁止田土耕种者抛荒，违者仍然要求上交田赋，要求抛荒者把抛荒田土租佃给其他人耕种。"宣德十年，英宗继位下诏规定：民间有事故人户抛荒田土，从实开报，除豁税粮，另召承佃。如系官田，即照民田例起科。"⑤ "族中所有之荒山荒地应由管业人随时相定土宜分别种垦，如有力不能种或任意其荒废者，经族长查明或仍责成本人种植，或劝令租给族人承种，其租金得由族长依照

① （明）郭子章：《黔记》卷20。

② 《宣宗宣德实录》卷113，第13页。

③ 贵州省文史研究馆校勘：《贵州通志·前事志》（第二册），贵州人民出版社1987年版，第315页。

④ 同上书，第516页。

⑤ 蒲坚：《中国历代土地资源法制研究》，北京大学出版社2006年版，第419页。

该地普通时价定之，仍双方应立款约，以杜后来纠葛。族中公有或各个人私有竹木，不准同族中任意砍伐或偷伐，情事如违，由族长查明处治。(杨氏十甲族规)"[1] 另一方面，战争和自然灾害等不可抗力，或其他缘由，导致贵州有些地方出现无主民田，基于赋税、田土充分利用及以防田土垄断等因素的考虑，当权者对无主民田土的处分作了严格规制。如耕种纯下田不得超过一百亩，耕种纯上田不得超过二十亩，耕种无主民田土也要承担相应的义务，违法情节较重者，对其刑事处罚。"今应将播之旧民号'杨保字'者。若一处皆上田，皆下田者，临时酌给。大率纯下田，多不得过一百亩，纯上田，不得少过二十亩。其原非播民，不能为杨保语者，无问曾否寄住，皆不得妄认。遗下无主民田，另行招人承种，纳粮当差。应龙官庄并杨兆龙，田一鹏、何汉良等诸擒斩过有名头人庄田，尽数没官，听三省之民愿占籍播州者承粮。其领田之人，查照时值，量行上纳，以充目下建立城池、衙门、驿传诸费。亦定为限制，平人不得过五十亩，指挥千百户不得过百亩，俱于丈量时定粮定价，令不得挪移。州县官收过绝产价值，给付印契，登入循环，听兵备道稽查，转报抚按查考。官吏干没，从重治罪。"[2]

四　提高夷民民田收益权能

(一) 改变夷民民田耕种方式

明代贵州，绝大部分夷民农业生产方式落后，田土利用率不高。如苗族、仡佬族等少数民族采用刀耕火种的粗放型农业生产，或以游牧为生，或以打猎为生，甚至有些夷民只得典卖儿女和田产，以便维持生计。"洪武十八年二月丁巳 (二十五) 云南乌蒙军民府知府亦德言：蛮夷之地，刀耕火种。比年霜旱、疾疫，民人饥窘，岁输之粮无

[1]　杨明兰、杨学军：《从族谱看侗族的族规、家规、家训、家约》，载贵州省志民族志编委会《民族志资料汇编》(第三集 侗族)，1987 年 10 月，第 64—65 页。

[2]　贵州省文史研究馆校勘：《贵州通志·前事志》(第二册)，贵州人民出版社 1987 年版，第 516 页。

从征纳。诏悉免之。"①耕种农作物的田土具有不确定性。"今照贵州
自添设三司以来，递年拜进表笺、朝觐、公差、丁状、任满等项，下
至龙里、镇远一带冲要卫府，虽称军民官制，中间民庶生熟不同，刀
耕火种，别无生理，所办杂泛科差，只得典卖儿女田产，奉承不
暇。"②"蛮语兼传红仡佬，土风渐入紫姜苗。耕山到处皆凭火，出户
无人不佩刀。一自播兵蹂躏后，几家毛屋入萧条。"③"地险人稀物态
凉，萧疏羸马与胖羊。彩绳贯苗姬饰，蛮锦裁衣卫士装。绝壁烧痕随
雨绿，隔年禾穗入春香。民间蓄积看如此，那得公家咏积仓。贵州土
俗，藏稻穗不藏谷。"④

民以食为天，夷民的生存难以保障，这对明代贵州治理边疆极为
不利。如聚众闹事、骚扰边民和卫所，甚至与"生界"的夷民联合对
抗官府，从而引发暴动。为了提高夷民田土收益权能，明代贵州主要
采用两种措施：一种措施乃是改变夷民民田耕种方式，另一种措施是减
免夷民田赋及其相关税收。下面先谈谈改变夷民民田的耕种方式。

与夷民比较而言，汉民的农业生产方式比较先进，汉民农作物品
种较多，因此，有必要引进汉民先进的农业生产方式和农作物品种。
明代贵州存在大量荒地，而明代内陆省份则出现了"人多地少"的矛
盾，因此，贵州推行"移民实边"和"移民就宽乡"政策具有必然
性。通过推行"移民实边"和"移民就宽乡"政策，一些夷民的农
业生产方式也逐步得以改变，明代贵州农业生产有了一定程度的发
展。"在贵州，可灌溉的在册耕地从 1555 年的 428569 亩增加到 1597
年的 1198302 亩。根据嘉靖《思南府志》（1537 年版），该府主要农
作物品种中已包含了九种水稻。所载农作物品种，通常先是原先在旱

---

① 《太祖洪武实录》卷 171，第 3 页。

② 贵州省文史研究馆点校：《贵州通志·前事志》（二），贵州人民出版社 1985 年版，
第 135 页。

③ （明）郭子章著，杨曾辉、麻春霞编著：《诸夷考释》，贵州人民出版社 2013 年版，
第 104 页。

④ 同上书，第 110 页。

地里种植的品种，紧随其后的是后来在水田中种植的水稻品种。"①

明代贵州林木资源丰富，而明代内陆省份的林木资源相对减少，明代对贵州林木的需求量增大，这为夷民人工造林和把林木资源变为货币提供了可能。"万历三十七年九月己卯（初一），户科给事中韩光祐言：内监陈永寿所派三殿木植大工钱粮至九百三十余万，比嘉靖间三门午楼之费尚增一倍，乞明诏天下蠲湖广、川、贵三省木价之半。不报。"②根据杨有庚研究员研究，在明代，黔东南就已经开始人工造林了。"《姜氏家谱·记》追述了文斗居民早在明神宗万历年间，即已进行'开坎砌田，挖山栽杉'。所谓'挖山栽杉'，便是人工造林。这是黔东南少数民族人工造林的最早记载，也是我国人造商品用材料的较早记载。"③

（二）减免夷民民田的田赋及其相关税收

减免夷民民田田赋及其相关税收，这实际上是提高夷民民田收益权能。夷民民田用益物权权能包括占有权能、使用权能和收益权能，占有权能和使用权能与收益权能的关系是手段与目的的关系，享有占有权能和使用权能的目的是实现收益权能，而收益权能包括两个方面：一是耕种民田所获取的农产品，二是夷民民田田赋及其相关税收负担，所以减免夷民民田田赋及其相关税收实际上是提高夷民民田的收益权能。不过，减免夷民民田的田赋及其相关税收的动因是多元的。如征收夷民民田的田赋及其相关税收的成本高，或不可抗力因素，或主动惠民，或执行明王朝的统一规定。"洪武十八年二月丁巳（二十五）云南乌蒙军民府知府亦德言：比年霜旱、疾疫，民人饥窘，岁输之粮无从征纳。诏悉免之。"④ "贵州郡县皆洞溪蛮民，自耕以

---

① 李中清：《中国西南边疆的社会经济：1250—1850》，人民出版社 2012 年版，第 182—183 页。

② 《神宗万历实录》卷 462，第 1 页。

③ 杨有赓：《姜氏家谱反映的明清时期文斗苗族地区经济文化状况》，载贵州省民族研究所 贵州省民族研究学会《贵州民族调查》（之六），1988 年，第 350 页。

④ 《太祖洪武实录》卷 171，第 3 页。

食，商旅不至，无货易钞。"① "万历十九年三月丁巳（二十一）贵州
杨义土司田亩原属苗民管办差银，续以半属清、平二卫官舍买种，半
属该司苗民自耕，致推内差役交争奸告，抚按官奏从公均文，分别等
则以田定赋，其差银军舍、苗民分认。"② "二十一年，部臣以贵州逋
赋请，帝曰：蛮方僻远，来纳租赋，是能遵声教矣。逋负之故，必由
水旱之灾，宜行蠲免。自今定其数以为常，从宽减焉。"③ "播州，西
南夷之地，自昔皆入版图，供贡赋，但当以静治之，苟或扰之，非其
性矣！朕临天下，彼率先来归，所有田税随其所入，不必复为定额以
征其赋。"④ "洪熙元年闰八月丁丑（十一），贵州水德江长官司张沂
奏（疑奏：衍文）：部符令民计口纳食盐钞。贵州郡县皆洞溪蛮民，
自耕以食，商旅不至，无货易钞。乞赐免纳。"⑤ "九月，加天下田
赋。帝以辽左军饷不敷，除贵州地硗兼有苗变不加外，余照万历六年
《会计录》派定每亩加三厘五毫。次年复加赋额。《辑览》《明鉴》《明
纪》《遵志》。"⑥

第三节　明代贵州民田登记制度

一　民田登记范围

　　田土登记是官府征收田赋及其附加税赋的重要依据，是农户能否
进入编户的必要条件，也是田土权属凭证。永乐十一年，虽说贵州已
成为行政省，但是直到嘉靖年间，贵州才开始对田土进行官方登记；
到了万历年间，贵州官府对田土进行重新丈量和登记。"嘉靖三十九

---

①　《宣宗宣德实录》卷7，第11页。

②　《神宗万历实录》卷233，第8页。

③　《明史卷三百一十六·列传第二百四·贵州土司》，第8167—8168页。

④　《太祖洪武实录》卷88，第112页。

⑤　《宣宗宣德实录》卷7，第11页。

⑥　方铁：《西南通史》，中州古籍出版社2003年版，第620页。

年，令宣慰土司越境收种田土，无知军民互为投献者抚按官将土司查究军民，目把人等各照例发遣田土，价银入宫。"①"遵照部议不得增粮，应与额田通融摊派，以免日后包累外，尚清除贵前龙里等卫军舍新垦科田壹千玖百壹拾伍亩，又故绝田叁拾陆亩捌分，不在前田数内，应起科粮，贵州田土从此有额。"②

主流观点认为，根据田土功能和所有权主体不同，明代田土有两种不同类型：官田和民田。作为明王朝的一个行政省，同样，明代贵州有两种不同的田土类型，即官田和民田。万历年间，贵州官府对田土登记并不全面，如土司田土、"生界"田土并没有被登记，当然，也对其登记不具有必然性。

从（万历）《贵州通志》《黔记》《贵州通志·前事志》等史料记载看，贵州民田登记范围呈现一个特征：民田登记范围较窄，其表现如下。一是许多民田并没有被登记。如"生界"的民田、土司领地民田、一些外来移民开发荒地，尤其移民是在"生界"边际开发的荒地，以及一些世居民族在土司领地和卫所开荒地等。二是根据（嘉靖）《贵州通志》的记载，嘉靖年间，只对贵州一部分府、州抛荒地进行了登记。如《黔记》卷三记载有抛荒地的府、州只是程番府和永宁州，普安州、安顺州、镇宁州、黎平府、都匀府、铜仁府、石阡府、镇远府、思南府、思州府等州、府都没有抛荒地。是否只有程番府和永宁州有抛荒地呢？其他府、州没有抛荒地呢？由于程番府、永宁州与其他府、州的自然条件和农业生产条件的差别不大，所以说其他府、州不可能没有抛荒地，从此可以推出一个结论：由于诸方面的原因，所以没有对普安州、安顺州、镇宁州、黎平府、都匀府、铜仁府、石阡府、镇远府、思南府、思州府等州、府的抛荒地进行登记。三是不管是嘉靖年间，还是万历年间，都没有对开荒田土的情况进行登记。四是贵州布政司管辖的许多府、州、卫所并没有登记田土的情

① （明）郭子章：《黔记》卷19。

② 同上。

况。"万历六年，贵州布政司田土除思南、石阡、铜仁、黎平等府，贵州宣慰司、清平、凯里安抚司额无倾亩外，贵阳、平伐长官司，思州、镇远，都匀等府，安顺、普安等州，龙里、新添、平越三军民卫，共五千一百六十二倾八十六亩三分零。"① "惟洪武二十六年及弘治四年与是年。然则是年亩画一之制，为此永久遵守之制。是年赋户顷亩之数，亦后此图籍同据之数也。《贵州旧省志》贵州明代载赋税之数，只弘治十五年额。田亩之数，只万历六年此文者，殆以此欤。"②

二　民田登记内容

(一) 卫所的民田——科田的登记

从《贵州通志》（万历）和《黔记》的记载可以得知科田登记的内容如下：一是科田与屯田登记在卫所名下，是独立于屯田的。为什么科田与屯田都登记在卫所的名下呢？一方面，科田与卫所具有天然的关系。如科田的权利主体是卫所官兵的家属，卫所是科田存在的前提条件。先建立卫所之后，才有可能出现科田，而不是反之。另一方面，从地理位置的角度看，科田与屯田是交叉关系或相邻关系；从田土功能的角度看，科田和屯田开设的目的都是实现卫所的军事功能和政治功能。卫所官兵的生存保障和生活水平是关系到卫所能否实现其军事功能和政治功能的关键点，而财税严重不足的语境下，科田和屯田的开发和利用则是卫所官兵的生存保障和生活水平提高的物质基础和根本保障。二是对科田的种类进行登记。从对科田登记的情况看，科田有两种类型：水田和陆地。贵州卫所官兵及其家属主要来源于湖广、江浙等省份的汉民，他们掌握了耕种技术，如种植水稻、小麦、玉米、蔬菜等草木作物，这些草木作物的生长和发育离不开水田或陆

---

① （明）郭子章：《黔记》卷19。
② 贵州省文史研究馆校勘：《贵州通志·前事志》（第二册），贵州人民出版社1987年版，第332页。

地。三是万历年间，重新丈量科田。从以下一些卫所所重新丈量的科田登记面积看，普安卫所的科田面积最大，普安卫的科田面积达到了二万四千一百二十九亩零，其次是贵州卫所的科田面积，达到了捌千肆百陆拾捌亩零，都匀卫所科田面积最小，仅有六十六亩。四是登记科田面积的基本单位有所不同。黄平所、都匀卫、普安卫、威清卫、贵州卫等卫所登记科田面积的基本单位为亩，而安南卫、普定卫等卫所登记科田面积的基本单位为厘。这说明对田土面积登记的基本单位没有统一的规制，赋予了卫所的自由权力，当然，各卫所登记田土面积的基本单位要遵循计量惯例，即亩或厘。"黄平所：土田，旧志水陆田地一万二十三亩。万历九年新丈实在七千九百三十二亩，屯田七千七百八十三亩零，科田一百四十九亩零。"① "安南卫：土田，旧志水陆田地三万四千六百七十亩九分。万历九年，新丈实在二万五千六百三十七亩二分零。屯田六千二百零六亩，科田四百三十一亩二分四厘。"② "都匀卫：土田，旧志水陆田地三万三千五百七十亩。万历九年，新丈报存二万七千一百五十五亩，屯田二万三千五百八十九亩零，科田六十六亩零。"③ "普定卫：土田，旧志水陆田地七万七百二十四亩。万历九年，新丈实在四万六千八百八十五亩七分六厘。屯田：三万一千九百六十二亩。科田：四千九百三十三亩七分六厘。"④ "普安卫：土田，旧志水陆田七万八千四百四十四亩。万历九年，新丈五万二千一百五石八亩零。十二年续丈一千五百一十三亩零，科田二万四千一百二十九亩零。"⑤ "威清卫田土：旧志水陆田地肆万壹千叁百伍拾亩壹分伍厘。万历九年，新丈实在贰万叁百贰拾玖亩，屯田壹万陆千伍百玖拾壹亩零，科田叁千柒百叁拾捌亩。"⑥ "贵州卫：旧

---

① （万历）《贵州通志》卷13。
② （万历）《贵州通史》卷8。
③ （万历）《贵州通史》卷14。
④ （万历）《贵州通志》卷6。
⑤ （万历）《贵州通志》卷9。
⑥ 《黔记》卷20。

志水陆田地肆万肆千捌百陆拾玖亩玖分，万历九年，新丈共叁万陆千捌百陆拾玖亩零，十二年，水灾除豁壹千贰百伍拾柒亩捌分零，今实在叁万伍千陆百壹拾壹亩捌分零，屯田贰万柒千壹百肆拾叁亩零，科田捌千肆百陆拾捌亩零。"①

（二）府、州的民田登记

根据（万历）《贵州通志》和《黔记》的记载，可以得知府、州民田登记内容如下：一是嘉靖年间，许多府、州如思州府、思南府、石阡府、永宁州、普安州都没有对民田进行登记。究其原因，一方面，一些府州民田开发不够，地势险峻，不方便丈量；另一方面，对有些府、州的政治控制力不够，丈量民田存在人为的障碍因素。二是登记了旧志——（嘉靖）《贵州通志》民田登记情况和新丈量民田登记情况。三是登记民田面积的基本单位不统一，有三个登记民田面积基本单位——亩、分、厘。思州府的新丈实在民田面积的基本单位是分之外，思州府、都匀府、镇远府、石阡府、永宁州、普安州等府州新丈实在民田面积的基本单位是亩，新丈民田面积的基本单位为亩、分和厘，思南府、都匀府、镇远府等府的新丈民田面积的基本单位是亩，思州府、永宁州的新丈民田面积的基本单位是分，石阡府的新丈民田面积的基本单位是厘。"思州府：土田，府属旧志田无顷亩。万历九年，新丈实在民田四万八千三百八十亩五分。"② "思南府：土田，旧志田无顷亩。万历九年，新丈田地一十三万七千三百七十一亩零，十二年丈增水□二司一千一百八十八亩五分零。详豁沿河司水御田三十三亩六分零，二十五年报增一十三万八千五百五十九亩零。"③ "石阡府：旧志山坡险平不一，原无顷亩，万历九年，丈量共民田捌万柒千捌百贰亩陆分柒厘零，十二年，水灾除豁捌拾肆亩柒分贰厘，实在捌万柒千柒百壹拾柒亩零。"④ "永宁州：田土，旧志山坡险平不

① 《黔记》卷19。
② （万历）《贵州通志》卷16。
③ 同上。
④ （明）郭子章：《黔记》卷20。

一，原无亩数。万历九年，新丈实在民田三万六千四百一十六亩八分。"①"普安州：土田，旧志田地随山开垦，难以计亩。万历九年新丈实在民田三万四千八百零五亩零。"②"都匀府：土田，旧志无顷亩。万历九年，新丈共五万八千六百五十七亩零，十二年水灾除豁一百四十七亩一分七厘，二十五年报存五万八千五百一十亩零。"③"镇远府：旧志田捌千陆拾肆亩陆分零，万历九年，新丈增贰万柒千伍百捌拾贰亩零，十二年，覆丈除豁贰百叁拾叁亩零，二十五年，增至叁万柒千伍拾玖亩零。"④

三　民田登记法律性质

明代贵州民田登记是民事法律行为，还是行政法律行为呢？笔者认为，明代贵州民田登记法律性质与现代田土登记法律性质不同，现代田土登记是民事法律行为，而明代民田登记是行政法律行为，其依据如下。其一，启动民田登记主体不是农户或地主，而是官府。作为经济理性人，农户或地主会考虑田土登记成本和效益，田土登记效益则是成为编户，编户可以享受所谓的国民待遇，田土登记效益是田土权属的权威确认。登记成本包括了以下几方面：申请田土登记所花费的机会成本，田土错误登记所引起的风险，缴纳田赋。像其他乡村社会一样，明代贵州乡村社会是熟人社会，是家族和乡村权威人士治理的社会，相互之间田土权利情况非常熟悉，一旦发生田土权利纠纷，会在家族内部或乡村内部解决，田土登记权利的权威确认之效益也只是纸面的。"要约无文书，刊寸木板以为信。争诉不入官府，即入，亦不得以律例科之。推其属之公正善言语者，号曰：行头。以讲曲直。行头以一事为一筹，多至百筹者。每举一筹，数之，曰：某事云云，汝负于某。其人服，则收之。又举一筹，数之，曰：某事云云，

①　（万历）《贵州通志》卷8。
②　（万历）《贵州通志》卷9。
③　（万历）《贵州通志》卷14。
④　（明）郭子章：《黔记》卷20。

汝凌于某。其人不服，则置之。计所置多寡以报。所为讲者，曰：某
事某事，其大不服。所为讲者，曰：然。则已。不然，则又往讲如
前。必两人咸服，乃决。若所收筹多，而度其人不能偿者，则劝所为
讲者，掷一筹与天，一与地，一与和事之老。然复约其余者，责负者
偿之，以牛马为算。凡杀人而报，杀过当者，算亦如之。"① "其期会
交货无书契，用木刻。重信约，尚明誓。凡有反侧，刴牛抚谕，分领
片肉，不敢复背约。善造坚甲、利刃、标枪、劲弩，有价值十数马
者。置毒矢末，沾血立死。自顺元、曲靖、乌蒙、越□皆此类也。"②
基于田土登记成本与效益的比较考量，农户和地主没有启动田土登记
的经济动因。然而，对官府来说，田土登记则是一本万利的事情。虽
然田土登记需要一些人力、物力和财力，但是一旦完成田土登记，则
农户和地主则按照田土面积交纳田赋，也防止基层官员寻租，因此官
府有启动民田登记的经济动因。其二，从民田丈量到民田面积确认，
从民田面积确认到民田面积的正式记载，官府都起到了主导作用。其
三，官府是确定民田登记内容的主体。民田权利主体、民田亩数、民
田边界等都是官府委派官员进行核实，并进行登记。

四　民田登记法律效力

(一) 民田错误登记法律效力

根据性质不同，民田错误登记分为民田故意错误登记和民田过失
错误登记。不管是哪一种民田错误登记，都会产生相应的法律效力，
都要承担相应的法律责任，只是不同类型的民田错误登记所承担的法
律责任不同而已。万历十年七月初八，贵州巡抚王辑所题的民田错误
登记是民田故意错误登记的案例，因此对其责任人的处罚较重。

民田错误登记案件"万历十年七月初八，贵州巡抚王辑题，该省

---

① （明）郭子章著，杨曾辉、麻春霞编著：《诸夷考释》，贵州人民出版社 2013 年版，
第 24 页。

② 同上书，第 58 页。

应丈民田三十二万八千五百二十九亩，屯田三十三万五千九百六十四亩，科田八万八千二十六亩，节年失额民田四千二百三十亩，屯田四万七千五十一亩，科田五百一十二亩。今次丈出隐占等项各除抵补外，尚有余剩民田一十四万二千三百一十四亩，屯田一万七千一百八十一亩，遵义不得增粮，应与额田通融摊派，至于普安、永宁、赤水、毕节、乌撒五卫被夷占去屯田，计其丈出之数，不足抵补，就于丈出五卫新垦科田七千二百七十七亩内摊粮拨补足额。尚有贵前、龙里等卫余剩科田一千九百一十五亩，查系军舍新垦，不在屯田数内，该起粮一百三石零。又丈出贵州前卫故绝地三十六亩有奇，该起粮七石零，其普安州夏秋地清丈止有二千三百二十七亩，而黄册以亩作顷，明系差讹，相应改正。其先误增前卫屯军余田浮粮一十一石九斗应与豁除，及将参政史樉等记录知州软（阮）万瑛等分别罚治。部复上报。可之。"①

　　归纳起来，民田错误登记会发生以下几个方面的法律效力。第一，民田错误登记行为为无效法律行为。如民田错误案件中故意少登记民田面积的行为是无效法律行为，若要使其行为为有效法律行为，则必须把少登记民田面积加到原民田登记面积，然后对民田面积重新登记。第二，民田错误登记行为者是要承担法律责任的。真实而全面登记民田是民田登记主体的权利和义务，按照权责对等原则，民田错误登记行为者要承担因自己错误意思而引发的登记民田错误的法律责任，如罚治。第三，民田错误登记行为导致田赋上交数额错误。在以上民田错误登记案件中，基层官员为了隐瞒田赋总量，谋取私利，故意少登记民田面积。民田面积是上交田赋最主要的标准，民田面积与田赋的之间的关系是正向关系，民田面积少，则田赋少。因此，民田错误登记行为势必导致田赋上交数额错误，从而损害官府的经济利益。

---

　　① 《神宗万历实录》卷126，第2—3页。

（二）民田登记的权利变动

民田登记的权利变动包含了四层含义：第一层含义是指民田登记确认了民田权利主体。民田权利纠纷的根本原因是民田权利未确认，民田权利未确认表现为：一是民田权利主体不确定，二是民田权利主体并未得到家族或社会或官府的认可，而官府的认可是民田权利主体确认的最权威法律主体，所以从此意义上说，民田登记实质上是确认民田权利主体。"宣德六年三月丙子，逃户复业之后，有被人侵占庄宅田地，即与追还，牛具种子或有未备，必相周急。"[1] "正统十四年十一月丙午（三十）尚宝司司丞夏瑄言二事……。又因生熟苗互争田土，有司受其贿赂，判与不公。……"[2] "正统十四年正月辛亥（三十），贵州所辖各长官司奏：夷民性狠难驯，少有斗争辄相仇杀，近得左参议顾理或依土俗和解，或以公法惩治，民如知惧，地方少宁。乞令本官专一巡视民，催办良马，为便。从之。"[3] 第二层含义是指民田登记确认了民田权利变更，民田权利变更包括了民田权利主体变更和民田权利内容变更。民田买卖、民田赎买、民田租佃权转让、官府对无主田土、荒地及抛荒地的处分、这些民事法律行为势必引起民田权利变更，而民田登记启起到确认这些民田权属变更法律效力的作用。当然，除了官府对民田权利进行登记之外，民间民田权利变更契约文书实际上扮演了登记民田权利变更的角色。"十五年（丙申，公元一五三六）冬十月，王仲武因诸苗失业，阴为招复，旋苗怨愤，遂推阿向余孽王聪，王佑为主，功夺凯口屯。巡抚都御史杨春芳遣参将李佑等抚之，为所执，乞还土田乃释佑。春芳以闻，诏进讨。"[4] 第三层含义是指民田登记引发了官府财税权变更。官府减免民田田赋及其他税收的主要依据是民田面积的多少和质地，而民田面积的多少和质

---

[1] 《宣宗宣德实录》卷77，第5—7页。

[2] 《英宗正统实录》卷185，第27页。

[3] 《英宗正统实录》卷174，第11页。

[4] 贵州省文史研究馆点校：《贵州通志·前事志》（二），贵州省人民出版社1985年版，249页。

地情况以登记为准。第四层含义是指民田登记引起编户变更。民田登记与编户变更之间存在着内在关联性，如民田的面积和质地情况能否成为编户的必要条件，民田权属主体和民田权属内容的变更也会影响编户数量的变化。

五　民田登记模式

根据性质不同，田土登记存在两种模式，一种田土登记模式是形式主义；另一种田土登记模式是实质主义。田土登记形式主义模式是指田土登记主管部门对田土登记时，对其相关证件只是形式审查而已。田土登记实质主义模式是指田土登记主管部门对田土登记时，对其相关证件要进行实质审查，确认其真实性。依据明代贵州民田登记的内容、法律效力及法律性质等因素，可以判断明代贵州民田登记模式是田土登记实质主义模式。丈量民田和考察民田的质地是明代贵州民田登记的一个程序，丈量民田和考察民田的质地实际上就是对民田面积和质地，是实质审查。"安顺州：旧志田无顷亩。万历九年，新丈民田共八万三百九十二亩二分七厘六毫。十二年报存八万一百九十八亩零。"① 一方面，从法律性质角度看，贵州明代民田登记属于行政法律行为，而不是民事法律行为；另一方面，明代贵州民田登记的根本目的是为官府征收田赋及其相关税收和编制编户提供依据，因此，从此意义上说，明代贵州推行民田登记实质主义模式具有必然性。

---

① （万历）《贵州通志》卷6。

第三章

清代贵州民田制度

我国学者发现了大量清代贵州民田契约文书，尤其是清水江田土契约文书汗牛充栋。契约是约定当事人双方权利义务的凭证，是双方法律行为，而制度是规范行为的工具，也是确定权利义务的载体，因此，从此意义上说，从清代贵州民田契约文书发现清代贵州民田制度，这既具有必然性，又具有有效性。基于此认识，下文运用比较法及归纳法等方法，运用物权法理论对吉昌民田买卖契约文书、清水江民田买卖契约文书、毛南族民田买卖契约文书、道真民田契约文书等进行了纵切面研究，以清代贵州其他史料为佐证，试图发现清代贵州民田所有权的制度规范和制度理论、清代贵州民田用益物权制度规范和制度理论、清代贵州民田抵押权制度规范和制度理论、清代贵州民田登记制度规范和制度理论等，以起抛砖引玉之作用。

第一节　清代贵州民田所有权制度

一　民田所有权取得制度

（一）赋予荒地和抛荒地耕种者的完整民田所有权

一方面，清代早中期传承了明王朝在贵州的移民政策，大力鼓励外来汉民到贵州开发荒地、耕种抛荒地和无主地；另一方面，也鼓励世居民族开荒，耕种无主田土。为了发挥荒地和抛荒地耕种者的积极性，官府不但减免田赋，而且赋予田土所有权给荒地和抛荒地的耕种者，充分开掘其田土所有权的权能，尤其是充分发挥它的收益权能和处分权能。减免田赋实质上就是充分发挥田土所有权收益权能。例如，顺治十八年二月，贵州省要求各州县给荒地和抛荒地耕种者田土所有权证。"顺治十八年二月，因各地田土荒芜，贵州省责令有主荒田由田主开垦，无主荒田招民开垦，并由州县发给印信执照，产权归己。朝廷准予三年不征赋税。是年，境内农业生产有所恢复和发展。"[1]康熙年间和乾隆时期，都推行减免田赋政策。"康熙四年四月十二日，贵州巡抚罗绘锦疏言：黔省以新造之地，哀鸿初集，田多荒废，粮无由办，请不立年限，尽力次第开垦，酌量起科。"[2]"乾隆六年九月初十，清廷批准贵州缓征、免征新垦地赋税。境内新垦山头，地角轮休地，水田一亩以上者，六年开始征赋，不及一亩者免赋，干田或土二亩以上者十年开始征赋，不及二亩者免赋。"[3]

处分权能是所有权的重要权能，它是体现所有权者是否享有完整所有权的重要标志。从荒山买卖契约文书1可以得知：荒地耕种者对荒地所有权处分权能享有较大自主权。换言之，荒地耕种者能够自由转让荒地所有权。同时，荒山买卖契约文书蕴含了清代贵州荒山所有权的绝对性和排他性等物权法理论。如荒山买卖契约文书1中所载：立卖荒山杉木地契人杨忠林自愿将到土名由退杉木一块出卖，任从买主耕管为业。荒山买卖契约文书2所载：立卖荒地契人舒绍举父子自愿将到土名新寨□荒地壹专出卖，其地任从如昆□上耕管古树为业。

　　荒山买卖契约文书1"立卖荒山杉木地契人杨忠林。今因家下要钱使用，无从得出，是以兄弟商议，自愿将到土名由退杉木

① 余绍基：《三都水族自治县历史文献资料》，载贵州省志民族志编委会著《民族志资料汇编》（第七集 水族、藏族），1988 年，第 10 页。

② 《圣祖实录》卷 16，第 2 页。

③ 余绍基：《三都水族自治县历史文献资料》，载贵州省志民族志编委会著《民族志资料汇编》（第七集 水族、藏族），1988 年，第 12 页。

一块出卖。今开四抵上抵岭，下抵水田，左抵舒谟□才山，右抵
舒谟仕才山，四抵分明。欲行出卖，无人承受，自己请上门问到
舒光熙名下承买为业，当日凭中言定价钱壹仟陆佰捌拾文，其钱
亲手领足其业，任从买主耕管为业，日后不得异言，今书有凭主
此卖契。

　　凭中王继明亲笔

　　光绪拾捌年贰月拾壹日 立卖"①

（二）田土所有权继受取得的附随义务

权利和义务是一对相对概念，在法律生活实践中，权利和义务相
伴而行，在享有权利的同时，必然承担相对应的义务。田土所有权取
得的附随义务也符合权利义务相对应的原理，也是权利义务相对应原
理的缩影。当然，在不同的田土所有权取得契约文书中，既有相同的
附随义务，也有不同的附随义务。以下3个田土所有权取得契约文书
所载的田土所有权取得不是田土所有权原始取得，而是田土所有权继
受取得。

　　田土所有权取得契约文书1"立合约承办人田登朝、田选云、
田文达、田卫达、田先达、田登发、田登彦、田登龙、田登盛，
高堡登宝、登品、登富，孔基堡登文、登第、登盛、登□、登
美、登联及亲友等，为因本族田应孝绝嗣，遗下门户无人承当，
众人计议，门户倒于亲房，日后至当□□众合心办理，无得一人
推诿以至误公。如有推诿不办者。将纸赴公理论，自任罪咎。恐
后无凭，立和约为据。

　　至于本身门户照三股办理。

　　日后如不□者，□当出湾山之地任凭赎来□□

---

① 贵州大学、天柱县人民政府、贵州档案馆、江苏宏德文化出版社基金会合编：《天
柱文书》（第一辑）（①），江苏人民出版社2013年版，第154页。

依口代书 胡太和

嘉庆三年二月二十日 立"①

田土所有权取得契约文书 2 "立出和议澄清文字人李栋梁仝男李天球、荣情因由来于上年，凭中将已分受得买之业出卖与邹衮格父子耕输管理，后因邹姓云及李姓前借之账不清，向李姓取讨，因李姓由此起衅云出大地名南子湾鸭子嘴大溢犬宫庙，土地堡椒坝全股之业，又兼之屯口丫中口堡沙鬃岭炭坑处界水不清，俱认两造经州呈按彭主案下俱以差提蒙悬赏讯，今有地方首等不忍两造久按不休苦劝，两造和议澄清了息其有业内界畔，水源仍照原契原界原水耕管灌救。乞今李姓云及荒山菁岗林南子湾各等处不清，亦经地方首等足踏手指邹姓子孙耕管世守为业，李姓父子心甘意悦，永不称云业内界水不清等语外有邹姓亦不问及李姓称云账目不清，词外有邹姓借约李姓原契，后日两造揭出以为，故纸无用倘后称言异说，一应有地方首等承值，今恐人心不古，特立和议澄清文字与邹姓存据

光绪二年七月二十九日出和议澄清文字人 ；李栋梁

仝男 李天球 \ \ 荣"②

田土所有权取得契约文书 3 "立出抵约接会人邹德高弟兄二人启盛，今因摇接僧续庆所请之会经手领明众会名下铜钱一百三十零九千文正，勿有差欠自接之后，原议四月一会连本带利一共还钱六千，如倘会期不楚，邹姓将自己耕食田土悉行作抵，亦有承担人唐臣举，亦将田土悉行作抵，凭随众姓施为今口无凭，故出抵约一纸

光绪戊寅年十月十五日立出字人 邹德高 承担人 唐臣举

弟兄邹启盛

---

① 孙兆霞等编：《吉昌契约文书汇编》，社会科学文献出版社 2010 年版，第 397 页。

② 汪文学编校：《道真契约文书汇编》，中央编译出版社 2014 年版，第 184 页。

　　凭 胜 礼 笔"①

　　以上3个田土所有权取得契约文书所载的共同附随义务为：应该承担田土上的一些义务，如保护田土义务、缴纳田赋义务等。3个田土所有权取得契约文书所载的附随义务不同点有二。一是附随义务的对象不同。田土所有权取得契约文书上1所载的附随义务的对象是身份权，是成为上门女婿，田土所有权取得契约文书2上所载的附随义务的对象是水源权属确认和水源灌溉等，田土所有权取得契约文书3所载的附随义务的对象是田土抵押义务。二是承担附随义务的方式不同。田土所有权取得契约文书1上所载的附随义务承担方式是履行上门女婿所尽的义务，放弃一般男人所享有的尊严和自由。田土所有权取得契约文书2上所载的附随义务承担方式是通过协商解决水源权属问题，是保护和管理水源灌溉，田土所有权取得契约文书3所载的附随义务的承担方式是协助对方实现田土抵押权。

　　（三）田面权取得契约化

　　所谓田面权取得的契约化是指户主通过自然占有和官府划拨等取得田面权方式转化为通过契约方式取得田面权。田面权取得契约化与英国著名法社会学家梅因的经典观点并不吻合。梅因认为，"所有进步社会的运动到这里为止，都是一个'从身份到契约'的运动"②。清代贵州田面权取得的契约化中的"契约"与梅因所指的"契约"不能同日而语。清代贵州田面权取得的契约化中的"契约"双方主体是户主，而梅因所指的"契约"双方主体是个人；清代贵州田面权取得契约化中的"契约"的语境是深受儒家思想影响下的小农社会，而梅因所指的"契约"的语境则是深受个人中心主义思想影响下的多元化社会。田面权取得的契约化与法国著名法社会学家孟德斯鸠所指的"法的精神"相吻合。根据孟德斯鸠的研究，法律与其他事物之间存

---

① 汪文学编校：《道真契约文书汇编》，中央编译出版社2014年版，第205页。
② ［英］亨利·萨姆奈·梅因：《古代法》，九州出版社2007年版，第213页。

在内在关联性，产生法律的动因是多元的，而不是一元的。

根据杨国桢先生的研究，个别省份在元代就出现了"一田二主"现象，到明清时期，"一田二主"现象已很普遍。从清代贵州田土契约文书可以发现，清代贵州的"一田二主"也成了常态，清代贵州民田主要是通过契约方式取得田面权。不管是吉昌田土买卖契约文书和天柱田土契约文书，还是清水江田土买卖契约文书和道真田土契约文书，它们都约定了买方有权永远耕种管业田土，这说明卖方把田面权转让给买方。详见以下3个田面权取得契约文书。

田面权取得契约文书1 "立杜卖明地二块，文契人五妹，为因父亲身故，请凭中本族人上门，将祖父遗下分授分内地二块，卖与族叔汪子重名下耕种管业。地名坐落汪家水井大路边，东至范家地，南至路，西至沟，北至买本地，四至分明为界。凭中议定卖价玖伍银伍两壹钱整。五妹当席领回应用。系是实银实契，并无货物准拆（折），一（亦）无逼勒成交。自卖明之后，恁（任）随子重子孙永远耕种管业，并无五妹亲叔房族人等前来争论。恐后无凭，立此卖契一纸与族叔永远为据。

代笔 汪为昭

凭本族 汪朝元 汪朝相 汪朝法 汪子美 胞叔子高

乾隆五十七年十月十六日 立卖契 五妹"①

田面权取得契约文书2 "立断卖田约人姜文彬，为因要银还账，无从得出，请问到姜文勳兄名下，自愿将分内祖田一丘，园地二点，俱在田里坎上当土名井上穷翁。当日面议断价纹银三十六两整，亲手收回应用。田不在粮册。凭中自卖之后，任从买主子孙永远管业，卖主房族并外人不得异言。如不明，但在买主理落，不与买主何干。今恐无凭，立此卖田契存照。

凭中：邓子常、姜文玉、老牙 押

_____

① 孙兆霞等编：《吉昌契约文书汇编》，社会科学文献出版社2010年版，第135页。

文彬 亲笔印

乾隆三十三年八月初六日 立"①

田面权取得契约文书 3 "立出卖约人骆芳玱今因无钱用度将自己受分之山林，地名沙棕领青刚林一□凭中出卖与李栋梁名下，世守为业载粮二毫彼即面议卖价铜钱贰千捌百文整。原日入手现交本人亲领明白并无少欠分文，其有界半自周姓轮坎起界，没周姓界告石直上抵领根岭斜，上抵永轩界曲转根永轩界告石斜，下抵本人界轮坎根轮坎横过抵周姓界交界，自卖之后任随李姓耕管，故畜山林骆姓心干意愿，在不得别生支郎异言阻滞，今恐人心不古，故立卖约一纸以与李姓为据。

咸丰四年甲寅岁正月廿三日立出卖人 骆芳玱

凭中人 骆文贵 骆文和 骆清连 骆永轩

代笔人 骆名科"②

从《世宗实录》的记载看，通过契约方式取得民田，这已是一种常态，虽说取得民田的成本比取得军田的成本低，但是取得民田后的田赋重。"雍正七年七月初五，户部议复：云贵广西总督鄂尔泰疏言，原任工部侍郎申大成条奏，黔省军田许照民田一体买卖，每亩上税银五钱，给契为业。经九卿议复准行。但黔省军田一亩之价可买民田二亩，应纳粮赋，一亩亦可抵民田二亩。若再征税银五钱，于民生无益，仰请豁免。嗣后凡有军田授受，悉照常例报税，应如所请。"③ 从形式意义上说，有些民田是通过互换方式取得的，实质上，这些民田也是通过契约方式取得，因为民田互换就是田土双重买卖契约④。"彦洞牛堂碑 流芳百世：纵有迨及光绪贰拾年丙申冬月，我首等人累有

---

① 潘志成、吴大华编著：《土地关系及其他事务文书》，贵州人民出版社 2011 年版，第 3 页。

② 汪文学编校：《道真契约文书汇编》，中央编译出版社 2014 年版，第 66 页。

③ 《世宗实录》卷 83，第 20—21 页。

④ 所谓田土双重买卖契约是指田土买卖双方是双重身份，既是买家，又是卖家。

约，寸地有存，况境之牢坪。与罗天德较议，用价二拾二两整所买地名上坝田一丘兑换斯丘，又田坎下杨姓荒坪价五百文，一兼洁在内，永启为牢坪长久发福地。我首等喜沽田兑换，而总姓乐助出资，又□□而启，再□□而修，自得寨人桃林，百世莫不颂之。今将首士出资姓名列于右（以下略）光绪贰拾叁年瓜秋月 旦立 梓里 周启泰撰 师夫 王顺利 注：碑存彦洞乡彦洞村东北偶牛堂侧"①

（四）田土所有权民间确认制度

1. 田土所有权民间确认原因

田土所有权民间确认原因有二：一是田土边界不清。由于田土边界不清，所以导致双方产生纠纷，解决纠纷的根本方法乃是确认田土所有权，从而使田土边界清晰。田土所有权民间确认契约文书 1 载明：立清白字人本房姜相国、相吉弟兄叔侄等，因先年钟碧父绍齐、绍宏二比先人买卖山场不□清。田土所有权民间确认契约文书 3 载明：立清白合同字人姜举周，因祖父所遗山场一块，□□□□□□佐周，界至不清。二是无权处分行为。由于田土所有权主体长期未过问和经管田土，所以导致凭中未经田土所有权人同意，就把田土卖给第三人。凭中出卖田土的行为乃是无权处分行为。田土所有权民间确认契约文书 1 载明：至后相吉等错买堂兄山一块、步敬山一块。田土所有权民间确权契约文书 2 载明：立出卖契文约人刘天科今因先年叔刘元让父子移居开花并未归回，有叔娘黄氏坟募姑了，无人亲手，有侄刘天科敏念□□将叔之业地名花池岩𡒲坪慌淑土杉树、柴树、梨树箐岗林次草悉行毛房一并在内，凭中出卖与邹裘格名下耕种。

2. 田土所有权民间确认主体

田土所有权民间确认主体为田土所有权纠纷的当事人、凭中、家族的前辈或权威人士或乡村精英。田土所有权民间确权契约文书 1 中的田土所有权民间确认主体为：姜相国、相吉弟兄叔侄、相吉、钟碧

---

① 姚炽昌选辑点校：《锦屏碑文选辑》，锦屏县政协文史资料委员会 锦屏县志编纂委员会办公室编，1997 年 9 月，第 10—11 页。

弟、钟碧、姜杉珍、姜世扬、姜钟芳等，田土所有权民间确权契约文书 2 中的田土所有权民间确认主体为：刘天科、凭中、邹裘格、刘天科父子、刘姓领、刘姓侄、何汉良、六志林、彭三合等，田土所有权民间确认契约文书 3 中的田土所有权民间确认主体为：姜举周、□□□□□□佐周、举周、姜周杰、玉周、姜宗智等。田土所有权民间确认主体之间的关系不但是平等关系，而且是熟人关系。

3. 田土所有权民间确认程序

田土所有权民间确认包括了以下几个程序。第一个程序是双方当事人协商和理论。田土所有权民间确权契约文书 1 载明：钟碧弟清理请房族弟兄侄等理论，田土所有权民间确权契约文书 3 载明：二比自愿请凭中上山理界。第二个程序是双方当事人认可田土所有权。田土所有权民间确权契约文书 1 载明：相吉自知理亏，心愿意愿还退二□之山与钟碧，日后子孙世守管业，所有堂兄之佃字缴与钟碧收存照字管业。田土所有权民间确权契约文书 2 载明：刘姓领回以作为焚香患之水赀，日后刘姓侄在不得异言。田土所有权民间确权契约文书 3 载明：自分之后，各管各业，不得越界相争。第三个程序是凭中、家族的前辈或权威人士或乡村精英共同参与当事人约定的田土所有权确认契约文书。田土所有权民间确权契约文书 1 载明：又堂东之快，［钟］碧各照卖契管业，立清白结远清立字为据。凭：兄姜杉珍 笔，凭：侄姜世扬，又中：姜钟芳。田土所有权民间确认契约文书 3 载明：恐后无凭，立此清白合同中人为据。立分界清合同为据【半书】，凭中：姜周杰、玉周，登山理界、代笔：姜宗智。

4. 田土所有权民间确认原则

田土所有权民间确认遵循了"自然山界"原则和"物权的追溯力"原则。"自然边界"原则是指田土所有权主体以田土自然形成的边界作为双方田土的界限。"自然边界"原则是确认田土所有权的重要原则，是民间经济生活中自然形成的一个共识，它既反映了分割田土的自然规律，又便于双方当事人农业生产和辨认。进而言之，"自然山界"原则是自然法在田土所有权制度的缩影。田土所有权民间确权契约文书1、田土所有权民间确权契约文书2及田土所有权民间确权契约文书3中当事人双方都是以"自然边界"原则作为理论依据。"物权追溯力"原则是指物权具有追溯力，此原则是由物权排他性衍生的一个原则。田土所有权民间确权契约文书1和田土所有权民间确权契约文书2中的山场所有者对物权处分山场行为的追溯，从而让第三方知道自己才是山场的所有者，从而提高山场所有权的公信力。

5. 田土所有权民间确认的法律效力

田土所有权民间确认的法律效力有三：一是田土所有权归属得到社会公认。通过田土所有权民间确认后，田土所有权归属既得到了田土所有权纠纷当事人的认可，又得到了凭中、家族的前辈或权威人士或乡村精英的认可，凭中、家族的前辈或权威人士或乡村精英的认可会起到"蝴蝶效应"。二是无权处分行为得到追溯。无权处分行为得到追溯包含了两层含义：一层含义是追溯无权处分行为有效，另一层含义是追溯无权处分行为无效。田土所有权民间确权契约文书1和田土所有权民间确权契约文书2中的山场所有权都追溯无权处分行为有效。三是田土用益物权合同中一方主体进行了变更。田土所有权民间确权契约文书1和田土所有权民间确权契约文书2中山场用益物权合同中的无权处分行为人（相吉弟兄叔侄、凭中）变更为山场所有权人（钟碧、刘天科）。

田土所有权民间确权契约文书1"立清白字人本房姜相国、相吉弟兄叔侄等，因先年钟碧父绍齐、绍宏二比先人买卖山场不□清，至后相吉等错买堂兄山一块、步敬山一块。因相吉等父先年立有章程之契与钟碧父，相吉等将二□之山，堂兄、不敬二□买坎，钟碧弟清理请房族弟兄侄等理论。相吉自知理亏，愿意还退二□之山与钟碧，日后子孙世守管业，所有堂兄之佃字缴与钟碧收存照字管业。有（又）步敬、碧另招别客承佃。又堂东之快，［钟］碧各照卖契管业，立清白结远清立字为据。

凭：兄姜杉珍 笔

凭：侄姜世扬

又中：姜钟芳

咸丰八年十一月初七日 立清"①

田土所有权民间契约文书 2 "立出卖契文约人刘天科今因先年叔刘元让父子移居开花并未归回，有叔娘黄氏坟募姑了，无人亲手，有侄刘天科敏念□□将叔之业地名花池岩骞坪慌淑土杉树、柒树、梨树箐岗林次草悉行毛房一并在内，凭中出卖与邹袤格名下耕种，故□面议补价钱壹千贰百文正。刘姓领回以作为焚香患之水赀，日后刘姓侄再不得异言。其有条粮贰□有邹姓所当，其有四直界畔，仍照老约耕□。今恐人心不亦立出卖约一纸永远为据

咸丰七年丁巳岁十月廿日出约人 刘天科 亲笔

何汉良 六志林 彭三合"②

田土所有权民间确认契约文书 3 "立清白合同字人姜举周，因祖父所遗山场一块，□□□□□□佐周，界至不清。二比自愿请中上山理界：下以栽岩为界，上横以大岩梁为界。佐周耕管上节（截），举周耕管下节（截）。自分之后，个管各业，不得越界相争。恐后无凭，立此清白合同中人为据。

立分界清合同为据【半书】

凭中：姜周杰、玉周

登山理界、代笔：姜宗智

乾隆五十八年三月二十八日 立"③

---

① 潘志成、吴大华、梁聪：《林业经营文书》，贵州民族出版社 2012 年版，第158 页。

② 汪文学编校：《道真契约文书汇编》，中央编译出版社 2014 年版，第 71 页。

③ 潘志成、吴大华、梁聪：《林业经营文书》，贵州民族出版社 2012 年版，第156 页。

二　民田所有权变更制度

（一）民田所有权转让制度

1. 田面权转让有因性

一方面，田面权是一个重要祖业，继承和发展祖业是后辈的必要职责，同时，清王朝对重农抑商思想的继续推行，因此不到万不得已的情况下，是不会转让田面权的。另一方面，说明田面权转让的原因，这既是田面权转让纠纷解决的证据链中的辅助证据，又是田面权发生变更的依据之一，因此要求转让田面权契约文书中说明真实原因。田面权转让的原因必须真实，并且必须是不可抗力或情势变更，否则田面权转让行为无效。以下4个田面权转让契约文书不仅记载了田面权转让有因性的事实，如田面权转让契约文书1中田面权转让的具体原因是"缺用"，田面权转让契约文书2中田面权转让的具体原因是"手中空乏"，田面权转让契约文书3中田面权转让的具体原因是"无钱用度"，田面权转让契约文书4中田面权转让的具体原因是"房中周伯仲人死，皇粮无人承上"，还蕴含了不可抗力和情势变更等民法原则，也反映了民法的权利和田土价值与规范的内在关系。

不可抗力和情势变更是我国民法的两个重要原则，是对抗诚信的充分条件，也是客观诚信的扩展版。从权利的维度看，田面权转让的有因性——不可抗力或情势变更体现了人的生存权高于人格权；从价值的维度看，田面权转让的有因性——不可抗力或情势变更也凸显了田土的生存价值。

田面权转让契约文书1"立卖明山场文契人汪子高，同侄小伍，为因缺用，只得将祖父遗下自己分内草场一个，卖与大妻、二妻二人名下耕种管业。言（原）日议定卖价□□银陆钱整。东至胡家地，南至本族地，西至胡家地，北至本族地，四至分明。子高叔侄亲手领明应用，自卖之后，房族人等不得异言。如有异言，自任（认）重咎。恐后无凭，立字为据。

添四字。

凭本族 汪朝元 汪朝选 侄长元 全福常

代书 汪子盛

乾隆五十九年二月初七日 立卖契 子高 同侄小伍。"①

田面权转让契约文书2"立卖山人上寨六房姜风章,为因手中空乏,自己问到富宇名下将山出卖,地名过河□故□。当日凭中议定价银一两三钱正。其山自卖之后,任凭富宇照契管业,日后不得异言争论。如有来路不明,俱在卖主理落,不与买主相干。恐后无凭,此约远永存照。

此山作为两大股,分作六小股,此今得买风章一股。

卖主:姜风章

代书:姜□□ 得中银五分

乾隆十六年四月廿六日 立"②

田面权转让契约文书3"立出当约人刘王氏母子刘泰干今因无钱用度德当刘开虎土出传与龚仕友名下,铜钱当架七百文整,彼郎二家面议当架铜。地名岩□坪宅左边乙□出当与龚姓耕种刘姓母子二人,不德祖滞钱道土回,今恐人心不亦,故出当约存据。

道光乙末年正月二十九日出传

当约人 刘王氏 刘泰干

代笔人 刘开朝"③

田面权转让契约文书4"立出卖契文约人周福田、福云侄长蛟长安情因房中周伯仲人死,皇粮无人承上,地名种家沟屋基田土山坡树木次草寸木村石席行请凭中证出卖与邹福林名下耕栽耕种。彼时二家面议买价铜钱叁拾捌千文正。即日入手现交周姓亲

---

① 孙兆霞等编:《吉昌契约文书汇编》,社会科学文献出版社2010年版,第211页。

② 潘志成、吴大华、梁聪:《林业经营文书》,贵州民族出版社2012年版,第39—40页。

③ 汪文学编校:《道真契约文书汇编》,中央编译出版社2014年版,第19页。

手领明并未下欠分文。其田载粮六分壹厘载种壹斗，其屋基起界基壹幅宅后园子一幅。上有大田嘴水田一段，四维起界右旁抵邹姓之界值，上横过壹抵邹姓之界值，下又抵邹姓之介，横过抵周福回之界，还有油槽垮山土庆林竹木壹段，右手起抵李姓沙树为界值，上抵岩能分领值，下抵周伯建之界横过抵周福回交界邹姓子孙永远耕管世手为业，周姓细似心甘意愿并无中证押逼。今恐人心不一，故出卖约一纸付与邹姓永远存据

同治庚午年又十月初七日立出卖契文约人 周福田 周福禄 周福云

周长安 周长二

侄 周长蛟 周长安

凭中人 周伯伦 周长朋 周长牛

周长生 周福才 李世安

周长近 周长万

代笔人 李青松

此业载粮六分一厘邹庆塘元弟兄，凭中均派邹庆元所上贰分五厘系是归于陈姓完纳，光绪壬寅年冬月廿九日，凭中批明

永远为凭"[1]

2. 购买田土优先权

根据梁治平先生的研究，习惯法上许多重要制度都包含了先买权。"习惯法上许多重要制度如'典''指地借钱''押租''保人'乃至于一般书面契约的订定……习惯法上，拥有先买权的大约有五类：亲房人（或以服制为限，或由近亲而远族）、地邻、典主、上手业主、合伙人。先买顺序则各地不同。"[2]通过研究发现，清代贵州一

---

① 汪文学编校：《道真契约文书汇编》，中央编译出版社 2014 年版，第 122 页。

② 梁治平：《清代习惯法：社会与国家》，中国政法大学出版社 1996 年版，第 60—61 页。

些田土契约文书上也约定了购买田土优先权,只是不同的田土契约文书所约定的购买田土优先权个体不同而已。在以下的田土契约文书中并没有出现"地邻、典主、上手业主、合伙人"等主体所享有购买田土优先权的情况,只是发现亲房人和家族人享有购买田土优先权。然而,以下田土契约文书中并不是直接约定亲房人和家族人有购买田土优先权,而是田土契约文书中当事人双方约定:亲房人和家族人不得干涉或侵犯受让人的田土所有权,田土转让行为与亲房人和家族人无关,由于转让人的亲房人和家族人干涉或侵犯田土所有权所造成的不利后果和经济损失由田土转让人负担。从以下三个田土购买契约文书也可以发现:田土购买优先权不是绝对的,而是相对的,如在经济利益面前,亲房人和家族人对其亲属和家族所享有的田土购买优先权难以实现。

购买田土优先权契约文书1、购买田土优先权契约文书2、购买田土优先权契约文书3都签订如下条款:房族人或至亲不得前来争论异言。从此条款可以说明一个问题:购买田土所有权者担心卖方的房族人或至亲提出异议。为什么购买田土所有权者担心卖方的房族人或至亲提出异议呢?一方面,吉昌和清水江已经有不少外来汉族移民,汉族深受儒家思想的影响;另一方面,清王朝在贵州极力传播儒家教育,此地的少数民族也受到了儒家思想的影响。家族观念是儒家思想的重要内容,"肥水不流外人田"是家族观念的折射,"肥水不流外人田"体现在田土所有权中便是田土所有权的优先权。因此,从此意义上说,购买田土所有权者担心卖方的房族人或至亲提出异议的根源是卖方的房族人或至亲具有购买田土的优先权,担心房族人或至亲对田土买卖不知情,从而导致田土买卖合同无效。

购买田土优先权契约文书1"愚行恒也,当思祖父之业,惟宜遗留子孙,原无父子买卖之理,但以愚亲卒于内,子丧于外,所借账目恐今不还,将来拖累尤甚。只得将祖父分授自己名下,阿郎寨门首秋田一丘,随田秋米仓升三升;小地一块,东抵所当本族田，西抵大路，南抵周姓地，罗姓房脚及罗姓小地，北抵许姓地根子在内；老柴山山脚地一段，下抵九公小地，上抵八公山林，南抵汪姓地根，北抵石姓地；又下抵堂弟地根子在内吴家地一块，东抵路，西抵本族地，南抵本族地，北抵大路。三处田地四至分明，凭胞叔公等品与长子树基名下管业。原日亲手领银还账，共银贰拾五两。日后伯宏、仲毅长大不得争论异言。恐口无凭，立契是实。

老柴山与吴家地地中所有大小树木一并在内。行恒批。

吾祖与罗姓买明水沟系由罗姓粪坑放水进小地，顺水地墙脚环流入田中。

凭中　胞公廷椿　廷彬　廷标　堂弟秉焕　胞兄秉烛

行恒　亲笔

咸丰三年三月初五日 立"①

购买田土优先权契约文书 2 "立卖山场字人上房姜乔父子，因有祖遗山场一所，座落土名阳求、会将二岭，出卖与姜兴周弟兄名下承买。当日兴周情愿将岩板、下板田二丘并银一两以为买山之价。乔包父子当时意愿心平，领回耕种。自卖之后，其岭左凭冲，右凭冲，上凭坳，下凭田，兴周照界管业。卖主房族弟兄并外人不得异言。如有异言，乔包父子当前理落，不干兴周之事。一卖一了，二卖二收，今恐无据，立此卖字，永远为凭。

凭中　姜老鲁 乾隆二十八年（1760 年）十二月十二日

代笔姜国荣 姜老乔包立。"②

购买田土优先权契约文书 3 "立卖菜园契人上文斗寨姜引声，为因家下缺少银用，无处得出，自己请中将到土名皆从风园一块，出卖与姜映辉名下承买为业。当日凭中议定价银四钱五分，

---

① 孙兆霞等编：《吉昌契约文书汇编》，社会科学文献出版社 2010 年版，第 84 页。

② 杨有赓：《清代苗族山林买卖契约反映的苗汉等族间的经济关系》，《贵州民族研究》1990 年第 3 期。

亲手领回应用。其园自卖之后，任从买主条理管业，而卖主房族弟兄外人不得争论。如有争论，俱在卖主一面而当，不与买主相干。恐后无凭，立卖字存照。

凭中：姜岩生

代笔：姜廷俊

此约外批：其园左凭圃天园为界，右凭□为界，上凭坎为[界]，下凭坎为界，四至分明。

乾隆四十五年九月初五日 卖主姜引声 立"①

而毛南族田土购买契约文书，如购买田土优先权契约文书4并没有签订如下条款呢？这是否意味着在毛南族中，房族人或至亲对田土购买并不享有优先权呢？虽然从有些毛南族田土买卖契约文书的条款中无法判断毛南族的房族人或至亲是否对田土购买享有优先权，但是从购买田土优先权契约文书4可以得知：在毛南族，房族人或至亲对田土购买享有优先权。如此田土买卖契约文书有如下陈述：先问亲族，后问原主，无人承买，只得请凭中人上门出卖与石荣光名下为业。

购买田土优先权契约文书4"立约卖私田文契人石老中，因账目弟兄商议，只得将到项下私田贰丘，出米壹斗陆箩，坐落田名蛮散寨脚，其田上下抵垦，左右抵邻，四至分明，先问亲族，后问原主，无人承买，只得请凭中人上门出卖与石荣光名下为业，即日当面中人得授卖价纹壹两整，亲手领回，应用清白，自卖之后，任从买主耕种收花，子孙世代管业，日后卖主子孙不敢前来争论、翻悔，倘若来争荷，契内有名人等卖契，揭出罪累无辞，子孙有力不赎，无力不补，以此卖据批不许过割、倒退，此系二比情愿，并非逼勒成交，一卖百了，永不回头。恐口无凭，

---

① 潘志成、吴大华：《土地关系及其他事务文书》，贵州民族出版社2011年版，第19页。

立此卖契约存照。

　　　千年万代　　万古耕收

　　　内缚拴人　　石O贵三十文（押）

　　　外缚拴人　　石O田二十文　　（押）

　　　断心人　　石礼才钱二十文　　（押）

　　　代笔人　　石灿珍钱三十文　　（押）

　　　合账之日酒食一席

　　　同治柒十二月二十日立卖私田石老中（押）"①

3. 田土的附属物及其相关义务附随田土所有权转让

（1）田赋、树木和相邻关系的权利义务附随田面权转让。相邻关系的权利义务附随田面权转让案件"龙绍讷得意门生，钟灵乡的吴师贤在道光二十二年考中举人之后，同治年间被任命为四川荣县知县。吴师贤刚到任上，便遇到了两个棘手的案子。其一是地方上得泼皮张三将一丘田卖给李四后，却去挖坏田埂，让李四不能耕种，说：'你翻开地契看看，我卖田不卖埂，与你何干？'李四奈何他不得，便请人写下状子，将张三告上县衙"②。

　　从以上相邻关系的权利义务附随田面权转让案件和以下3个田面权买卖契约文书可以发现，田赋、树木、相邻关系附随田面权转让。如田赋、树木和相邻关系的权利义务附随田面权转让契约文书1所载：随田秋米升半在内，田赋、树木和相邻关系的权利义务附随田面权转让契约文书。田赋、树木和相邻关系的权利义务附随田面权转让契约文书2所载：随田秋米仓升三升，又□路下一块策来上，老柴山与吴家地地中所有大小树木一并在内，吾祖与罗姓买明水沟系由罗姓粪坑放水进小地，顺小地墙脚环流入田中。田赋、树木和相邻关系的

① 孟学华：《贵州毛南族清朝土地契约文书调查研究》，《贵州民族研究》2014年第1期。

② 姚炽昌：《学步集》，中国文联出版社2011年版，第93页。

权利义务附随田面权转让契约文书 3 所载：倘有人来业内滋扰——应有卖主承担其有沟心龙硐之水源系是周姓出卖与邹姓水源照管。

虽说田底权人是缴纳田赋的直接责任人，但是实质上，田底权人通过与田面权人签订附加田赋契约或增加地租等方式把田赋转嫁给田面权人。一方面，田土不但是经济资本，而且是象征资本；另一方面，田面权原始取得人是经济理性人，追求利益最大化是其本性，所以田面权原始取得人在转让田面权时，把交纳田赋作为契约义务具有必然性。

树木与旱地的关系是主物和从物的关系。坡度大是贵州旱地的一个不利条件，如不利于耕种，容易水土流失。在旱地附近或旱地内种植树木，可以改善"贵州旱地坡度大"这一不利条件，同时也方便耕种人，如乘凉、休息及放置农业生产工具和生活用品。不管是自然关系，还是社会功能关系，旱地附近或旱地内的树木与旱地的关系都是主物与从物的关系，按照"从物附随主物变动"原理，树木附随旱地所有权转让具有合理性。

从物权法理论的维度看，灌溉和泄洪与田土的关系是相邻关系，根据不动产相邻关系的权利义务变动原理，相邻关系的权利义务是不动产使用价值实现的必要条件，如灌溉和泄洪是耕种田土的必不可少条件，所以田土的相邻关系的权利义务附随田土所有权转让是实现田土农耕价值的内在要求。

田赋、树木和相邻关系的权利义务附随田面权转让 1 "立出卖明秋田字人石维德，为因乏用，清（亲）请凭中上门，将祖父遗留分受（授）之业自己名田二块，一块坐落地名和尚阁，东抵田姓田，南抵陈罗二姓田，西抵路，北抵石姓田；又一块坐落地名革老（仡佬）井，东南既（俱）抵坟愿（院），西北既（俱）抵路，四字（至）分明，出卖与田法廷为业。随田秋米升半在内。即日三面议定卖价银玖久银捌两三钱整。石维德当席领银应用。自卖之后，如有房族人等既及子孙有力不能归赎，无力不能得妄。此系二比（彼）前（情）愿，凭中并无逼押承（成）交。如有，卖主自任（认）套哄。恐口无凭，立卖约为据。

凭中 石维发

代字 胡培□

光绪十八年腊月初九日 石维德 立

钤'贵州安顺县印'"①

田赋、树木和相邻关系的权利义务附随田面权转让2"愚行恒也，当思祖父之业，惟宜遗留子孙，原无父子买卖之理，但以愚亲卒于内，子丧于外，所借账目恐今不还，将来拖累尤甚。只得将祖父授自己名下阿郎寨门首秋田一丘，随田秋米仓升三升；小地一块，东抵所当本族田，西抵大路，南抵周姓地、罗姓房脚及罗姓小地，北抵许姓地根子在内吴家地一块，东抵路，西抵本族地，北抵大路。三处田地四至分明，凭胞叔等品与长子树基名下管业。原日亲手领银还账，共银贰拾五两。日后伯宏、仲毅长大不得争论异言。恐口无凭，立契是实。

老柴山与吴家地地中所有大小树木一并在内。行恒批。

吾祖与罗姓买明水沟系由罗姓粪坑放水进小地，顺小地墙脚环流入田中。

凭中 胞公廷椿 廷彬 廷标 堂弟秉焕 胞兄秉烛

行恒 亲笔

咸丰三年三月初五日 立"②

田赋、树木和相邻关系的权利义务附随田面权转让3"立出卖契文约人骆永见今因堂叔骆芳东拖借账项未还乏嗣无人，故永见请凭中证将芳得买李姓之业地名大河沟水田山土一股，其界跟沟心直上抵李姓之业，横过抵邹姓之业，直下典转抵河沟交界其田沟水浸灌业内，次草石上等项悉行在内载粮三分一并出卖与邹

---

① 孙兆霞等：《吉昌契约文书汇编》，社会科学文献出版社2010年版，第95页。

② 同上书，第84页。

衮格名下管业,凭中面议卖价铜钱叁拾千文整。彼即入手现交骆姓亲领明白并未下欠分文。自卖之后,任随邹姓耕管骆姓再不得称言阻滞,若倘有人来业内滋扰——应有卖主承担其有沟心龙峒之水源系是周姓出卖与邹姓水源照管,不许诸人争占彼时现交清禁足领收清今。恐人心反复,故立卖约一纸与邹姓永远为据

　　同治十贰年四月二十五日立出卖契文约人 骆永见

　　凭中人 骆永厚 骆永琏 骆永学

　　骆象高 骆礼彬 王怀伯 萧长清

　　沈兴金 陈见发 沈兴银

　　代笔 连三太"①

　　(2) 保护坟山的义务附随山场所有权转让。从保护坟山的义务附随山场所有权转让契约文书1的约定看,保护坟山的义务附随林地权转让。如此契约文书中约定:山内有阴堆一口,上下左右除离此坟五尺,切勿伤犯坟中,五尺之外买主挖砍开地栽树,不得异言。虽说从空间维度看,坟山属于山场的范畴,但是,从事物功能的角度看,坟山与山场不是从物与主物关系;从权利的角度看,对坟山所享有的权利与对山场所享有的权利不同。由此可见,保护坟山的义务附随山场所有权转让是附条件所有权转让。

　　"保护坟山的义务附随山场所有权转让"这一制度体现了"祖先人格权高于物权"的法律理念,也蕴含了人文主义法律伦理观,这反映古代中国权利观与传统大陆法系权利观差异,古代中国权利观的核心价值乃是"长者人格权"的传承和永恒,轻视物权,而传统大陆法系权利观的核心价值乃是"物权"的个体性和正当性,如黑格尔所言"无财产无人格"。这说明了古代中国的法律伦理观已沁入清代贵州民间。

---

① 汪文学编校:《道真契约文书汇编》,中央编译出版社2014年版,第138页。

保护坟山的义务附随山场所有权转让契约文书 1 "立清白字文斗寨姜凌云,(凌)桂弟兄叔侄等。情因先年所卖党培宋之山,界限照依买契。此山场杉木先年卖与平鳌寨姜克心、(克)诚、海治、(海)隆、(海)碧等之祖父为业。屹至木植长大,我等清查此山股数理论,当日凭总理老爷并列首土老爷所阅读契,劝解了局,凡前所砍之木,自甘休息。自此之后,任凭买主照契管业,卖主叔侄不得异言。倘有日后借故生端翻(反)复,任买主执此清白字赴官,自干不例。此山内有阴堆一□,上下左右除离此坟五尺,切勿伤犯坟中,五尺之外买主挖砍开地栽树,不得异言。念恐无凭、立此清白字为据。凭总理首土姜名卿 缮凤翔(姜)焕彩(姜)通学(姜)开发 凌云亲笔 同治七年六月初五日立 同治七年(凌)云弟兄侄等党培送清白字"①

(3)林木、果树及油茶树附随林地所有权转让。虽然林木、果树及油茶树与林地都是法律上的物,都是相互独立的物,但是由于林木、果树及油茶树与林地在功能上存在依附性,如没有林地,林木、果树及油茶树无法生长,也不可能存在,林地存在的重要价值乃是为林木、果树及油茶树的生长提供土壤和营养物质。从权利人的角度看,林地所有权人对林地享有所有权的目的是从林地上取得利益,尤其是获取经济利益,而林木、果树及油茶树是林地上经济利益所在,因为林木、果树及油茶树既可以直接使用,也可以变现为货币,因此,从此意义上说,林木、果树及油茶树附随林地所有权转让具有内在必然性。在林地所有权转让契约文书中约定:林木、果树及油茶树附随林地所有权转让,如林木、果树及油茶树附随林地所有权转让契约文书 1 所载:出卖与田治兴名下为业,树木茶叶在内。林木、果树及油茶树附随林地所有权转让契约文书 2 所载:自愿将到先年父手所

① 徐晓光:《清水江流域林业经济法制的历史回溯》,贵州人民出版社 2006 年版,第227—228 页。

栽之油（山）。林木、果树及油茶树附随林地所有权转让契约文书3
所载：外批：油山界限，上凭买主油山，下凭姜连杉木，左凭姜连
木，右凭姜光本油山□□□为凭，四至分明。其有油山杉木俱在内。
这体现了林地所有权转让人对"林木、果树及油茶树附随林地所有权
转让"这自然法的认可，也体现了林地所有权受让人试图通过契约方
式促使林地所有权转让方守诚信。

　　林木、果树及油茶树附随林地所有权转让契约文书1"立卖
明阳陆地文契人桂有兴，为因账务逼迫，无处出办，今将本已
□□□□□□共叁厢，坐落地名糖梨树路下边，地东抵卖主地，
栽石为界，南抵路，西抵□□□，北抵卖主茶叶地，亦（以）栽
石为界，四至分明，亲请凭中上门，出卖与田治兴名下为业。树
木茶叶在内。原日三面议定卖价银五拾叁两整。卖主当席亲手领
明应用，并非托（拖）欠分厘，酒水画字亦（一）并交清。自卖
之后，或为阴或为阳，任随田姓子孙永远管业，桂姓房族人等不
得前来争论异言。如有此情，桂有兴一面承耽（承担）。恐口无
凭，特立卖契为据。
　　原日批明：日后不准卖主□□树木折□坟茔。
　　凭中 桂有忠 张秀堂 石寿山
　　代书 胡润生
　　光绪七年八月初六日 桂有兴 立"①
　　林木、果树及油茶树附随林地所有权转让契约文书2"立断
卖油山约人上房姜国英，为因家中缺少银，无处得出，自愿将到
先年父手所栽之油（山），土名坐落松念邱。其山界至：上凭应
明油山为界，下凭冲为界，中凭小油以上至岭老上引保为界，四
至分明。出卖与下房姜老安为业。当日凭中三面议定价银五两五
钱正，亲手领回应用。其油山自卖之后，愿凭卖主管业，卖主房

---

①　孙兆霞等编：《吉昌契约文书汇编》，社会科学文献出版社2010年版，第148页。

族弟兄不得异言。倘有异言，俱在卖主上前理落，不干买主之事。今恐无凭，立此断约存照。

　　凭中：姜绍魁、宗义

　　嘉庆十年三月十三日　亲笔立"①

　　林木、果树及油茶树附随林地所有权转让契约文书 3 "立断卖油山契人姜朝广，为因家下要银用度无出，自己愿将到坐落地名白堵油山一块，今分为两块，侄姜先璜占一块卖与姜光谷名下，叔姜朝广占一块。今将请中出卖与姜绍熊、绍齐、侄姜钟泰父子三人名下，承买为业。当〔日〕三面议定价银八钱四分，入手收足。其油山自卖之后任从买主管业，卖主子孙并房下不得异言。如有不清，卖主理落。今恐无凭，立断卖契为据。

　　外批：油山界限，上凭买主油山，下凭姜连杉木，左凭姜连木，右凭姜光本油山□□□为凭，四至分明。其有油山杉木俱在内。

　　凭中：姜绍清

　　姜朝广 亲笔

　　道光二十三年二月二十日 立卖"②

　　（4）田赋义务附随科田所有权转让。科田是明代贵州官府拨付卫所官兵家属的田土，或卫所官兵家属开荒的田土，科田的法律性质与一般民田的法律性质一样，与卫所具有天然的法律关系，不过，随着卫所撤销，科田已与一般民田没有什么差别。交纳田赋是科田所有者的重要义务，科田所有者转让科田所有权时，其田赋也要附随转让。如田赋义务附随科田所有权转让契约文书 1 所载：随田科米仓升原粮四升，连加增仓升柒合整。"田赋义务附随科田所有权转让"这一制度体现了科田身份性的特质。

① 潘志成、吴大华、梁聪：《林业经营文书》，贵州民族出版社 2012 年版，第 63 页。
② 同上书，第 66 页。

　　田赋义务附随科田所有权转让契约文书1"立卖明水田文契约人程国珍,同子朝圣,为因缺用,无处出办,情愿将祖父遗下科田贰块,地名坐落坟底下,东至沟,南至田家田,北至冯家田,四至分明,随田科米仓升原粮四升,连加增仓升柒合整,凭中出卖与汪世荣名下耕种管业。三面议定卖价纹银肆拾伍两整。父子亲手领讫明白,并无货物准折。系是两情两愿,亦无逼迫成交,自卖之后,认(任)随汪除处子孙永远管业,不许亲族人等争论异说,如有此等情弊,将纸赴公理讲,国珍父子一面承当,立此卖契与汪除永远存照。

　　天理仁心

　　乾隆二年正月二十二日 立卖明水田文 契人 程国珍 同子朝圣

　　凭中 许良贵 汪逢庆 本族程国境 程国宝

　　转手画字 田永贵 田其凤 田可享 田其资 田其鳌 田应发 田深虞 田应彩 田长有

　　代书生 胡长年"①

　　(5)吊井随田面权转让。从此契约文书约定看,吊井是耕种田土的水源,是耕种田土的必要条件,开挖吊井的目的是保障田土的灌溉,从此可以判断:吊井与田土的关系是主物与从物关系,吊井随田面权转让,如吊井随田面权转让契约文书1记载:其田卖与钱,主子孙永远耕管为业,其水油□□井永灌养,其田右边吊井在内。"吊井随田面权转让"这一制度符合从物附随主物转让的原理。

　　吊井随田面权转让契约文书1"立契卖田人陈新祥今因家下要钱使用,无处得处,夫妻商议情愿将到自己□分土名大竹山尾田壹坵收谷叁拾贰罗(箩),随□税伍分正内开,四抵上下抵陈世亮田断,左抵陈姓番断,右抵溪并大路断,四至分明要行出

---

① 孙兆霞等编:《吉昌契约文书汇编》,社会科学文献出版社2010年版,第2页。

卖。先□亲房无人家，就请中间到亲房叔陈景文名下承买，当日
凭中言定卖价钱壹拾四仟贰百八拾文正，其钱即日领清，领不另
书其酒席画字一并在内，并不包员别人寸土在内，其田卖与钱，
主子孙永远耕管为业，其水油□□井永灌养，其田右边吊井在
内，今敬凭立卖契存照。

　　　其税在于二下坊六甲 陈先玉户内除出五分正

　　　其领字即批

　　　内□字三个

　　　卖主：陈新祥

　　　凭中：陈周全、陈世明、世亮、亲房陈有祥

　　　光绪拾二年三月十六日

　　　代笔：游定清立"①

　　4. 田土所有权转让程序、条款的规制

　　（1）水田陆地田面权转让程序、条款的规制。纵观水田陆地田面
权转让契约文书，其转让程序和形式规制方面具有共性，下面列举3
个案例加以分析和诠释。水田陆地田面权转让程序如下。首先，田面
权转让方需要向本方家族权威人士说明田面权转让原因；然后，田面
权转让方拜托凭中找田面权受让方。再次，双方协商田面权买卖契约
条款，双方的权利、义务。最后，双方签订田面权买卖契约，凭中签
字作证。对田面权买卖契约条款的规制主要表现在以下几个方面。其
一，必须说明转让田面权的原因。其二，必须确定田土的地段和边
界。其三，必须确定买卖双方的权利与义务。其四，卖方必须说明房
族及其他人不得争论异言。其五，凭中人必须签字，甚至画押作证。

　　　水田陆地面权转让契约文书1"立卖明水田陆地文契人田德，

---

① 贵州大学、天柱县人民政府、贵州档案馆、江苏宏德文化出版社基金会合编：《天
柱文书》（第一辑）（①），江苏人民出版社2013年版，第67页。

为因堂弟田龙元与石姓同赌，赌后街前吵嚷，斗殴杀伤毙命。石姓上城禀报，经凭屯中团长乡正会首挽留，说息了事。此时田龙元逃奔出外，了息银两无处出办。田德请本族人等将田龙元与石秉璋买明水田陆地大小柒块，坐落地名石头旮旯，东至邹姓与和尚田，南至汪姓与粮田，西至胡姓田，北至分明为界，凭本族上门出卖与田瑞廷名下耕种为业。原日三面议定卖价足色纹银叁拾两零贰钱整。卖主田德当席凭本族亲手领明，项银以作毙命经资。石姓拉扯田方生、田方柏与田德四人在案，团长乡正处断银壹百两，盘费银贰拾两，共银壹百贰拾两。除田龙元卖业银之外，系是四人足数银两，方了此事。自卖之后，任随瑞廷子孙永远耕种管业，田德亲侄房族以及异姓人等不得前来争论异言。如有异言，众本族干（甘）当。恐后人心不古，所立卖契存券。

永远管业

凭本族人等　田方廷　田方禾　田方选　田方相　田方柏　田方仲田方顺　田洪高　石秉璋　田启　田荣　田秀　田辅廷　田德　田顺　田礼　田玉　春田　田理　田吉源

依口代笔　胡有之

同治元年八月十五日　立卖明水田陆地人　田德　同侄田祖发"①

水田陆地田面权转让契约文书 2 "立约当私田文契石老忠，为因急用，无处出办，只得将到项下私田乙丘，坐落地名寨脚井边之田，自愿请凭中上门，出当与石忠保名下为业，即日当面中人授过当价纹银六两六钱整，亲手领回清白。自当之后，任从银主耕种、收花，其田当至不拘远近，银到赎归，若无原价依旧耕收，当主不敢异言。恐口无凭，立此当约为据。

凭中人　石凤翥

咸丰十一年三月十七日立当"②

---

① 孙兆霞等编：《吉昌契约文书汇编》，社会科学文献出版社 2010 年版，第 104 页。

② 孟学华：《贵州毛南族清朝土地契约文书调查研究》，《贵州民族研究》2014 年第 1 期。

水田陆地田面权转让契约文书 3 "立出卖契文约人骆永贡远发情因房中骆绍芝父子借到邹福林名下账未还，至今骆绍芝无人有永贡兄弟二人将绍芝受分之田地名庙岭岗水田一丘，田边土一幅，荒山一并在内凭中出卖与邹福林名下耕栽耕种。彼时二家面议卖家铜钱贰拾串文正。即日入手现交骆姓亲手领明并未少欠分文，其田载粮六厘栽种一斗，其田起界人行大路直上抵骆君美界，直下抵田角跟田小面脚还过抵人行大路交界邹姓永远子孙耕管，上纳充输世手为业，骆姓心甘意愿并无中证押逼。今恐人心不一，故出卖约一纸与邹姓永远为据。

外批水原祠堂沟水浸灌，彼时世开批明

同治己巳年四月廿九日出卖约人　骆永贡　骆远发

凭中人　骆安邦　骆永亨

代笔人　骆世开"①

（2）开荒地所有权转让程序、条款的规制。从以下 4 个开荒地权属买卖契约文书可以得知：第一，开荒地主体对开荒地享有完整的权能，即对开荒地享有占有、使用、收益和处分的权能，尤其是享有自由处分开荒地的权利。如自由转让永佃权。第二，给予了开荒地主体自力保护开荒地权益。从证据学的角度看，契约文书属于物证，其证明力较强，因此，开荒地权属买卖契约文书既保护开荒地权属原始取得人的开荒地权益，也保护开荒地权属继受取得人的开荒地权益。

从以下 4 个开荒所有权转让契约文书可以得知开荒地所有权转让的程序、条款规制内容。开荒地所有权转让程序共性如下：首先，开荒地所有权转让方登门拜访凭中，并向凭中说明开荒地所有权转让的原因。然后，开荒地所有权转让方、凭中及开荒地所有权受让方三方商谈开荒地所有权转让的价格、方式、交付等事宜。最后，签订开荒地所有权转让书面契约文书。开荒地所有权转让条款的规制的共性如

---

① 汪文学编校：《道真契约文书汇编》，中央编译出版社 2014 年版，第 109 页。

下：其一，开荒地所有权转让有因性。如开荒地所有权转让契约文书1所载：立卖荒地契人舒绍举今因缺少用度，无处得处。开荒地所有权转让契约文书2所载：自□父子商议将到土名龙形油树荒地出卖。开荒地所有权转让契约文书3所载：立卖荒山契人杨指明今因缺少用度无从得，本身商议。开荒地所有权转让契约文书4所载：立卖荒地字人姜本伸，今因要银用度。其二，意思表示真实。如开荒地所有权转让契约文书1所载：父子自愿将到土名新寨□荒地壹专出卖。开荒地所有权转让契约文书2所载：立卖油树并荒地木契人舒光瑾今因为说聘亡，故无人调理。开荒地所有权转让契约文书3所载：自愿将到本名之业土名壕脚碉头荒山壹□。开荒地所有权转让契约文书4所载：自愿将到祖遗荒坪两块、荒山一块，地名坐落党庙，出卖与姜绍略名下承买为业，凭中议定价银五钱整，亲手应用。其三，不得反悔。如开荒地所有权转让契约文书1所载：□比不得异言。开荒地所有权转让契约文书2所载：日后不异言。开荒地所有权转让契约文书3所载：□来理不明□主理落不□买主相干。开荒地所有权转让契约文书4所载：卖主房族叔侄弟兄不得异言。

开荒地所有权转让契约文书1"立卖荒地契人舒绍举今因缺少用度，无处得处。父子自愿将到土名新寨□荒地壹专出卖。今开抵上抵谟尊田，下抵贵主，左抵卖主，左抵卖主油山地，右抵路，四抵分明，请中间到。□□舒一昆名下承买，禁右树当日言定价钱谷子五斗，其谷领足，其地任从如昆□上耕管古树为业。□比不得异言。今书有凭□上远万上□达为

凭中吴开能 舒绍举笔

同治拾年三月初三日 立"①

开荒地所有权转让契约文书2"立卖油树并荒地木契人舒光

① 贵州大学、天柱县人民政府、贵州档案馆、江苏宏德文化出版社基金会合编：《天柱文书》（第一辑）（①），江苏人民出版社2013年版，第149页。

瑾今因为说聘亡，故无人调理。自□父子商议将到土名龙形油树荒地出卖，上抵谟瑛油树，下抵田溪，左抵光淮荒山，右抵欧姓谟。荒地四抵分明，欲行出卖，自己请中上门闻到舒绍□名下承买，当日三四定价钱四千八百文□，其钱亲手领足，其油树并荒地任从买耕管为业，日后不异言，恐后无凭立有卖契为据。

　　凭□舒光炳春焕亲笔

　　同治十壹年五月初十日立"①

　　开荒地所有权转让契约文书 3 "立卖荒山契人杨指明今因缺少用度无从得，本身商议。自愿将到本名之业土名壕脚硐头荒山壹□。上抵盘，下抵溪，左抵岩硐，右抵壕又并井水冲。荒山壹□上抵顶，下抵磴，左右抵忠银山，八抵分明，□行出卖先问亲房□钱□，受请中上门问到杨志干（江坤）兄弟三人名下□买为业。当日□中言定，价钱三千二百捌拾文其钱，亲手领足，其业任从买主永远耕，□来理不明□主理落不□买主相干，今幸有□立有卖契为□存照是实。

　　□中舒幸鸿 谟□

　　亲笔 杨指明

　　光绪三拾肆年腊月廿日立有契具

　　文书原持有者：欧阳开明；来源地：坌处镇大山村"②

　　开荒地所有权转让契约文书 4 "立卖荒地字人姜本伸，今因要银用度。自愿将到祖遗荒坪两块、荒山一块，地名坐落党庙，出卖与姜绍略名下承买为业，凭中议定价银五钱整，亲手应用。其坪任凭买主开田管业，卖主房族叔侄弟兄不得异言。倘有不清，俱在卖主理落，不与买主何干。今欲有凭，立此断卖字为据是实，永远存照。

---

　　①　贵州大学、天柱县人民政府、贵州档案馆、江苏宏德文化出版社基金会合编：《天柱文书》（第一辑）（①），江苏人民出版社 2013 年版，第 150 页。

　　②　同上书，第 209 页。

姜本伸　亲笔

凭中：姜朝良

道光五年八月廿七日　立"①

（3）阴地所有权转让程序、条款的规制。阴地所有权转让程序如下。第一个程序是阴地所有权转让方与阴地所有权受让方私下协商阴地所有权转让事宜。如阴地所有权转让程序、条款的规制契约文书2所载：今思诏请到地理先生潘取得阴地一穴，敬移坟进葬，诚恐议论，自己登门央求载渭老爷想让与我葬坟三棺，日后再不敢借此多葬。第二个程序是聘请中人、代笔人及其他见证人共同确认阴地所有权转让双方当事人协商内容。如阴地所有权转让程序、条款的规制契约文书2所载：今恐人信难凭，立有讨阴地一穴字为据。阴地所有权转让程序、条款的规制契约文书3所载：今恐无凭出卖阳地文约为用。第三个程序是签订阴地所有权转让契约文书。如阴地所有权转让程序、条款的规制契约文书1所载：今恐口无凭，立此送约存执为据。阴地所有权转让程序、条款的规制契约文书2所载：外批：内添三字，内途（涂）一字凭中：李天才。恩诏 笔。

阴地所有权转让条款的规范主要是阴地所有权转让内容及转让纠纷解决，如对阴地所有权的使用权能和处分权能进行了规制。如阴地所有权转让程序、条款的规制契约文书1所载：自愿当面凭中人上门送与同族（支）石魁林名下为业，安葬尹父。自送之后，任随安葬，永世管业，亲兄亲弟不得争论、翻悔，如有翻悔者，揭出送字，自甘任咎无辞。阴地所有权转让程序、条款的规制契约文书2所载：今思诏请到地理先生潘取得阴地一穴，敬移坟进葬，诚恐议论，自己登门央求载渭老爷想让与我葬坟三棺，日后再不敢借此多葬。阴地所有权转让程序、条款的规制契约文书3所载：彼日邹姓现交胥姓领明并无

---

① 潘志成、吴大华：《土地关系及其他事务文书》，贵州民族出版社2011年版，第23页。

少欠分文，其有茨草坟内故畜坟外不流，茨草树木其坟上界畔在坟还顺，五步为定。

阴地所有权转让程序、条款的规制契约文书1"立约送阴地文契人石绍田，今念同气连枝，视叔犹父，自愿以项下阴地一穴，坐落地名八盏房上，前后左右定于贰丈宽，自愿当面凭中人上门送与同族（支）石魁林名下为业，安葬尹父。自送之后，任随安葬，永世管业，亲兄亲弟不得争论、翻悔，如有翻悔者，揭出送字，自甘任咎无辞。今恐口无凭，立此送约存执为据。

亲手代笔伯侄石为珍

光绪十七年十月二十二日立送字"①

阴地所有权转让程序、条款的规制契约文书2"立借山取阴地人下寨姜思诏，今与上寨姜载渭老爷所有一块共山，地名坂冲走。其地分作三大股：思诏占一股，载渭老爷占二大股。今思诏请到地理先生潘取得阴地一穴，敬移坟进葬，诚恐议论，自己登门央求载渭老爷想让与我葬坟三棺，日后再不敢借此多葬。今恐人信难凭，立有讨阴地一穴字为据。

外批：内添三字，内途（涂）一字。

凭中：李天才

思诏　笔

道光二十年十二月十三日　立"②

阴地所有权转让程序、条款的规制契约文书3"立出卖阴地文约，胥年友今将自己之业地名栋杠老，阴地亦坟凭忠出卖与邹庆明之父亲邹保臣因病亡，故安葬栋杠老阴地亦坟凭忠议定卖价铜钱叁千文正。彼日邹姓现交胥姓领明并无少欠分文，其有茨草

①　孟学华：《贵州毛南族清朝土地契约文书调查研究》，《贵州民族研究》2014年第1期。

②　潘志成、吴大华：《土地关系及其他事务文书》，贵州民族出版社2011年版，第114—115页。

坟内故畜坟外不流，茨草树木其坟上界畔在坟还顺，五步为定，今恐无凭出卖阳地文约为用。

　　　光绪庚子年二月十五日出卖约人 胥年友

　　　凭中人 邹庆堂 邹恒泰

　　　张事喜 笔"①

　　（4）科田田面权转让程序、条款的规制。科田田面权转让程序如下。第一个程序是科田田面权转让方聘请凭中并让凭中说明转让科田田面权的原因。第二个程序是凭中与科田田面权受让方洽谈科田田面权转让面积、地段、价格、附随物、田面权附随义务及违约责任等。第三个程序邀请参加科田田面权转让契约文书签订的本族人、凭中、代笔人等。第四个程序是签订科田田面权转让契约文书。对科田田面权转让契约文书条款规制如下：一是对科田田面权转让程序进行了规范，二是对科田田赋附随科田田面权转让的附随义务作了规范，三是规范了违约责任。

　　　科田田面权转让程序、条款的规制契约文书1"立杜卖明科田文契人胡秉礼、胡秉钧弟兄二人，为因缺用，无处出办，只得亲身请凭中上门，将祖父遗留分授分内名下科田壹块、地□□□坐落□槛坝，东至冯姓良田，南至河，西至□□□，北抵□田，四至分明，出卖与□□□名下为业。原日三面议定卖价足色纹银壹拾捌两贰钱整。［卖主］当席亲手领明应用。其田科米仓升□加增在内。此系二彼□□，实银实契，并无货物准折，亦非逼迫成交。自卖之后，任随□□□□管业，胡姓房族异姓人等不得争论异言。恐口无凭，立［卖契与□□□］子孙永远为据。

　　　凭中 胡廷□ 汪朝仁 胡藻 石攻玉 石琏玉

　　　代笔 石秉政

---

① 汪文学编校：《道真契约文书汇编》，中央编译出版社 2014 年版，第 292 页。

道光二十五年七月初一　立卖契　胡秉礼　胡秉钧

钤'普定县印'"①

科田田面权转让程序、条款的规制契约文书2"立杜卖明科田文契人胡汪氏，同子胡廷有、延赞，为因夫父在日托（拖）欠账务，无处出办，只得请凭本族上门，将祖遗留下科田壹块，坐落仡佬井下边，随田科米仓升贰升伍合加增在内，东抵陈姓田，南抵井沟，西抵路，北抵陈姓田，以上四至分明，母子情愿出卖与石彦名下管业。言（原）日三面议定卖价足（色）纹银贰拾伍两、玖捌纹银贰拾伍两，共银伍拾两整。卖主母子亲手领明应用。此系二彼情愿，实契实银。自卖之后，任随石处子孙永远管业种耕，胡姓房族人等不得前来争论异言。如有此情，将契赴公理论，自任套哄之咎。恐后无［凭］，立契与石处永远存照。

本中本族伯叔　胡士兴　胡士半　胡士溱　胡士杰　胡世德　胡恒德胡廷方　胡登有　胡廷权

依口代笔　汪希贤

嘉庆三年二月初九日　立卖契人　胡汪氏　同子廷有　延赞

钤'普定县印'"②

5. 凭中在田土所有权转让中扮演了三重身份。凭中不但扮演了证人的角色，而且扮演了田土转让方代理人的角色和田土转让纠纷调解人的角色。如在田土转让契约文书1所载：凭中议定并价铜钱贰拾叁千文正，这是凭中所扮演的田土转让方代理人的角色。田土转让契约文书1所载：周姓父子再不得业上滋扰生端加补出画绝齿纯言自干脱罟，今恐不亦立出卖约与邹姓为据，凭中人　周福全　周福思　刘荣昌　睦昌华，这是在田土转让中凭中扮演证人和田土转让纠纷的调解人角色。清代安徽、山东、福建、江浙、两广等省份民田权

---

① 孙兆霞等编：《吉昌契约文书汇编》，社会科学文献出版社2010年版，第16页。

② 同上书，第7页。

利变动时，凭中并一定参与民田权利变更的全过程，而清代贵州民田权利变动时，凭中参与民田权利变更的全过程，凭中在民田权利变更中起到了举足轻重的作用。梁治平先生认为，中人在经济活动中扮演了重要作用，对土地制度形成也起到一定的作用。"事实上，中人在民间经济活动中所起的作用远不止于立契、仅就清代而言，中人在整个社会经济生活中扮演的角色极其重要，而且在习惯法上，他们的活动也已经充分地制度化，以至于我们无法设想一种没有中人的社会、经济秩序。"①

　　田土转让契约文书 1 "立出卖契文□人周福品仝男周长万周长久今因用钱至切，上年得并堂伯之业地名大河沟水田一坵，山土乙全幅连诸杂大小竹木茨草悉行壹包在内载粮肆厘载种壹斗，其有四置界畔大河沟起界右手执上所栽蚕树桐树为界，耕上抵堂伯亨泰岩脚沿过抵大岭，周伯仲连耕岭直下□□为界，齐田角直下抵河沟尽，下抵买主邹姓之界交界。其有水源大河沟在周亨泰土边古□头水浸灌，请凭中出卖与邹德盛名下世守为业。凭中议定并价铜钱贰拾叁千文正。彼时凭中交明周福品，父子领明清楚亦无货物拆算，并未少欠分文，亦无中正逼押，福品父子心干情愿自卖之后任随邹姓世代子子孙孙永远耕管，周姓父子再不得业上滋扰生端加补出画绝齿纯言自干脱系。今恐不亦立出卖约与邹姓为据

　　咸丰辛酉年十月二十日立出卖约人 周福品 仝男周长万 周长久

　　凭中人 周福全 周福思 刘荣昌 睦昌华

　　潘廷殿 笔 周福胜

　　千仓

---

① 梁治平：《清代习惯法：社会与国家》，中国政法大学出版社 1996 年版，第 120—121 页。

万厢"①

6. 田土赎买制度

（1）田土赎买原因。从田土赎买契约文书所记载内容看，田土赎买原因与田土所有权转让原因既有共性，又有个性。它们的共性是不可抗力或情势变更；田土赎买原因的个性是田土赎买人无法实现典当权，如田土赎买契约文书1所载：立出当约人刘元胡今因无钱用度，凭中将自己受分之山土地名大炉□当山土乙全幅，凭中出当典与龚仕应名下耕种，刘姓赎取慄要对期钱到土回两异言。田土赎买原因的个性是田土赎买法律性质的必然反映，因为田土赎买与田土所有权转让的法律性质不同，如田土赎买之前，双方当事人之间已经存在法律关系，而田土所有权转让之前，双方当事人之间不存在法律关系。

田土赎买契约文书1"立出当约人刘元胡今因无钱用度，凭中将自己受分之山土地名大炉□当山土乙全幅，凭中出当典与龚仕应名下耕种，彼日凭中面议当价铜钱壹拾柒千文正。彼时入手现交刘姓亲领明白。龚姓无有少欠分文。自当之后任随龚姓耕种，其有界畔任照元界耕管有年限不定，龚姓不愿耕种，刘姓赎取慄要对期钱到土回两异言。今恐人心不亦，立出当约为据。

道光辛丑年十月廿日立出当约人 刘元胡

仝男 刘开训 刘开福

凭中人　武友贵

代笔人 刘开良"②

（2）田土赎买权利和义务。与田土所有权转让权利和义务比较而言，田土赎买权利和义务比较复杂，如田土赎买契约文书1和田土赎

---

① 汪文学编校：《道真契约文书汇编》，中央编译出版社2014年版，第79页。

② 同上书，第20页。

买契约文书2。一方面，田土赎买权利和义务的主体较为复杂。田土赎买权利和义务的主体为田土典当权利主体和义务主体、田土所有权买卖权利主体和义务主体。另一方面，田土赎买权利和义务的内容也比较复杂。例如，田土典当人的权利为：一是田土典当人有权要求当方支付典当金。二是田土典当人有权收回田土。三是有权赎回田土。田土典当人的义务为：一是把田土交付给典当权人使用和收益，二是支付田土赎金的义务。田土典当权人的权利为：一是使用和收益典当人所典当田土，二是收取赎金。典当权人的义务为：一是保护田土典当人所典当田土，二是支付典当金的义务，三是不处分典当田土。田土赎买人的权利是有权赎买自己典当的田土，其义务是返回田土典当金给田土赎买人。田土赎卖人的权利是有权要求田土赎买人支付田土赎金，其义务是把赎买人的田土归还给赎买人。

　　　　田土赎买契约文书2"立断卖田契人六房氏香娇、子开怡，为因先年父亲光齐亲手将祖父得买姜岳保之田分落名下，地名党庙里垅田一块，典当与姜映辉、朱卓廷二家。奈光齐已故，母子无银赎回，情愿请中将已典当与映辉之田仍断卖与姜映辉公名下承买为业。当日凭中议定价银一百零八两，扣除典当价外，补银三两六钱，母子亲手领足，分厘不欠。自卖之后，任凭买主与朱姓共耕种管业，卖主以及内外人等不得异言。今欲有凭，立此断卖字约永远发达存照。

　　　外批：其田之粮照册上纳。

　　　又批：朱姓之股原是典契，尚未断卖。

　　　内添三字。

　　　凭中：姜绍怀、通义

　　　道光十五年四月十四日 姜开泰 笔立"①

　　① 潘志成、吴大华：《土地关系及其他事务文书》，贵州民族出版社2011年版，第9页。

田土赎买契约文书 3 "立约卖私田文契人石成琛，为因急用无处出办，只得将到项下甲鲁私田大小共二十块，其田有亩，每年纳乙钱伍卜，其田左右一下，从屋基下去比抵尖坡为界，四至分明，凡与屋基上边，俱是卖主之项，连屋基下去一切左右尽净卖，自愿请亲族上门，出卖与堂兄石连山为业，即日当面中人授过卖价银乙佰八拾叁两整，亲领明白，自卖之后，任从耕种收花管业，后卖主子孙不敢争论、翻悔，有力不赎，无力不补，如有争此，现有卖约可盾，此系二比情愿，并非旁人逼勒成交，一卖百了，永不异言，今恐口无凭，立贵此卖约为据。

内拴缚人石名山受银乙两贰钱（押）

外拴缚人石羊保　　石阿二受银四钱（押）

凭中见银人石朝麟　　石廷桂受银四钱（押）

名原引人凭中人黎廷和（押）受银

栽界人石阿垂受银壹百文

亲笔

道光二十一年十一月十二日立买契"①

（3）田土赎回。田土赎回条件有二，缺一不可。一是田土典当人必须把田土典当金连本带息支付给对方。二是田土典当期限已到期。田土典当权人使用和收益田土典当人的田土的根据乃是支付了田土典当金，要求田土典当期限已到期，才能赎回的根据是保护田土典当权人的预期利益。如田土赎买契约文书 4 所载：自当之后，任从银主砍伐树、开山种地，不拘远近，银到归赎，再无亏补之情，亦无滥本之说。今恐口无凭，立当约为据，田土赎买契约文书 5 所载：两契典与藕洞龙姓，后龙姓又移典与文斗姜元卿叔侄名下承典，今我家太（泰）取银照原契价赎回，所有原契并移典契，我家太（泰）一概领

<hr>

① 孟学华：《贵州毛南族清朝土地契约文书调查研究》，《贵州民族研究》2014 年第 1 期。

回。恐（空）口无凭，立有领字是实。

　　田土赎买契约文书4"立约当山场树木文契人石老三，为因急用，自愿将到项下山场树木壹片，座落地名同马，上抵尖坡，下抵当主左右栽石为界，请凭中证人上门，出当与石宗保先生名下，是日当面受当价纹银壹两玖钱二分整，亲手领明白。自当之后，任从银主砍伐树、开山种地，不拘远近，银到归赎，再无亏补之情，亦无滥本之说。今恐口无凭，立当约为据。

　　　　见银凭中人　　石杨保

　　　　代笔人石雨亭

　　　　同治三年正月二十六日立当约"①

　　田土赎买契约文书5"立赎领契据字人八阳寨杨家泰，为因先兄弟亨将到归觉田一连三丘，约谷三十九石，又孟能塘河坎上禾田一丘，约谷七十囗，又斩虫田一连四丘，下坎长田一丘，油山冲田一丘，共计六丘，计谷二十三石，两契典与藕洞龙姓，后龙姓又移典与文斗姜元卿叔侄名下承典，今我家太（泰）取银照原契价赎回，所有原契并移典契，我家太（泰）一概领回。恐（空）口无凭，立有领字是实。

　　　　凭中：杨通干

　　　　亲笔

　　　　光绪二十二年二月十八日 立"②

　　田土赎买的赎回期分为两种情况，一种情况是赎回期有限。所谓赎回期有限是指田土典当人必须在约定期限赎买田土，否则，田土典当人不能赎买已典当的田土。另一种情况是赎回期无限。所谓赎回期

　　① 孟学华：《贵州毛南族清朝土地契约文书调查研究》，《贵州民族研究》2014年第1期。

　　② 潘志成、吴大华：《土地关系及其他事务文书》，贵州民族出版社2011年版，第38页。

无限是指田土典当人赎回田土的期限没有上限规定。虽然赎买人赎回典当田土没有上限约定，但是一般情况下，有田土赎买下限的规定。从田土赎买契约文书4的条款看，毛南族田土赎回期无限，即田土赎买方可以随时赎回田土。从田土赎买契约文书1、田土赎买契约3、田土赎买契约文书5、田土赎买契约文书6的记载看，田土赎回期限既有期限赎买的约定，也有无期限赎买的约定。

田土赎买契约文书6"立出转当约人任在顺当因上年得当刘开虎名下受分之土宅下边土壹幅凭众出转与龚仕友名下耕种。彼日二家面当价铜钱壹千叁百文整，彼时入手现交亲领明白并无少欠分文。自转当之后凭随龚姓耕种，任姓不得异言，其有年限不定，刘姓退熟钱到土回，今恐人心不古，故立转当约为据。

道光壬辰年三月十六日出转当约人 任在顺 任在万

凭中人 任在万 王正富

代笔人 刘志学"①

（4）科田赎买制度。以下2个科田赎买契约文书具有以下几个方面的特征。其一，一般典卖契约。按照是否有明确赎期，典卖契约分为一般典卖契约和特殊典卖契约。此科田买卖契约属于一般典卖契约。前者的赎期是三年，后者的赎期是五年。其二，要式合同。此科田买卖契约的要式性表现为采用书面形式，并且有中人作证签字。其三，要物契约。此科田买卖契约的要物性表现为买方把银两交给卖方，卖方把科田交给买方。其四，科田买卖的有因性。两者都说明卖科田的原因，前者的原因是同子官保，为因乏用，后者是为因母亲亡故为无银使用。此科田买卖契约除了具有以上两个科田买卖契约的后三个特征之外，还具有以下两个方面的特征。一个特征是附条件买卖契约。此科田买卖契约的附条件有二：是一其田科米仓升□加增在

---

① 汪文学编校：《道真契约文书汇编》，中央编译出版社2014年版，第14页。

内。此系二彼□□，二是胡姓房族异姓人等不得争论异言。另一个法律特征是官府确认，官府确认的表现形式为钤普定县印。

从以下 2 个科田赎买契约文书的条款可以发现清代贵州科田买卖蕴含了两个法律理论。第一个法律理论是物权变动有因性。物权变动有因性是与物权变动无因性相对的一个理论。所谓物权变动有因性是指科田所有权转移之原因是科田所有权转移是否有效的要件。以下 2 个科田赎买契约文书都说明了卖科田的真实原因，赎卖科田的真实原因是情势变更或不可抗力，情势变更或不可抗力是科田赎买契约有效要件，是科田所有权转移是否有效的要件。为什么情势变更或不可抗力是科田赎买契约有效要件，是科田所有权转移是否有效的要件呢？清代时期贵州省安顺市吉昌人的财产观念是其根本原因。清代时期贵州省安顺市吉昌人深受儒家财产观念的影响。按照儒家财产观念，不到万不得已，是不能卖祖业的，而科田属于祖业，情势变更或不可抗力属于万不得已的情况。第二个法律理论是交易安全原则。清代贵州科田买卖契约遵循了交易安全原则，其表现在三个方面。一是买卖双方是熟人，知根知底。二是中人参与契约的签订和履行过程，中人并在契约上签字和盖手印，以起到证据和证据链之作用。三是明确约定了所赎买的科田边界、赎买科田的形式、科田交付方式、违约条款等。

　　科田赎买契约文书 1 "立当明科田文契人石杨氏，同子官保，为因乏用，只得亲请凭中上门，将父遗留分授自己名下科田乙（壹）块，坐落地名小市（柿）园，出当与田曹氏名下耕种。原日三面议定当价九八银拾贰两五钱整。当主当席亲手领银应用。并无托（拖）欠分厘。自当之后，准定三年。日后有银取赎，无银耕种。恐口无凭，立当契为据。

　　其戥系是省平。

　　其有老契未接。

　　其田二月取赎，准定田姓收小春。

凭中　石廷美

代字　石廷相

光绪二十八年腊月十四日　立"①

科田赎买契约文书 2 "立当明科田文契人马明发，为因母亲亡故为无银使用，只得亲请凭中上门，将祖父遗留自己名下科田壹块，坐落地名卢（芦）柴坝，情愿出当与堂弟马开成、马开文弟兄名下为业。原日三面议定当价玖捌净银伍拾两整。当主马明发当席亲手领银应用，并未欠分厘，亦并无货物准折。自当之后，准定伍年。马明发有银赎取启，无银任随开成、开文弟兄永远耕种，明发子支以及异性人等不得前来争论异言。如有此情，自干（甘）重咎。恐后人心不古，特立当契为据。

其戥系是省平。

代字　陈星五

凭中人　陶子红　陈子恩

光绪三十一年腊月初六日　马明发　当立"②

(二) 田土股权转让制度

以下 3 个契约文书属于田土股权转让契约文书，田土股权转让契约文书 1 属于耕地股权转让契约文书，它既包括了水田股权转让，又包括了旱地股权转让，田土股权转让契约文书 2 和田土股权转让契约 3 文书属于林地股权转让契约文书。从 3 个田土股份转让契约文书约定的条款看，可以判断清代道光年间，贵州民间社会已经出现田土股份制，也形成了田土股权转让制度。虽然这田土股权转让契约文书 1 和田土股权转让契约文书 2 田土股权转让契约文书 3 分属不同类型的田土股权转让契约文书，但是在田土股权转让制度方面，也存在一些共性。当然，在田土股权转让制度方面，两者之间也存在一些不同

---

① 孙兆霞等编：《吉昌契约文书汇编》，社会科学文献出版社 2010 年版，第 277 页。

② 同上书，第 279 页。

点。归纳起来，其共性有四：一是田土股权转让有因性。转让股权时，必须说明原因。二是田土股权转让方聘请凭中联系田土股权受让方。三是田土股权共有人享有第一位优先受让田土股权。四是明确田土股权的权利和义务，尤其是明晰田土边界。其不同点有三：一是田土股权转让内容不同。田土股权转让契约文书 1 的田土股权转让内容是耕地的田面权，而田土股权转让契约文书 2 的田土股权转让内容是地上权、林木管理权和收益权。二是田土股权转让主体与受让主体的法律关系不同。田土股权转让契约文书 1 和田土股权转让契约文书 3 的田土股权转让双方之间不存在法律关系，而田土股权转让契约文书 2 的田土股权转让双方之间存在法律关系。三是田土股权转让契约文书 1 和田土股权转让契约 3 文书保存期限不限，而田土股权转让契约文书 2 保存期限为永久。当然，实际上，田土股权转让契约文书 1 和田土股权转让契约文书 3 的当事人对其也是永久保存。

　　田土股权转让契约文书 1 "立出卖水田山土柴林文契人周伯福全男周福桂、福腾、福品、福全、福风父子今因无钱用度，凭中将自己耕食之水田山木柴林乙全股地名车子塘二处、地名仲家沟坐宅右边彪水岩山土柴林小田乙全股请中证依门出卖与邹衮格名下子孙承主永为世业三家面议卖价铜钱陆拾千文正。彼日邹姓凭众亲手交明周姓父子足收清楚并未少欠分文其业载粮捌厘，邹姓拆户充输自卖之后，任随邹姓世代管理。周姓子孙未生人等再不得来业上阻滞，别生支节其车子塘大田乙坵山土一股。界畔自南边大河起界跟周伯舜田尖乙路窖石，直上抵子岭，直上抵田小面跟田小面向北横过抵田角斜下又跟子岭沿下又抵佰舜土边跟土边岭跟子岭坎，沿过抵小沟跟沟直下抵大河跟大河沿河直上起界处交界于中之宅寸地卖明大小白香树木柴林茨草悉行在内。有彪水岩山土一股，界畔自坐宅右边石干子窖石灰包起界向南横□抵亨泰界跟界沿过抵邹姓得买界□得买界直下抵大河沿河直下抵人行路跟人行路沿上进抵到石干子起界处□界河坝之田，不在其数跟路边小田一股□姓买明契内耕管界内山土并无寸土刁留归姓耕食大小树木柴林次草悉行在内凭随奏姓固蓄取用周姓子孙勿得□行坎伐车子塘水田水源仲家沟龙洞大堰取水荫灌。自此杜卖以后，周姓父子了心断心再不能复言，加补妄率生端。今恐无凭，故立卖契与邹姓永远存据。

道光二十六年丙午岁十二月二十五日出卖契文约人　周伯福

仝男　周福桂　周福胜　周福品　周福全　周福恩

凭中人　王相澄

代笔人　骆秀升"①

田土股权转让契约文书2"立断卖栽手杉木字人文堵（斗）寨光照，为因要银用度无出，自己将到先年得买姜志方栽手之股，地名凤黎山。其木界至：上凭顶，下凭水沟，左右凭岭。杉木地主栽手分为五股，地主占三股，栽手占二股，今请中先问地主、亲房叔侄，无人承买，自己请中将栽手二股问到蒋日快大爷名下承买为业。当日凭中三面议断价纹银四两七钱五分，亲手收回应用。自卖之后，任凭买主修理管业，卖主兄弟外人并不得争论。如有不清，拘（俱）在卖主上前理落，不关买主之事。今欲有凭，立断卖栽手字为据。

内添二字

外批：日［后］木长大砍伐下河，地归地主

凭中：薛正元、兄姜光宗

道光十八年又（闰）四月初一日　亲笔"②

田土股权转让契约文书3"立断卖栽手杉木字人九（鸠）怀寨、黄冈寨王乔生侄一宗与龙光星，先年二人所佃栽买主之山，地名刚培道杉木一块，出卖与主家文斗下寨姜钟英、世豪伯侄二人名下承买为业。当日凭中言定价银二两八钱整，亲手收回应

---

① 汪文学编校：《道真契约文书汇编》，中央编译出版社2014年版，第36页。

② 潘志成、吴大华、梁聪：《林业经营文书》，贵州民族出版社2012年版，第53页。

用。其山界限：上凭绍宏又与载渭之山，下凭盘路为界，左凭大岭，以盘过冲，右凭刚培道为界，四至分明。此山地主、栽手分为五股，地主占三股，栽手占二股。今将栽手二股出卖，自卖之后，任凭买卖修理管业。若有不清，卖主尚（上）前理落，不干买主之事。恐后无凭，立有断卖字为据。

内添二字

凭中：易明喜

代笔：林文述

道光廿年五年七月十七日 立

……九怀寨王乔生、龙光星卖刚培栽手契"①

（三）田土互换制度

从以下 4 个田土互换契约文书可以得知：从法律权利角度看，田土互换实质上是田面权相互转让，即甲把田面权转让给乙，同时，乙也把田面权转让给甲。田土互换契约文书 1 约定：田土互换世琏又将也甲君能路坎下小田一丘补之豪、开让管业，世琏各管冉翁之田。田土互换契约文书 2 约定：其田两家相换之后，各照字据永远耕种管业。田土互换契约文书 3 约定：我首等喜沽田兑换，而总姓乐助出资，又□□而启，再□□而修，自得寨人桃林，百世莫不颂之。田土互换契约文书 4 约定：为因杰相兄弟父亲去世，无地安葬，杰相兄弟将才换得瑞卿叔之塘一口，地名污宜塘，界：上凭塘，下凭塘，左右凭沟，来换我父子分受田一丘作为阴地，地名卡深，其田界：上凭田，下凭荒坪，左右凭塘。田内阴地分为两股，本名父子自占一股，杰相兄弟占一股。点为几棺，后再斟酌。从田土互换动因和目的的角度看，田土互换也应该是田面权相互转让。田面权和田底权所侧重的权能不同，田面权侧重于田土的占有权能和使用权能，而田底权却侧重于田土的收益权能和处分权能，而田土互换动因和目的是双方更便

---

① 潘志成、吴大华、梁聪：《林业经营文书》，贵州民族出版社 2012 年版，第 55 页。

利地使用田土，提高田土利用效率。

田土互换的内容不仅包括田面权转让，还包括了田赋、田土从物及其他附随义务转让。田土互换契约文书 1 约定：外批：冉翁之田粮一升，与田走。田土互换契约文书 2 约定：其田今凭中族将与中房姜元卿叔名下相换，地名皆为南冲内田，一连大小四丘，荒田在内，田面约谷六担。因我田在近，元卿叔之田在远，是以谷担上下不一。适因接获朱信，甚急之下江南，故耳（而）托我世龙园成、代笔，此批。其田纳姜景春等之粮。

田土互换制度不仅体现了"物尽其用"的物权法原则，如田土互换能够使其田土实现各自的价值，还体现了"权利义务对等"的民法原则，田土互换后，其田土上的权利和义务都会相应地对换。如田土互换契约文书 2 所载：因我田在近，元卿叔之田在远，是以谷担上下不一。其田两家相换之后，各照字据永远耕种管业，二比不得翻悔异言。再者，其田登泮在家之时均相合议有据，适因接获朱信，甚急之下江南，故耳（而）托我世龙园成、代笔，此批。其田纳姜景春等之粮。

> 田土互换契约文书 1 "立换田契人本寨姜之豪、侄开让，将到地名冉翁田一丘，与姜世琏换迫南皆在田二丘，上凭开让之田，下凭之美之田，世琏又将也甲君能路坎下小田一丘补之豪、开让管业，世琏各管冉翁之田。二比心平意愿，日后子孙不得翻悔多言。今欲有凭，立此换契子孙永远为据。
>
> 外批：冉翁之田粮一升，与田走。
>
> 凭中：姜世昭、世昌
>
> 姜大魁 代笔
>
> 道光四年二月廿八日 立"①

---

① 潘志成、吴大华：《土地关系及其他事务文书》，贵州民族出版社 2011 年版，第60 页。

　　田土互换契约文书 2 "立换田字人下房姜登泮父子，为因就便水头，故耳（而）自愿将到本名分落之田一丘，约谷三担，地名寨脚松党兴，界限四周均凭元卿叔之山与田卫界，其田今凭中族将与中房姜元卿叔名下相换，地名皆了南冲内田，一连大小四丘，荒田在内，田面约谷六担。因我田在近，元卿叔之田在远，是以谷担上下不一。其田两家相换之后，各照字据永远耕种管业，二比不得翻悔异言。恐（空）口无凭，立此相换字□□发达存照。

　　再者，其田登泮在家之时均相合议有据，适因接获朱信，甚急之下江南，故耳（而）托我世龙园成、代笔，此批。其田纳姜景春等之粮。

　　凭中：龙松茂、范炳伍、伍伍喜、龙岩林

　　代笔：姜世龙

　　批内添一字，改二字。

　　光绪二十二年润（闰）五月初十日"①

　　田土互换契约文书 3 "彦洞牛堂碑 流芳百世：纵有迫及光绪贰拾年丙申冬月，我首等人累有约，寸地有存，况境之牢坪。与罗天德较议，用价二拾二两整所买地名上坝田一丘兑换斯丘，又田坎下杨姓荒坪价五百文，一兼洁在内，永启为牢坪长久发福地。我首等喜沽田兑换，而总姓乐助出资，又□□而启，再□□而修，自得寨人桃林，百世莫不颂之。今将首士出资姓名列于右（以下略）光绪贰拾叁年瓜秋月 旦立 梓里 周启泰撰 师夫 王顺利注：碑存彦洞乡彦洞村东北偶牛堂侧"②

　　田土互换契约文书 4 "立掉换字人〔姜〕国相父子，为因杰相兄弟父亲去世，无地安葬，杰相兄弟将才换得瑞卿叔之塘一

---

① 潘志成、吴大华：《土地关系及其他事务文书》，贵州民族出版社 2011 年版，第 62 页。

② 姚炽昌选辑点校：《锦屏碑文选辑》，锦屏县政协文史资料委员会 锦屏县志编纂委员会办公室编，1997 年 9 月，第 10—11 页。

口，地名污宜塘，界：上凭塘，下凭塘，左右凭沟，来换我父子分受田一丘作为阴地，地名卡深，其田界：上凭田，下凭荒坪，左右凭塘。田内阴地分为两股，本名父子自占一股，杰相兄弟占一股。点为几棺，后再斟酌。但对面岩岭可疑，须要砌塘，克化费钱多少，两家平用。恐后无凭，立此掉换字为据永远存照。

外添四字，又添一字。

凭中：姜永成、正秀、开明、瑞卿、华相、德相

【半书】立此□永远发达字照

光绪二十三年二月二十日 子周礼 亲笔 立

外批：戊戌年正月初六日凭地师祝□，点穴分作五股，棺内一排点三棺，外一排点作二棺。内一排中棺议放安葬利叔，下余四棺：上阔德修本人拈得天财阔，得出一排左边一棺，外排得右边一棺；杰相弟兄拈得地宝阔，得内一排右边一棺，外一排得左边一棺，留后进葬无异。至砌塘并换田之一所，费用仍照五股均派，修德本人出两股，杰相兄弟出三股，前后不准进葬，倘若前葬均由二家妥议，此据。

□有中一棺此刻进葬除打井之外，左右只议留七寸宽界，以待日后方好进葬，俾得两家均好也，此批。

凭亲族：姜让廷、范器之

德修 笔批"①

（四）田土分割制度

1. 田土分割的含义

田土分割是什么？从物权变动维度看，田土分割是田土所有权变更，它包含了两层含义：一是田土所有权主体变更，即田土所有权共有变为田土所有权单独所有，或田土所有权由一个主体变更为数个主

---

① 潘志成、吴大华：《土地关系及其他事务文书》，贵州民族出版社 2011 年版，第115 页。

体。二是田土的面积由大变小。田土分割契约文书1所载的姜氏祖业田土由一个户主所有变更为李氏、杨氏、罗氏及姜时泰四个户主所有，姜氏祖业田土的所有者已变更为李氏、杨氏、罗氏及姜时泰所有；田土分割契约文书2所载姜钟奇、钟芳的父亲祖业田土所有权由父亲所有变更为姜钟奇、钟芳及弟媳姜氏玉秀三个户主所有；田土分割契约文书3所载的田方仲、田方林、老么田书、田法、田粒、田相廷、田瑞廷、田应廷、田法廷、田兴贵十二户共有的祖产田土变更为十二户单独所有。

2. 田土分割原因

田土分割原因比田土所有权转让原因复杂。田土所有权转让原因仅是客观原因，仅是不可抗力或情势变更，而田土分割原因既有客观原因，又有主观原因，而主观动因是主要因素。田土分割契约文书1所载田土分割原因有二：一是姜氏户主已去世；二是李氏、杨氏、罗氏及姜时泰四个户主都分割姜氏户主田土的意愿。田土契约文书2所载田土分割原因有三：一是至今人口日增，田产益广，欲和合种以同收，恐彼早而此晏；二是不幸严父早故；三是我等弟兄瓜分均派，俱属心平意愿。田土分割契约文书3所载田土分割原因有二：一是共有祖业田产的十二户户主强烈要求分割共有祖业田产；二是本族乡长同意。

3. 田土分割程序

田土分割要经过以下三个程序。第一个程序是召开家庭会议或召开家族会议。田土分割契约文书1和田土分割契约文书2的第一个程序是召开家庭会议，田土分割契约文书2的第一个程序是召开家族会议。第二个程序是聘请凭中及本族权威人士和男方直属亲讨论田土分割方案。第三个程序是签订田土分割契约文书，要求分割田土的各个户主、凭中都参与此程序，凭中的身份与田土转让凭中的身份有所不同。田土分割的凭中为分割田土户主的本族人，而田土转让凭中并不一定是田土转让当事人的本族人。为什么凭中身份与田土转让凭中身份会不同呢？其原因是田土分割主体之间的关系与田土转让主体之间关系不同。田土分割主体之间的关系与田土转让主体之间关系不同。田土分割主体之间关系是家庭成员之间关系或家族成员之间关系，田土转让主体之间的关系不一定是家庭成员之间关系或家族成员之间关系，一般情况下，田土转让主体之间关系是非家庭成员之间关系或是非家族成员之间关系。进而言之，田土分割主体之间关系是内部关系，而田土转让主体之间的关系是外部关系。凭中在田土分割和田土转让中扮演协调者和证人的作用，对凭中的信任是田土分割主体和田土转让主体是否聘请某某为凭中的关键点，由于田土分割主体之间的关系是家庭成员之间的关系或家族成员之间的关系，所以他们对本家族的长辈和权威人士的信任度有非常高的认同感，因此，自然而然会聘请本家族内的长辈和权威人士。

4. 田土分割原则

田土分割遵循了"因地制宜"和"权利义务对等"两个原则。"因地制宜"原则是指根据田土分割主体在其家庭或家族中地位和田土分割主体组成一个新家庭的人口等因素确定所获得田土的多少。例如，田土分割契约文书1所载的李氏、杨氏、罗氏所分割田土面积相同，而他们三者所分割田土面积比姜时泰所分割的田土面积小。究其原因，李氏、杨氏、罗氏在姜氏家族中的地位相同，都是姜氏的媳妇，但姜时泰在姜氏家族的地位比李氏、杨氏、罗氏在姜氏家族中的地位高。田土分割契约文书2所载的姜钟奇、姜钟芳所分割到田土面积与弟媳姜氏玉秀所分割到的田土面积一样，究其原因，虽然姜钟奇、姜钟芳在姜氏家族中的地位比姜氏玉秀在姜氏家族中的地位高，姜氏玉秀生了儿子，所以她所分割到的田土面积一样。田土分割契约文书3所载的田方仲、田方林、老么田书、田法、田粒、田相廷、田瑞廷、田应廷、田法廷、田兴贵在田氏家族中的地位一样，所以他们所分割的田土面积一样。

"权利义务对等"原则是指既要享有所分割田土的权利，又要承担相应的义务，是指分割到的田土越多，则所承担的义务则越多。田土分割契约文书1所载的李氏、杨氏、罗氏和姜时泰都承担了相应义务，如承担姜氏家族生养死葬之资。田土分割契约文书2所载的姜钟奇、姜钟芳及其弟媳姜氏玉秀都要承担相应的义务。田土分割契约文书3所载的田方仲、田方林、老么田书、田法、田粒、田相廷、田瑞廷、田应廷、田法廷、田兴贵都要承担相应的义务。

5. 田土分割法律效力

田土分割法律效力有二：一是编户数量增加。田土分割后，李氏、杨氏、罗氏已成为新的编户，姜钟奇、姜钟芳、弟媳姜氏玉秀也成了新的编户。二是田土所有权登记主体和客体发生了变更。立遵先兄遗命公分家业田土已变更为李氏、杨氏、罗氏及姜时泰的田土了，姜钟奇、姜钟芳父亲的田土已变更为姜钟奇、姜钟芳及其弟媳姜氏玉秀的田土，祖宗遗留公业田土已变更为田方仲、田方林、老么田书、田法、田粒、田相廷、田瑞廷、田应廷、田法廷、田兴贵各自的田土。

　　田土分割契约文书1"立遵先兄遗命公分家业字人姜伟、姜权仝侄济岐。今特遵先兄临终遗言，是以请凭房族人等分拨四家，各管各收，所有田丘地名开列于后：

　　一开李氏占祖遗田，地名乌大孔，并穷忧，又皆纹，四处田，大小共十五丘，计谷五十担。

　　一开杨氏占祖遗田，地名之鸠，并冉翁二处田，大小共九丘，计谷五十担。

　　一开罗氏占祖遗田，地名也□，并培番二处田，大小共六丘，计谷五十担。

　　一开姜时泰占新买之田，地名皆敢，又皆聋，又培党宜，又喉培，又板各奢，又得买之鸠光宇之田一丘，又皆休，又党东，共八处地名，大小田共二十八丘，计谷一百三十担。

　　外除得买姜朝干地名板各奢田一丘，又除祖业下皆杂田三丘，又也聋田一丘，以作道场园墓用项。其山场杉木：祖遗之杉山，李、杨、罗氏管业，新买之杉山，时泰管业。

　　凭房族：姜廷贵、延映、绍牙、廷智、大相、姜通□、济川、

显祖、显相

【半书】遗命分合同二纸存照

道光六年五月初九日 代笔 姜通圣 立"①

田土分割契约文书 2 "自今分占之后，各照分关殷勤耕种，世代管业，日后不得异言。其有山场杉木尚未分拨，挨后砍伐售卖，仍照五股均分。恐后无凭，立此田产分关字永远发达为据。

姜钟芳收：子鸠田大小五丘，冉翁也笼坟下一丘，以至上沟田共十四丘，也依岭脚一丘，九污、杂曹二丘，冉高五丘。

姜钟奇收：污杂贾田共八丘，岩板坡共三丘。

光绪十年十一月三十日批：上冉翁也风田一丘拨于世官管业、世风弟兄无分。世模笔批，凭［中］：堂叔钟碧、堂兄世俊、世清。

姜氏玉秀收：岩板坡田三丘，冉翁启滨田一丘，下冉翁朝显田二丘。

姜兴隆收：光模岩板坡之田大小五丘，寨脚大小二丘。又批：也丹与名卿共田一丘、刚金安与相珍共征田一丘，仍在世官、世风弟兄所共。［姜世］模批。

姜兴仁收：岩板坡樟树祖遗之田大小二丘，启滨与世德边界一丘，九休一丘，冉依一丘。

凭堂兄、侄：姜钟泰、世模、世扬笔

咸丰九年二月初一 立"②

田土分割契约文书 3 "立出字永无后患人田方仲、田方林、老么田书、田法、田粒、田相廷、田瑞廷、田应廷、田法廷、田兴贵、为祖宗遗留公业，十二家情愿将大菁（箐）邪（斜）坡地乙（一）股，凭本族乡长理论，一概掉清。其有田虞所丢之业，

---

① 潘志成、吴大华：《土地关系及其他事务文书》，贵州民族出版社 2011 年版，第 98—99 页。

② 同上书，第 102—103 页。

系属十二家分内。安葬塘小坡地帮路一半、田家草堆坡顶山后陆地系属十二家分内。此系二比（彼）情愿，并非逼勒强押。自掉之后，各管各业。十二家子孙不得同田洪弟兄祭祀，亦不得向田洪弟兄争论祖宗，尚虞遗留公业。二比（彼）不得翻悔。十二家不得碍田洪弟兄掉换公业，田洪弟兄亦不得占碍十二家公业。亦无紊乱。如有翻悔不依者，将字赴公理论。恐后无凭，立出掉换永无后患字约为据。

【半书】　合契为据

凭本族　田方美　田方成　田成　田辅廷　田奉廷

凭中　石秉圭

依口代笔　胡英铣

道光二十五年三月二十三日　立"①

（五）田土继承制度

1. 田土继承契约文书法律性质

虽说从字面上和形式上看，与田土转让契约文书、田土分割契约文书一样，田土继承契约文书都是契约文书，都是对权利和义务的约定，但是田土继承契约文书具有自身特质。从法律主体角度看，田土转让契约文书和田土分割契约文书是双方契约，田土转让契约文书和田土分割契约文书法律主体为双方，而田土继承契约文书是单方契约，田土继承契约文书的法律主体只有一方；从权利义务是否对等角度看，田土转让契约文书和田土分割契约文书是双务契约，田土转让契约文书和田土分割契约文书双方当事人都要承担契约文书上所约定义务或法定义务，田土继承契约文书是单务契约，田土继承契约文书只是一方承担契约文书约定的义务或法定义务；从法律效力动因角度看，田土转让契约文书和田土分割契约文书法律效力动因是法律行为，而田土继承契约文书的法律效力动因是法律事实。

---

① 孙兆霞等编：《吉昌契约文书汇编》，社会科学文献出版社 2010 年版，第 387 页。

2. 田土继承主体

从性别上看，女儿不能继承田土所有权，只有儿子才能继承田土所有权。从行为能力上看，只有所有儿子已长大成人，已是完全行为能力，才能成为田土所有权继承主体。田土所有权继承契约文书 1 规定：长子汪起云、次子汪起贵长大成人，各成其室。田土所有权继承契约文书 2 规定：因生二子已长成人。之所以如此规定田土继承主体，是基于以下两个方面的原因。一是儒家法律伦理影响。自从明代以后，统治者非常重视对贵州儒家思想的传播和渗透，到了清代，在贵州，儒家思想已经深入民心了。男尊女卑是儒家思想的重要内容，家长制和财产继承制乃是男尊女卑的缩影。二是成年男子是农耕文化的主力军，也是成为家长的必要条件。

3. 田土继承程序

田土继承包括了以下四个程序。第一个程序是确认遗嘱真实性。田土继承契约文书 1 载明：立遗嘱分关人汪廷柏，【半书】分关为凭。田土继承契约文书 2 载明：立遗嘱分单人汪田氏，【半书】分单。确认遗嘱真实性的主体为凭中、继承人、家族权威人士和长辈等，确认遗嘱真实性的内容是：遗嘱内容的真实性和遗嘱形式的真实性。第二个程序是召开田土继承家族会议。参加田土继承家庭会议的主体与确认遗嘱真实性的主体一样，田土继承家族会议的主题是确定田土继承主体和田土继承方案。第三个程序是签订田土继承契约文书。实际上，此程序是对田土继承主体和田土继承方案的书面化和证据的符号化。签订田土继承契约文书后，对于田土继承主体和田土继承方案既有物证，又有人证。第四个程序是田土继承方案的实施。

4. 田土继承原则

田土继承遵循了"遗嘱为准"原则和"公平分配"原则。所谓"遗嘱为准"原则是指田土继承主体和田土继承份额的确定是按照遗嘱继承书进行继承。田土继承契约文书 1 载明：立遗嘱分关人汪廷柏，所生二子，长子汪起云、次子汪起贵长大成人，各成其室，【半书】分关为凭。田土继承契约文书 2 载明：立遗嘱分单人汪田氏，

【半书】分单。所谓"公平分配"原则是指继承主体在继承田土面积的标准是按照继承主体数量、田土质地等因素进行分配继承田土。田土继承契约文书1载明：将房屋田地等项一概均分。田土继承契约文书2载明：将田产地业房屋一概均分。

　　5. 田土继承的法律效力

　　田土继承的法律效力有二：一是编户的户主发生了变更。编户的户主发生了变更包含了两层含义：一层含义是编户的户主名称发生了变更，如编户户主由汪廷柏变更为汪起云和汪起贵。另一层含义是编户户主数量发生了变更，如田土继承契约文书1和田土继承契约文书2的编户户主数由一个变更为两个。二是田土所有权的主体和客体也发生了变更。田土继承契约文书1田土所有权主体汪廷柏变更为汪起云和汪起贵，田土继承契约文书2的所有权主体汪田氏变更为汪田氏的两个儿子。原来的田土一分为二，田土在原来的基础上更为细碎。

　　　　田土继承契约文书1"立遗嘱分关人汪廷柏，所生二子，长子汪起云、次子汪起贵长大成人，各成其室，将房屋田地等项一概均分。次子汪起贵得授（受）坟底下长田乙（壹）块、白蜡树田乙（壹）块、小山面前田乙（壹）块、白泥田乙（壹）块、老豹河秧田乙（壹）块、大坝上田乙（壹）块、坟底下井边田乙（壹）块、湾田乙（壹）块、石头旮旯大田乙块、大塘路边田乙（壹）块、石硐口地乙（壹）块、大凹地乙（壹）块，大坡背后跟长菁（箐）坡地亦（一）并在内、小山园地乙（壹）块树木在内、燕子地乙（壹）块、坟底下地右边茶园中间乙（壹）块、房屋上头房后腔地东厢系属起贵分内，其余起云只得东厢楼上起贵内。凭人分清，神灵不佑。恐后无凭，立分关存照。

　　　　其余各人随田上粮，其黄泥田系由起云大田过水。同日批。

　　　　大天井南方空地厢房乙（壹）间、汪廷炳墙脚东厢乙（壹）个系属起贵管业。八月初一日凭马祀先、陈栗、陈灼文、陈杰笔批。

【半书】分关为凭

凭中 姨父江子元 母舅田士洪 汪廷炳 邱学礼 汪起有

依口代笔 胡日新

道光二十四年五月十三日 立"①

田土继承契约文书2 "立遗嘱分单人汪田氏，因生二子巳长成人，将田产地业房屋一概均分，次子兴明拈得傍阶正房地基二间、厢房地基乙（壹）间、天井半个、坟底下长田乙（壹）块、白蜡树滥田乙（壹）块、坟面前小田二块、小山秧田挨小田边半块、路边小长田乙（壹）块、黄泥田乙（壹）块、土地庙面前田乙（壹）块、偏岩下边田乙（壹）块、经纶屯田二块、团山背后高田乙（壹）块、汪家水井名子地乙（壹）块、傍后坎地乙（壹）厢、大坡背后地乙（壹）股、小山园地乙（壹）块、后园茶业地乙（壹）块、空房菜地傍田姓乙（壹）半、园地边东司乙（壹）块、马家门楼菜地（壹）块、马家门楼菜地乙（壹）块、后园茶业地乙（壹）块、空房菜地傍田姓乙（壹）半、园门边东司乙（壹）块。此系凭神拈阄，日后不得翻悔异言。如有异言，祖宗不佑。恐口无凭，立分单为据。

【半书】分单

凭中 田相廷

代字 汪云阶

同治六年三月初三日 立"②

三 苗民田土所有权保护制度

一方面，存在移民和屯军侵犯苗民田土的现象，存在移民私自受让苗民田土的现象；另一方面，一些富人在苗民区放高利贷，苗民区

---

① 孙兆霞等编：《吉昌契约文书汇编》，社会科学文献出版社2010年版，第344页。

② 同上书，第348页。

内苗民也存在民间借贷现象。"良苗终日采芒为食。四时无一粟入口。耕种所入，遇青黄不接之际，借谷一石，一月之内还至二石、三石不等，名为'断头谷'；借钱、借米亦然。甚至一酒一肉，积累多时，变抵田产数十百金者。苗产尽入汉奸，而差徭采买仍出原户。当秋冬催比之际，有自掘祖坟银饰者矣。"①这导致一些苗民的生计更是雪上加霜，增加苗区社会秩序不稳定因素，激化了苗区与移民和屯军之间的矛盾，增加了苗区一些苗民对政府的不满情绪，因此，清王朝和苗区社区制定了保障苗民的田土所有权方面的制度。

（一）制定了禁止流民侵害苗民田土所有权章程

道光年间，贵州巡抚嵩溥请示朝廷制定禁止流民侵害苗民田土所有权稽查章程。禁止流民侵害苗民田土所有权稽查章程主要涉及了三个方面的内容，换而言之，从三个方面以防流民侵害苗民田土所有权。其一，在苗疆不准增加流民。随着流民在苗疆的增多，势必使苗疆人多地少的矛盾更为突出，导致流民侵占苗民田土的可能性风险发生，所以稽查章程规定苗疆领域不准增加流民。其二，禁止续置苗产。在农业社会，对苗民来说，田土是生存之本。根据经济学理论，苗民是有限理性人，作为有限理性人，苗民难免会做出不理性的判断，即卖田土，结果是苗民失去生存之本。其三，禁止流民在苗疆开荒占地。"道光七年九月十八日，贵州巡抚嵩溥奏：编查附居苗寨客民保甲完俊，并酌拟随时稽核章程：一、禁续增流民；一、禁续置苗产；一、禁盘剥准折；一、禁棚户垦占。得旨，依议妥为之。"②"道光十四年十二月二十四日，协办大学云贵总督阮元请示朝廷，并制定遵义流民租种苗田章程。"③ 其章程的内容与上面稽查章程的内容大同小异，只是更突出法治理念。"道光十四年十二月二十四日，协办大学士云贵总督阮元奏：遵义流民租种苗田章程：一、近苗客户，不得

① 《胡文忠公全集》卷三，上海广益书局刊行。
② 《宣宗宣德实录》卷126，第6页。
③ 字面上是禁止流民租种苗田章程，但实质上包括了一些禁止流民侵害苗民田土所有权的规定。

续当买苗产；一、续来流民，预宜盘诘递送，稽查游棍，以安苗境。
□所议原属周妥，但有治人无治法，务须行之以实，持之以久。苗人
果能乐业，永无衅端，方为不负委任；"① 公元一八三四年，总督阮
元、巡抚裕泰续拟了禁止流民租种苗田章程。"十四年（甲午，公元
一八三四）总督阮元、巡抚裕泰奏，遵旨查禁流民租种苗田，续拟章
程。一、近苗客户不得续行当、买苗产，应再申明严禁也。查附居苗
寨之客户旧置苗人田土，前经查明数目造报有案，以后不许再行增
添。原以苗民借田土为生业，若不使有余产则度日维艰。前禁不准客
户续置苗产，俾苗人得以自耕自食，亦可自垦余荒，稍饶生计，不致
与汉民交涉，辗转租佃。定章不为不严。"②

（二）禁止屯军侵害苗民田土所有权

为了控制和治理苗疆，清王朝在苗疆设立了卫所，开设了屯田。
然而，基于自身经济利益考虑，屯军侵害苗民田土所有权情况普遍。
屯军侵害苗民田土所有权必然激化卫所与苗民的矛盾，从而增加苗疆
社会不稳定因素，因此，张广泗奏安设屯军情形，并严禁屯军侵凌苗
民。一方面，查禁屯军侵害苗民田土所有权行为；另一方面，惩罚侵
害苗民田土所有权的屯军。"三年（戊午，一七三八年）秋七月，张
广泗奏安设屯军情形，并严禁屯军侵凌苗民。其招垦屯户，均系人材
壮健，可充屯军者，令其承领，不许请人佃种，而所设屯田，已饬令
与苗田标明界址，以免搀越侵占，并无召苗耕作之事。惟所奏屯军凌
虐苗民，实为目前第一要事。查苗疆骤安屯军至八九千户之多，而苗
民经惩创之后，其势易于欺凌，现已严行查禁。并拟酌定章程以为永
远遵守。"③ 基于屯军侵占苗疆绝逆田产现象严重的缘由，因此，驻贵
州朝廷官员清查绝逆田产，把绝逆田产返还给苗民。"一、安插降苗
必须清查绝逆田产。此等有产者亦令复业；无业者拨绝逆田产使之佃

---

① 《宣宗宣德实录》卷261，第37页。

② 贵州省文史研究馆点校：《贵州通志·前事志》（三），贵州人民出版社1985年版，
第467—469页。

③ 同上书，第316—317页。

耕，户约三十石，每秋收后令纳租十分之一归公；丁多之户，愿于所拨外更行佃耕公田者，则照十分取二租。一、清查绝逆田产最为烦难。一、向来苗疆屯田，挑选精壮，且屯且戍。若悉以此田募人佃耕，令纳租十分之二，每户可得十二石。且佃耕屯田，可以多募汉人，既资其错处苗疆以默为维系。"①

（三）苗疆逆苗田土所有权归当地苗人

为了避免激化苗人与汉人和卫所官兵及其家属的矛盾，清王朝制定了有关苗疆逆苗田土所有权归当地苗人制度。"乾隆二年闰九月十二日，停贵州古州苗田屯军。谕总理事务王大臣：贵州总督张广泗奏称，内地新疆逆苗绝产，请酌量安插汉民领种，万一苗人滋事蠢动，是内地之民人，因耕种苗地而受其荼毒，此必不可行者。……而叛苗绝产与余苗现种田亩多有搀杂，应将现户之田凡有搀入绝田内者，令其指指明若干邱段归并屯内，即以绝田之在旁列不宜安屯之处，令该苗自行相度，按数拨还，宁使有余，毋令不足等语。……从前屯田之意，原因该督等奏系无主之绝产，故有此议。今看来此等苗田，未尽系无主之产，或经理之人以为逆苗罪在当诛，今既宥其身命，即收其田产，亦法所宜然，故如此办理。"②

（四）制定侵害苗民田土所有权惩罚制度

嵩溥奏请筹办苗疆保甲一折，从以下方面处罚侵害苗民田土所有权行为。其一，驱逐侵害苗民田土所有权的流民及相关责任者。其二，把侵害的田产归还给苗民。其三，侵害苗民田土所有权不法收入上交给官府。其四，从重判罪。由于苗疆的安定对贵州稳定具有重要影响，所以对于侵害苗产的行为严加处罚。"道光三年二月二十五日（1823.4.6）谕内阁：嵩孚奏筹议苗疆情形一折。前寄糜奇瑜条奏黔省苗疆应办事宜。经朕降旨，谕令嵩孚逐一体访，悉心筹议。兹该勿

---

① 贵州省文史研究馆点校：《贵州通志·前事志》（四），贵州人民出版社1985年版，第606—607页。
② 《高宗实录》卷52，第14—17页。

将各款确核分别勿将各款确核情形分别具奏。所有权、苗交涉田土事件，既系从前承买，相安已久，毋庸另立章程，致滋烦扰。如呈控典卖田产之事，该管家秉公讯断，仍严禁汉民引诱欺诈。"①"道光六年六月三十，又谕：嵩溥奏请筹办苗疆保甲一折。黔省汉、苗杂处，近来客民渐多，非土司所能约束，自应编入保甲以便稽察；除苗多之处仍照旧例停止外，其现居寨内客民，无论户口、田土多寡，俱著一律详细编查。惟令各该管地方官查办，转致胥役滋扰。……即著该二员会同查办，将客民户口、田产造册通报，由地方官随时稽核。倘再有勾引流民擅入苗寨，续增户口及盘剥准折等事，立时驱逐，田产还苗人，追价入官，仍照例加倍治罪。"②

原则上禁止汉民与苗民之间相互典卖田土，违反者，视具体情况进行处罚。若汉族典卖苗民的田土，则将受到较严重的处罚。例如，赎买田土的赎金全部归还苗民，并且将被起诉到官府，官府对其严惩。同样是典卖田土，为什么要加重对汉民的惩罚呢？从法社会学角度可以解释其原因。汉民典卖田土给苗民的社会影响比苗民典卖田土给汉民的社会影响大，从而影响民族团结。"二年（1822年）巡抚麋奇瑜酌立苗疆应办事宜条款。一、汉苗典卖田土，宜分别查办，以杜衅端也。今悉心筹计，嗣后遇有苗民交涉田土事件，查明从前实系盘剥准折，利过于本者，即令苗人照原借之数给还汉民，赎回田亩，不准计利。其出价承买，核其田土之多寡，价值之重轻，如田浮于价，无论杜绝典卖，以汉民应得田土若干划分执业，此外余田断还苗民耕种，□备价取赎时，全归原户。其未赎以前，仍令苗民佃种，不许另召他人。有抗违者立予惩办。一、汉苗交涉词讼，应勒限汛结，以免拖累也。"③虽然官府禁止流民置买苗产，但是由于信息不对称，官府难以了解到流民置买苗产的实情，所以官府要求地方官员和土牟、头

① 《宣宗宣德实录》卷49，第33—34页。
② 《宣宗宣德实录》卷99，第40—41页。
③ 贵州省文史研究馆点校：《贵州通志·前事志》（三），贵州人民出版社1985年版，第438—439页。

人稽查，若地方官员和土牟、头人不作为，则也会受到惩罚。"虽自清查以后，有减无增，诚恐日久弊生，附居客户渐生□□。且苗人以有易无，与汉民互相交易，势不能免，尤虑有被骗准折等事。应再行出示晓谕，谨守前禁，不准续行置买苗产。并令土牟、头人等查明，如有原数之外私行当、买之产，即由地方官将田土给还苗人，追价入官，仍将客户惩处驱逐。土牟、头人胆散私隐，一并究治。如此，则苗产可无侵剥之患，亦永杜外省流民租垦之事。以上各条，臣等惟当督率司道严饬各府、厅、州、县认真稽查，实心办妥。务使流民无所容匿，苗人安居乐业，生计不致拮据，以仰副圣主□靖边疆之至意。"①

四　黔东南碑刻上的田土所有权制度

在史学语境中，黔东南民田制度是一种民族历史现象，在证据视域下，历史文献、田野调查和碑刻都是证据，根据"多元证据"的证明力强于"单一证据"的原理，所以应该从历史文献、田野调查和碑刻等多元维度寻觅清代黔东南民田的朱恒马迹。固然，有些学者从历史文献和田野调查的维度探讨清代黔东南民田制度，尤其是他们通过清水江契约透视清代黔东南民田制度，此方面的研究成果汗牛充栋。然而，不知何故，鲜有学者从碑刻维度研究清代黔东南的民田制度，没有学者对清代黔东南碑刻上的民田制度作专题研究。固然，姚炽昌、黄开运、杨有庚及吴永清等学者发现了不少清代黔东南碑刻，有些碑刻记载当时当地少数民族习惯法，其中也有一部分少数民族民田习惯法，而这些碑刻上所记载的少数民族财产方面的习惯法蕴含了丰富的民田所有权制度，而少数民族民田制度对民族地区集体林权制度改革、民族村寨旅游扶贫的土地制度瓶颈的破解都具有一定的借鉴意义。

---

① 贵州省文史研究馆点校：《贵州通志·前事志》（三），贵州人民出版社 1985 年版，第 467—469 页。

虽说学者们收集了许多黔东南有关少数民族民田所有权制度的碑刻，但是他们仅是对黔东南碑刻上的少数民族民田习惯法进行尝试性初探，所以只是选取了清代黄坪、从江、榕江、锦屏、黎平等地个别碑刻，对其研究，从而提炼其民田所有权制度，其包括了水权制度、田土所有权公信力、田土所有权债务公示制度、民田所有权收益权能救济方式等。

（一）水权制度

乌下江沿河是黔东南运输货物的重要渠道，同时，乌下江沿河一带的村民山多田少，他们专靠贩木或放排为生，所以乌下江沿河的水权的分配对他们尤为重要。为了平衡"乌下江沿河一带村民"的利益，他们共同制定了"江规"，并把"江规"刻在碑文上。水权的确定是"江规"的核心内容，"江规"确定了乌下江沿河上下游运输权，分清了江界，水权清晰。这体现了"靠山吃山，靠水吃水"的自然生存法则。"培亮《拟定江规款示》碑 拟定江规款示：尝思江有规而山有界，各处各守生涯，或靠水，或靠山，随安本业，是以乡村里巷恪成规。我等乌下江沿河一带烟火万家，总因地密人稠，山多田少，土产者惟有木植，需用者专靠江河，户富贩木以资生，贫者以放排为业。从地里入至苗光原非新例，由苗光接送江山者是旧规。自父老生此，长斯无异议也。自迩年人心刁恶，越界取利，下江夫属之上来包撬包放，上河客沿河江买卖即买即卖。即□不顾万户之贫，惟贫一己之利息。爰因约集各寨头人同申款示，永定条规，上河木只准上河夫放，不可紊乱江规；下河夫只准接送下河，须要分清江界。如有蹈前辙拿获者，禀公罚处，不服者送官究治。"①

（二）田土所有权公信力强

占有、登记、公示等都是影响财产公信力的因素，它们三者对财产公信力的影响力由弱到强。按照费孝通的观点，清代锦屏是乡土社会，是熟人社会，虽然财产登记对官方有必要，它也是官方收取财产赋税的依据，但是，对他们而言，财产登记没有必要，所以占有和公示乃是形成财产公信力的两大因素，占有只是"不可解释的事实"，只是单方法律行为，只有经过对方或第三人的认可，它才具有很强的公信力，而对方或第三人的认可实质是公示；另一方面，有些财产不一定通过占有才产生法律效果，而是通过公示才产生法律效力。他们把田土所有权的变动情况记载于碑文上，这实际上是对田土所有权公示。"彦洞牛堂碑 流芳百世：纵有迨及光绪贰拾年丙申冬月，我首等人累有约，寸地有存，况境之牢坪。与罗天德较议，用价二拾二两整所买地名上坝田一丘兑换斯丘，又田坎下杨姓荒坪价五百文，一兼洁在内，永启为牢坪长久发福地。我首等喜沾田兑换，而总姓乐助出资，又□□而启，再□□而修，自得寨人桃林，百世莫不颂之。今将首士出资姓名列于右（以下略）光绪贰拾叁年瓜秋月 旦立 梓里 周启泰撰 师夫 王顺利 注：碑存彦洞乡彦洞村东北偶牛堂侧"①

学田的主要来源是募化、头人、国学、信士及帮办馆师廪生等捐献自己的田土，他们捐献田土②，支持教育的动机之一是希望得到社会的尊重，而从田土所有权主体角度看，这些学田属于民田。为了满足他们的心理，办学者们把田土捐献情况记载在碑文上，这实际上是学田所有权公示。对捐献学田所有权公示的公信力有三：一是证明田土权利变动状况；二是捐献者行善的见证；三是减免除捐献者赋税的凭证。"阁内烧香人每年与禾四十称，香纸油烛在内，务勤洒扫照理阁事，秋收协同头人称租，不得懈怠。义学馆金膏火。每年共禾一百三十称，俱在秋收后向值年人称。如或更换馆师，值年人与众妥议，不得一人作弊专主。其蔬菜节议俱在学生各出。为办学而捐钱田人的身份，碑上刻明系募化、头人、国学、信士及帮办馆师廪生，其中以

---

① 姚炽昌选辑点校：《锦屏碑文选辑》，锦屏县政协文史资料委员会 锦屏县志编纂委员会办公室编，1997年9月，第10—11页。

② 他们所捐献的田土实际上是民田。

国学者最多，计 18 人，占捐献总人数 31 人的 58%。献钱 476 两，占总献银 922 两的 51.62%。"① "今将会业多寡勒后，并杨胜柏私自另捐田一丘，计谷五石亦在数内，均同列左：计开娟入田地名：定达一丘，计谷八石，载粮一升。归嫩母猪山田二丘。计谷九石，载粮一升。果锁田一丘，计谷三石。高莽田二丘，计二谷石。道光十四年九月十四日捐面地杉木列后：杨学宣捐中寨田六丘，九粟田二丘，二处共计谷十七石；又书房后屋地基一间；杨泰 杨清 杨湘捐大岩坡茶山一块崇乌杉木一团，捐银三十八零八钱 杨学珍捐杨白坡茶山一团 杨富才捐书馆后屋基地二间，又屋宇地基二间，关才塘坎上地基二间。"② "铜坡文昌书馆碑 今将会业多募勒后，并杨胜柏私自另捐田一丘计谷五石亦在数内，均同列左。计开捐入田地名定达田壹丘计谷捌石载粮一升。归嫩田猪山田贰丘计谷九谷载粮一升。果锁田一丘计谷叁石。高奔田贰丘计谷贰石。外批：碑内捐户下欠昌禄钱贰仟零六十文、昌富欠钱一千贰百一十文、景魁欠钱三百六十文，不能追讨，用批明于石以告后来。大光绪十有二年次丙戌仲冬月下浣谷旦之吉 注：碑存铜鼓乡铜坡村"③

（三）田土所有权债务公示制度④

把田赋及其相关税收刻在石碑上，这实际上就是田土所有权债务公示制度，而粮田实质上就是田赋，所以说把粮田情况刻在石碑上就是田土所有权债务公示制度。田土所有权债务公示制度对田土所有权者及其利害关系人和征收田赋及其相关税收的官府都具有约束力。一方面，为了鼓励村民积极缴纳粮食；另一方面，为了证实各村民缴纳

———————————

①　杨有赓：《锦屏清代碑林撷萃》（中）载贵州省民族研究所、贵州省民族研究学会编，《贵州民族调查》（之九），1992 年 2 月，第 213—215 页。

②　同上书，第 218—220 页。

③　姚炽昌选辑点校：《锦屏碑文选辑》，锦屏县政协文史资料委员会 锦屏县志编纂委员会办公室编，1997 年 9 月，第 40 页。

④　田土所有权债务制度是土地债务所衍生的一种制度，田赋及其相关税收就是田土所有权债务制度，把田赋及其相关税收雕刻在石碑上实际上就是田土所有权债务公示制度。

粮食的真实情况；另外，为了预防基层官员随意加重缴纳粮食的任务，同时预防他们贪污村民上交的粮食，所以村寨头人组织村民把粮田情况刻在碑文上。"传补户出粮田，地名八朗二丘，桥头田一丘，地基、塘井亦（一）壹共约禾五十把。当粮山扒上井随山二块。传补户出田，地名加先田一丘，贯遗一丘，八朗田一块，共四十五把，当田山井雷一块。传补布出粮田，地名相东田一丘，归叩田一丘，一共约禾五十把。当粮山坡上、弄基、得南三块。传补喜出粮田，东相一丘，归叩田二丘，一共约禾五十把。当粮山坡井雷一把。传补宁出粮田，迓鲁田一丘，约禾三把。当粮山坡井叩二块。传补平出粮田，地名井尧岭田二丘，共三丘，约禾六十把。当粮山坡归朗二块。传补因出粮田，岭因一丘，约禾四十把。当粮山坡得南一块。传补觅，地名王单田一丘，共禾六十三把。当粮盘省山一块。道光三十年十一约初五日。"①

（四）民田所有权收益权能救济方式多元

乌下江沿河一带林业和木材运输业发达，偷盗林木现象严重，林木经营和木材运输的纠纷也频繁，为了保护林木生产的利益，为了解决林木经营和木材运输纠纷，当地人对林木偷盗行为作了禁止性规定，并规定相应的处罚程序和措施，也对林木经营和木材运输纠纷的解决作了具体的规定。处罚林木偷盗行为的原则是"酌情处理"，解决林木经营和木材运输纠纷的原则是"村寨调解为主，官府处理为辅"。"有禁开列于左：一议上下有久久账目，各有契约为凭。如有争论，不准阻木，只许封号银两，问清底实。一议源来招椿旧规，每挂取银五厘，无有新例。一议洪水漂流，不问主家之事。一议木到，如□交主等□。一议下河木客买卖上河发木，不准自带水夫，恐有□分争持，放木延拦，丘本勿怪。罗闪 孟彦 者官 者晚 拱背 五湖 八党 亚榜 者羊 者麻 罗里 卷寨 八卦 溪口 平信 八里 八龙 八受 塘头 归斗 美

① 吴永清：《黎平、从江两县部分历史碑刻》，载贵州省志民族志编委会《民族志资料汇编》（第三集 侗族），1987年10月，第14—15页。

罗 双江口 南喉 苗乜 苗馁 培亮　咸丰元年四月廿二日众寨头人同心刊立 永远不朽 注：碑原立于培亮村坡脚河边，现存培亮寨边。碑文有些被人有意毁坏，底部中间被打断。"①

　　清代文斗六寨森林丰富，生态环境好，为了更好地保护森林资源和生态环境，文斗六寨的先民们把禁止乱砍滥伐行为和处罚乱砍滥伐行为刻在碑文上，以便执行。"立于乾隆三十八年（1773 年）的《文斗六禁碑》是先民们精心保护森林资源和生态环境的规约：众等公议条禁开列于左：一禁：不俱远近杉木，吾等所靠，不许大人小孩砍削，如违罚艮十两。一禁：各甲之阶分落，日后颓坏者自己修补，不遵者罚艮五两三两，与众修补，留传舌世子孙遵照。一禁：四至油山，不许乱伐乱捡，如违罚艮五两。一禁：今后龙之阶，不许放六畜践踏，如违罚艮三两修补。一禁：逐年放鸭，不许众妇女挖阶前后左右锄膳，如违罚艮三两。乾隆叁拾捌年仲冬月 姜弘道书撰 立"②

　　黎平县肇兴得纪堂、登江禾、从江县得弄邦、朝洞四个寨子以及周围小寨在贵州省黎平县肇兴乡新堂村的碑文共同刻立了有关田土所有权收益权能救济程序和方法的规定。侵害田土所有权收益权能救济是采用惩罚性原则，而不是采用填补性原则。"新堂《永世芳规》碑，现存贵州省黎平县肇兴乡新堂村。此碑立于清朝光绪十八年七月初八日，属于'六洞'地区重要款碑，由黎平县肇兴得纪堂、登江禾从江县得弄邦、朝洞四个寨子以及周围小寨共同刻立。纪堂永世芳规碑：——翻田串硪，一切等事，罚钱十二千文；——偷窃牛马货物，田鱼禾谷一切，罚钱千（八百）文；以上等条倘有违抗不遵者，公罚钱十二千文，各宜禀遵。光绪十八年七页初八 纪堂 弄邦 登江 朝洞寨"③

---

　　①　姚炽昌选辑点校：《锦屏碑文选辑》，锦屏县政协文史资料委员会 锦屏县志编纂委员会办公室编，1997 年 9 月，第 56—57 页。

　　②　吴大华等：《侗族习惯法研究》，北京大学出版社 2012 年版，第 103 页。

　　③　同上书，第 71—73 页。

五　从诚信视角看民田所有权契约文书

根据主体之间关系性质不同，契约分为民事契约和行政契约，行政契约主体之间的关系是隶属关系，而民事契约主体之间的关系是平等关系，更能反映契约主体的真实意思，更能体现诚信理念。近年来，不少学者整理和汇编了大量的清代贵州契约文书，民田所有权契约文书在清代贵州契约文书中占主流，民田所有权契约文书是典型的民事契约，所以清代贵州民田所有权契约文书上蕴含了丰富的诚信理念。由于清代贵州民田所有权契约文书与诚信理念之间存在内在关联性，所以在探讨清代贵州民田所有权契约文书上的诚信理念之前，需要先分析清代贵州民田所有权契约文书的性质，可以从诚信视角诠释清代贵州民田所有权契约文书性质。

（一）民田所有权契约文书性质

由于契约既是清代贵州民田所有权契约文书的上位概念，又是清代贵州民田所有权契约文书的中心词，所以探讨清代贵州民田所有权契约文书的性质之前，就应该探讨契约的性质，所以只要能够合理诠释契约的性质，对清代贵州民田所有权契约文书的性质解答就迎刃而解了。

1. 契约性质

契约的性质是什么呢？中外学者和法律实务界都是把契约与合同视为同一事物，即它们的性质一样。他们认为，契约的性质是合意，是双方法律行为，是对价。"契，合同；如契约、契据。"[1] "合同乃当事人之间确立、变更、终止民事权利义务关系意思表示一致的法律行为。契约既为双方当事人的合意，一经立定，对双方都产生约束力，并具有了法律效力。"[2] 《法国民法典》第1101条规定，契约为一种合意，依此合意，一人或数人对于其他数人负担给付、作为或不

① 辞海编辑委员会：《辞海》，上海辞书出版社1980年版，第632页。
② ［英］梅因、H.S：《古代法》，沈景一译，商务印书馆1959年版，第96—97页。

作为的债务。"在《牛津法律大辞典》中，契约是指两人或多人之间为在相互间设立合法义务而达成的具有法律强制力的协议。"① "契约是人们自由意志的结果，是平等主体的当事人之间，基于合意而达成的设立、变更、消灭债的权利与义务的协议。它以当事人的任性为条件，体现出当事人的一种自由人格状态，在本质上代表一种自由精神。"② "传统契约虽然是建立在当事者双方合意基础上的约定，但当时的'契'都未必在文中明确记载双方。"③ "笔者认为，'林业契约'交易并不简单的仅仅是一种'市场交易'，至少就交易者双方的关系而言，某种程度上更类似于一种'平衡互惠'交易。"④

对于契约性质的理解和诠释不同的根源是视角不同。把契约的性质视为合意的视角是自由意志；把契约的性质视为双方法律行为的视角是行为主义；把契约的性质视为对价的视角是等价交易。对于"从以上视角理解和诠释'契约'的意义和合理性"这问题，本文不试图加以讨论，仅是想从诚信的视角理解和诠释契约的性质。

为什么要从诚信视角理解和诠释契约性质呢？因为实质上，法律价值是理解和诠释契约性质的视角，从不同视角理解和诠释契约性质的目的是通过契约凸显和实现法律价值，由于法律价值具有多元性，所以理解和诠释契约视角具有多元性。诚信是法律价值，尤其是诚信是我国传统法律的重要价值，而法律价值是理解和诠释契约性质的视角，所以诚信是理解和诠释契约性质的视角。从诚信视角理解和诠释契约的性质能够通过契约凸显和实现"诚信"这一法律价值，从诚信视角理解和诠释契约的性质能够更深刻地理解和解释乡土中国的法

---

① 张晋藩：《中国法制通史》（第八卷），法律出版社 1999 年版，第 421 页。

② ［德］黑格尔、范扬：《法哲学原理》，张企泰译，商务印书馆 1982 年版，第 83 页。

③ 罗洪洋、赵大华、吴云：《清代黔东南文斗苗族林业契约补论》，《民族研究》2004 年第 2 期。

④ 徐晓光：《清代黔东南锦屏林业开发中国家法与民族习惯法的互动》，《贵州社会科学》2008 年第 2 期。

律观。

契约的性质是什么呢？笔者认为，契约的性质是权利（权力）、义务、责任及纠纷解决的凭证。从契约的价值、演变及现有的有关清代黔东南锦屏侗族、苗族林业契约的研究成果可以支撑笔者的观点。诚信是契约的价值，即签订契约的目的之一是促使大家守诚信。人的理性有限，人都存在弱点。误解是人之理性有限的具体表现，自私和遗忘是人性弱点的折射，因此误解、自私及遗忘是诚信的重要障碍，契约订立的目的是以防误解、自私及遗忘，所以契约订立的目的是守诚信。纵观契约的演变，它是由复杂到简单，由一元到多元。以婚姻为例。根据康德的观点，婚姻是契约。传统的西方社会也好，传统的中国社会也罢，社会认可的婚姻都必须有媒人，都必须举行结婚仪式。又譬如，在文字出现之前，没有书面契约，在计算机未诞生之前，没有电子契约。另外，有些学者的观点也可以支撑笔者的观点。"实际上明清时期所说的'契''契据'，尽管是日常生活中种种约定及记载约定的文书中的泛指，但实际上往往意味着不动产买卖中卖主一方提交给买主的证书，该证书在证明不动产归属的文件中最为重要的地位。"① "就共时层面而言，契约自其产生之日起即为财产交换之介质或证明。"②

2. 民田所有权契约文书性质

契约具有各种不同的类型。如书面契约、口头契约、电子契约、行政契约、民事契约、实践契约、诺成契约、要式契约、三务契约、双务契约、单务契约等。所谓民田所有权契约文书的性质实质上是指民田所有权契约文书属于哪些类型的契约。怎样判断民田所有权契约文书属于哪些类型的契约呢？本文依据民田所有权契约文书的定义和现存的民田所有权契约文书的形式和内容来判断民田所有权契约文书

---

① 刘云生：《民法与人性》，中国检查出版社 2005 年版，第 108 页。

② 罗洪洋、张晓辉：《清代黔东南文斗侗、苗林业契约研究》，《民族研究》2003 年第 3 期。

属于哪些类型的契约。所谓民田所有权契约文书是指占有、使用、收益及处分民田及解决其纠纷的书面凭证。

依据民田所有权契约文书的定义和现存的民田所有权契约文书的形式和内容可以判断民田所有权契约文书是书面契约，是民事契约，是要式契约，是双务契约。从民田所有权契约文书的定义看，民田所有权契约文书签订形式是文字，清代贵州民田所有权契约文书签订材料是纸、石头及布匹等。另外，一些学者的观点也可以支撑笔者的观点，他们认为，清代贵州民田所有权契约文书是一种法律文书。"作为法律文书的契约不光规范着人们的交换，同时还具有解决纠纷的功能。"[1] "林业契约是伴随着人工林业的兴起而产生的，是清代清水江锦屏林区的苗、侗林农用于界定缔约双方权利与义务的一种文书，是某种林业财产权利的凭证，是在双方协商一致的基础上订立的。"[2]

民田所有权契约文书是民事契约。不管"白契"还是"红契"，它们都属于民事契约。判断某契约是否是民事契约的标准是契约双方的法律地位是否平等，民田所有权契约文书的双方当事人的法律地位是平等的，所以清代贵州民田所有权契约文书属于民事契约。"清代黔东南锦屏侗族、苗族林业契约所载林地、林木来源明晰、林地四至清楚，双方责权利分明，除了签约主体，还有中人和书契人做证。"锦屏清代林契通常包括立契主题、立契人、出卖山林土地或佃山造林缘由、山林土地来源、地名和地界四至、买主和佃主义务、买卖双方权利和义务、中间人和书契人等方面的内容。无论是哪一段历史时期，契约订立的格式、记述的内容都遵循一定的成规。"[3] 由此可见，民田所有权契约文书是要式契约。

民田所有权契约文书是三务契约。所谓三务契约是指除了当事人

---

① 姜秀波：《轰动世界的锦屏 10 万件清代林契》，《文史天地》2003 年第 2 期。

② 罗洪洋：《清代黔东南锦屏苗族林业契约的纠纷解决机制》，《民族研究》2005 年第 1 期。

③ 罗洪洋：《清代黔东南锦屏苗族林业契约之卖契研究》，《民族研究》2007 年第 4 期。

双方都要承担相应的义务外，第三人要承担作证义务或调解纠纷的义务或拟定契约条款的义务。徐晓光教授认为，锦屏林业契约除"分合同"之外，其他契约几乎都是单方面义务契约。"锦屏林业契约除'分合同'外（租种契约订立三五年后，树木成林时，山主与栽手重新订立的利益分配合同），其他契约几乎都是单方面义务契约。"[1] 笔者不赞同徐晓光教授的观点。不管是"卖契"和"佃契"还是"分合同"和"卖栽手契"，它们都是财产之间的交易或劳务与财产之间的交易，所以契约当事人双方之间存在着相对义务；不管是"卖契"和"佃契"的签订还是"分合同"和"卖栽手契"的签订，都有中间人和代书人等第三人参与，而第三人参与契约的签订是有报酬的，他们也要承担作证或拟定契约条款或调解纠纷等义务。"综上所述，苗族在契约纠纷解决方面形成了一套较完整的制度，从当事人自己协商到申请人'中人''寨老'的裁断，再到通过习惯法进行司法审批，使林业契约争议能够得到及时有效的解决，有利于人们对契约信心的形成。"[2] "当地人对契约的信心也来源于其对契约后面的解决契约争议的社会机制的信任。"[3]

（二）民田所有权契约文书上的诚信理念

民田所有权契约文书蕴含了诚信的法律精神，即民田所有权契约文书促使人们守诚信，它折射了民间所有权的诚信意识强、诚信度高。

"据当地档案部门估计，在锦屏民间保有的林契可达十万份之多。与内地相比，黔东南锦屏林契收藏有一个显著特征：契约收藏量大，品种齐全，且均由百姓家庭自己收存，锦屏苗家收藏有上千份祖传契

---

① 徐晓光：《清代黔东南锦屏林业开发中国家法与民族习惯法的互动》，《贵州社会科学》2008年第2期。

② 罗洪洋：《清代黔东南锦屏苗族林业契约的纠纷解决机制》，《民族研究》2005年第1期。

③ 罗洪洋：《清代黔东南锦屏苗族林业契约之卖契研究》，《民族研究》2007年第4期。

约的人为数不少。"① 他们为什么要自己的后代保存这些林业契约呢？
一方面，这些林业契约对他们非常重要，因为他们是通过林业契约实
现各自的财产权或劳务权；另一方面，是为了防止对方不守诚信。清
代黔东南锦屏侗族、苗族林业契约的争议，履约率高。"事实上，在
笔者所掌握的文斗林业契约中，契约的争议是相当少的（笔者收集的
近 400 份林业契约，涉及纠纷的不到 10 份，其比例不到 2.5%），按
现代的说法，文斗契约的'履约率'是相当高的。"② 由此可见，民
田所有权契约文书折射了清代贵州民间所有权的诚信意识强、诚信
度高。

从民田所有权契约的性质也可以证明"民田所有权契约文书促使
人们守诚信，民间所有权的诚信意识强、诚信度高"这一观点。如民
田契约文书 1 所载：自卖之后，任随兄子孙永远管业，弟子侄以及外
姓人等不得妄生找补、争论异言。如有异言，任随兄执纸赴公理论，
弟自任套哄之咎。恐后无凭，特立卖契与兄为据。清代贵州民田契约
文书 2 所载：限至五年成林，若有不成，另招别客，栽手无分。今欲
有凭，立此佃字是实。民田契约文书 3 所载：自卖之后，廷槛亲友以
及异性人等不得前来争论。倘有此情，廷槛自认套哄之咎。恐后人心
不古，立卖契永远存照。

民田所有权契约文书 1 "立杜卖明科田文契人汪起贵，为因
乏用，亲请凭中上门，今将到祖父遗留分授本己名下金轮屯田贰
块，东抵马姓田，南抵田性田，西、北俱低马姓兴沟；又坎底下
田贰块，东抵冯姓田，南抵胡姓田，西抵买买主田，北抵胡姓兴
买主田，四至分明，共载科米仓斗壹斗贰升加增在内，情愿议卖
与胞兄起云名下为业。原日三面议定卖价足色纹银壹拾叁两陆钱

① 徐晓光：《清代黔东南锦屏林业开发中国家法与民族习惯法的互动》，《贵州社会科学》2008 年第 2 期。
② 罗洪洋、赵大华、吴云：《清代黔东南文斗苗族林业契约补论》，《民族研究》2004年第 2 期。

整。即日当席亲手领明应用,并未短少分厘,亦无货物准折。自卖之后,任随兄子孙永远管业,弟子侄以及外姓人等不得妄生找补、争论异言。如有异言,任随兄执纸赴公理论,弟自任套哄之咎。恐后无凭,特立卖契与兄为据。

凭中 汪起有 田方相 田方选 汪起春 汪起宋 许国宝

咸丰二年十二月初八日 立卖契人 汪起贵 亲笔

钤'普定县印'

又钤'□□□□□□'府县□□田产局记 □□□印"①

民田所有权契约文书2"立杜卖明科田文契人汪廷槛,为因乏用,将祖父遗留分受(授)分内自己名下科田乙(壹)块,坐落地名坟底下,其田东至卖主田,南至本宅田,西至沟,北至本族田,四至分明,随田载粮科米仓库整,不得加增,出卖与族侄汪起云名下为业。原日三面议定,得受卖价足色纹银叁拾肆两整。此系实银实契,并无货物准折,亦非逼勒等情。其有老契,卖主并无,日后播(翻)出系是故纸。自卖之后,廷槛亲友以及异性人等不得前来争论。倘有此情,廷槛自认套哄之咎。恐后人心不古,立卖契永远存照。

其田之水不准过廷槛小田。

凭中 汪起贵 胡湘 石维栋 石灿春 石维殿 汪起有

代书 石寿春

道光三十年五月初八日 卖契人 汪廷槛"②

人既有"善"的一面,又有"恶"的一面。从"善"的一面看,每个人都希望守诚信;从"恶"的一面看,每个人都不希望守诚信。外在的环境和各人的前见决定某人是否希望守诚信,决定是否守诚信。信息对称和不守诚信的成本是促使人们守诚信的两大直接动力。

---

① 孙兆霞等编:《吉昌契约文书汇编》,社会科学文献出版社2010年版,第21页。
② 同上书,第18页。

证据是推动信息对称的方法，契约是证明权利（权力）、义务、责任、中间人及代书人等是否存在及存在状况的证据。从证据学的角度看，证据链的证明力比单一证据的证明力强，物证的证明力比证人、证言的证明力强。民田所有权契约文书是书面契约、民事契约、要式契约及三务契约，所以民田所有权契约文书既是物证，又有人证，所以它的证明力强，因此，有关林权、林地权和林业生产经营方面的权利（权力）、义务及相关责任等是否存在及存在状况的信息对称，另外，不守诚信的成本高，如若某人不守诚信，则遭受人们的舆论谴责，甚至承受没有人跟其交往的严重后果，将会受到族人的严厉惩罚。另一方面，"寨老"是有些林业契约的中间人或代书人，寨子发生纠纷，"寨老"具有很高的权威性，在林业契约纠纷解决中扮演了重要的角色。"事实上，直到国家权力高度渗入到乡土社会的今天，文斗的寨老仍然发挥着相当的作用。与其他乡村一样，今天文斗的正式组织是村委会和村支部，但在正式组织之外，村子里还有大家公推的寨老。据笔者对部分寨老的调查，寨老主要是配合村委会的工作，但在调整村民的纠纷方面有着村委会和村支部不可替代的作用。"① 从上面的分析得知：民田所有权契约文书蕴含了诚信，蕴含了民间防止对方不守诚信的意识强，不守诚信的成本高，从而促使大家守诚信。

六　田土所有权纠纷解决制度

（一）引言

自从明王朝在贵州大力推行屯田政策和"移民就宽乡"等田土开发政策以来，贵州的田土开发取得了成效，到了清代，贵州田土利用率和管理效率都有较大幅度提高。然而，在田土开发过程中，田土权利不清，人多地少的矛盾逐渐凸显，移民与世居少数民族争夺田土，从而导致清代贵州田土所有权纠纷呈增长趋势。而田土纠纷已经影响

---

① 罗洪洋、赵大华、吴云：《清代黔东南文斗苗族林业契约补论》，《民族研究》2004年第 2 期。

了乡村经济秩序、乡村社会秩序，甚至有些田土纠纷激化了移民与世居少数民族的矛盾，从而引发动乱，因此，田土纠纷的解决已成为清代贵州重要的社会问题和法律问题。既然如此，那么清代贵州如何解决田土所有权纠纷？清代贵州田土所有权纠纷解决制度如何？虽说徐晓光、佴澎、朱艳英等学者对清代贵州田土所有权纠纷解决的某些方面作了粗线条的素描或解剖，但是他们的研究不足以让世人了解清代贵州田土所有权纠纷解决制度的结构和特征，所以试图从中国传统主观论的法哲学维度解构清代贵州田土所有权纠纷制度的结构，运用比较的方法揭示清代贵州田土所有权纠纷解决制度的特征。

一方面，"以史为鉴"折射了现实对历史的需要，反映了历史对现实的贡献；另一方面，民族村寨旅游开发的土地纠纷趋势强，从自古到今，贵州是民族村寨星罗棋布的地域。因此，沿着"以史为鉴"的本源，追溯"田土所有权纠纷解决制度对民族村寨旅游开发土地纠纷解决的借鉴意义"具有必然性。

（二）田土所有权纠纷解决制度的结构

从系统论维度看，田土所有权纠纷解决制度是一个系统，它由不同子系统构成，视角不同，它的子系统也不同。受制于中国传统主观论的法哲学思想的影响，本文从纠纷解决主体的视角解构"清代贵州田土所有权纠纷解决制度"这系统的子系统，即把它解构为乡村精英解决田土所有权纠纷制度、中人解决田土所有权纠纷制度、田土所有权纠纷的"审判"制度、官府解决田土所有权纠纷制度。换言之，田土所有权纠纷解决制度的结构由乡村精英解决田土所有权纠纷制度、中人解决田土所有权纠纷制度、田土所有权纠纷的"审判"制度、官府解决田土所有权纠纷制度融合而成。

1. 乡村精英解决田土所有权纠纷制度

乡村精英是乡村社会秩序的缔造者和守护者，而纠纷解决是维护乡村秩序的方式。为了维护乡村秩序，一方面，乡村精英凭借权势和权威而自发扮演了解决乡村田土纠纷的主角；另一方面，清王朝认可了乡村精英解决乡村纠纷的权力。同时，为了预防乡村精英滥用纠纷

解决的权力，预防乡村精英以权谋私，乡村精英解决田土所有权纠纷
制度也规范乡村精英解决田土所有权纠纷的行为。归纳起来，乡村精
英解决田土所有权纠纷制度对田土所有权纠纷解决的主体、田土所有
权纠纷解决措施、方法及程序等方面都作了规定，其规定形式多样，
如裁岩、族规等。"《六面阳规》'四层四部说：讲到山上树木，讲到
山上竹木，白石为界，隔断山岭。一块石头不能超越，一团泥土不能
侵吞。田有田埂，地有界石。是金树，是银树。你的归你管，我的归
我管。"①

　　根据田土所有权纠纷当事人的具体情况和田土所有权纠纷性质的
不同，乡村精英田土所有权纠纷解决制度规定了田土所有权纠纷解决
的管辖权，确立了管辖权属地原则。如果田土纠纷发生在同一寨子、
同一乡里，那么由同一村众、团寨、头人、甲首等权威人士或权威组
织公断田土纠纷，处罚田土纠纷过错方；如果田土所有权纠纷发生在
不同的寨子、乡里，那么由不同寨子、乡里共同认可的乡村精英受理
田土所有权纠纷，并解决田土所有权纠纷，处罚过错方。"据《滚贝
侗族乡乡志》记载，该乡有八处裁岩，每块裁岩的内容均不同。滚贝
村裁岩是讲处理田产的；这些裁岩虽然分布在不同的村寨中，但在滚
贝乡范围内都有约束力。滚贝村裁岩规汉译：滚贝这个岩，没有谁来
裁，得派乃，派乃二人来裁。裁在井扒这地方。父母田地，山场林
木，不得偷占偷砍。凡是抓得赃物，不管是兄弟还是亲戚，通过团
寨，通过村众，罚他八两八银子，八两八肉，在滚贝，这是第九路
裁岩。"②

　　田土所有权纠纷解决过程中，如果族长、房长调解，族长、房长
心存私心，处理不公，那么由房中共同处理，并对田土所有权纠纷过
错方处罚。"祠堂钱谷出必须择殷实老成实心办事者经理，不得分房
争充，每年账簿凭公核算，如各支祠族长、房长，有假公挟私情弊，

---

① 吴大华等：《侗族习惯法研究》，北京大学出版社 2012 年版，第 100 页。
② 同上书，第 56—57 页。

由族中共同理处。（杨氏十甲族规）"① "自今以后，本房之人除种田一项须经值年首士许可外，其余田谷公款不惟不许擅取，即借贷亦皆禁止，免得一家难还，多家借口，复酿前情，如敢故违，借债人固当重罚，即放债经理亦应同科，愿我族人共体此意。（杨氏十甲族规）"② "祖山竹木，蓄禁保基，来龙去脉，亦宜顾全。倘有不法子弟及他姓毗连擅行破挖者，均应鸣族长理处。不服者由族长分别指名禀究。田土坟茔等事，或口角肇衅及分挂不清，或与异性毗连相争，必先据入本祠，由族长查明理处，寝事不遵，再由族祠断处，但不准强砍掘牵坐并种种。无论公产私产如有族中强佃霸压、骗租籍端夯索等弊，鸣族长理处。不服者禀究。族中孤儿寡妇无恒产者，可酌量周济；有恒产者，宜设法保全。如有恃强侵欺谋产霸占者，由族长处理，违抗者送究。（杨氏十甲族规）"③

2. 中人解决田土所有权纠纷制度

从广义上说，中人与乡村精英之间的关系属于交叉关系；从狭义上说，中人与乡村精英的关系属于并列关系。在此，去广义说，取狭义说。进而言之，此处的中人包括了参与田土所有权纠纷解决的非乡村精英调停者和见证人。实质上，此处的中人就是田土所有权纠纷当事人的亲朋好友、左邻右舍及田土所有权纠纷调解的民间职业人。从历时维度看，中人的民间职业化趋势强。由于中人解决田土所有权纠纷的权力来源于田土所有权纠纷当事人的授权，中人的非特定性，中人预防和见证田土所有权纠纷产生的不均衡性，中人解决田土所有权纠纷制度仅是从程序正义的角度规范中人和田土所有权纠纷当事人的行为规范，如田土所有权纠纷合同格式的规范。

中人解决田土所有权纠纷制度规定了田土所有权纠纷解决合同签订的形式、田土所有权纠纷解决的证据类型、田土所有权界定、中人

---

① 杨明兰、杨学军：《从族谱看侗族的族规、家规、家训、家约》，载贵州省志民族志编委会《民族志资料汇编》（第三集，侗族），1987 年 10 月，第 65 页。

② 同上书，第 64—65 页。

③ 同上。

的角色和职责等方面。"立清白合同字人姜举周，因祖父所遗山场一块，□□□□□佐周，界至不清。二比自愿请中上山理界：下以栽岩为界，上横以大梁为界。佐周耕管上节（截），举周耕管下节（截）。自分之后，不得越界相争。恐后无凭，立此清白合同中人为据。立分界清合同为据［半书］。凭中：姜周杰、玉周。登山理界、代笔：姜宗智。乾隆五十八年三月二十八日 立。"① "清清白合同字人姜大相、绍略、绍宾、官保、有保、老玉等，为因先年祖遗山场地名支丢，左凭冲，右凭壕沟，上下凭田，保富一人将此山全卖与老玉。众会人等查实，请中理讲，保富自知理亏，自愿将到名下之一股填补五人，保富日后并无系分。中人解劝，此木日后砍伐，照地主占三股，栽手占二股，二比不得异言。今欲有凭，立分合同为据。外批：合同绍略存一张，老玉存一张。再批：此山地名支丢，之地分为四股，五人名下占一股，老玉一人占三股。凭中：姜映科、姜绍牙。姜绍略 笔。立分合同永远发达为据【半书】。嘉庆二十三年八月廿七日立。"② "立清白错字人姜宾周，因横争姜绍韬、绍略、绍吕三家之乌大球山，以致律讼，蒙县主公断，归家［后］姜宾周屡屡向三家乱行滋事。蒙寨老坐视不忍，入中直斥解劝，宾周自今以后，不得借故生端滋事。余有宾周所存字约，日后以为故纸，立清白是实。凭中：族长姜绍牙。代笔：姜荣。道光十年四月初五 立。"③

　　3. 田土所有权纠纷的"神判"制度

　　由于有些田土所有权纠纷的证据和过错难以判断，基于公平的考虑，通过"神判"方式。田土所有权纠纷"神判"制度确定了田土所有权纠纷"神判"的条件、方式及效力等。"高增寨款碑刊刻于清朝康熙十一年七月初三，是目前栽侗族地区见到的时间最早、刻字较

　　① 潘志成、吴大华、梁聪：《林业经营文书》，贵州民族出版社 2012 年版，第 156 页。

　　② 同上书，第 157 页。

　　③ 潘志成、吴大华、梁聪：《土地关系及其他事物文书》，贵州民族出版社 2011 年版，第 221 页。

多的一通款碑。高增寨款碑：——议山场杉树，各有分界，争论，油锅为止（通过捞油锅这种神判来裁决）；——议卖田不典（不得赎回），将典作断，一卖百了，止（此田有粮无粮，无粮之田以后说田有粮，进油锅为至。——议偷棉花、茶子（籽），罚钱六千文整；偷柴、瓜、菜、割蓄草，火烧山，罚钱一千三百文；——议或失火烧屋，烧自己之物，惟推火神于洗汗（洗寨——驱邪气出寨），须用猪二个，若临寨四五家，拾余家，猪二个外，又罚铜钱三百三十文；失火烧坟墓者也亦同罚处。康熙十一年七月初三日立禁条为挂四爪公。"①

4. 官府解决田土所有权纠纷制度

田土所有权纠纷是影响清代贵州社会秩序的重要动因，尤其是屯军、移民与世居少数民族之间的田土纠纷、土司之间的田土纠纷容易转化为暴力事件，所以清王朝非常重视官府对田土所有权纠纷的解决。官府解决田土所有权纠纷制度规定了官府对田土所有权案件的管辖权，规定了官府所受理田土所有权案件的范围，规定了对田土所有权纠纷过错方的处罚等。

对族人、头人、寨老等乡土权威人士的调解或仲裁不服的，纠纷当事人请求有权管辖田土所有权纠纷的官府加以解决。官府一旦受理田土所有权纠纷，田土纠纷过错方将会受到更严厉的惩罚。"此据它（托）苗等寨苗民、老千、老总等具禀：吾得佳、曹英、杨宗歧、潘自明、潘文和、曹老四等擅种山土，强砍树木，滋事等情，业经本县差提讯明，将吾得佳等责惩。其所搭茅棚自行拆毁，分别递籍。并将贺姓廖姓概行驱出，毋许仍在山场妄砍，滋生事端，在案。嘉庆二十五年四月十六日示。"②

遇到不同民族之间的田土所有权纠纷时，官府都会更为慎重处

---

① 吴大华等：《侗族习惯法研究》，北京大学出版社 2012 年版，第 70 页。

② 贵州省志民族志编委会：《民族志资料汇编》（第三集 侗族），1987 年 10 月，第 13 页。贵州省文史研究馆点校：《贵州通志·前事志》（三），贵州省人民出版社 1985 年版，第 326 页。

理。"道光二年八月二十九日，又谕：糜奇瑜奏体察苗疆情形拟定应办事宜，酌立条款请旨。据称，汉苗交涉田土事件或因借欠准折，或因价值典卖，历年既久，积弊已深。请查明实系盘剥准则、利过于本者，令苗人照原借之数赎回；其出价呈买，如田浮于值，以汉民应得田土若干，划分执业，余田断回苗民耕种，俟备价值赎时全归原户。"① "道光三年二月二十五日，谕内阁：嵩孚奏筹议苗疆情形一折。前寄糜奇瑜条奏黔省苗疆应办事宜。经朕降旨，谕令嵩孚逐一体访，悉心筹议。兹该勿将各款确核分别勿将各款确核情形分别具奏。所有权、苗交涉田土事件，既系从前承买，相安已久，毋庸另立章程，致滋烦扰。如呈控典卖田产之事，该管家秉公讯断，仍严禁汉民引诱欺诈。"② "诚见黔省乃刀耕火种之乡，素称瘠薄，苗蛮杂处，当思因地制宜。使果田无定亩，即不因民间争界争讼，亦必彻底清查。若已计亩升科，又不得因一二竞争，辄至累及通省。伏乞敕下部议，行该督抚将从前业经清丈，现在按则起科者，概免丈量；其有近年开垦，实在未丈之田，各令地方官查明转报，以凭清丈，分别办理。"③ "乾隆八年六月二十九，广西巡抚杨锡绂奏：粤西怀远县之富禄寨与贵州永从县之云洞寨，苗民上年互争田土，至今未结，现饬右江道前往勘审。得旨，此等隔省之事，向有各庇属员之习，汝等痛改此弊，公同和衷妥办可也。"④ "宥其半俘，收其叛产，设九卫，屯田养兵戍之。诏尽豁新疆钱粮，永不征收，以杜官胥之扰。其苗诉仍从苗俗处分，不拘律例。"

若田土所有权纠纷当事人分属于不同的县府、州府、省府，则由对田土所有权纠纷有管辖权的官府审判田土纠纷案件。"乾隆七年十一月二十二日，户部又议准贵州总督兼管巡抚张广泗奏称：施秉县属军户屯田与楚省地界搀越不清。雍正七年奉旨清查时，止将

① 《宣忠实录》卷40，第21—23页。

② 《高宗实录》卷195，第33页。

③ 《清史稿卷五百十五·列传第三百二·土司四》，第14269—14292页。

④ 《宣宗实录》卷49，第33—34页。

搀入麻阳县一屯丁粮划归麻邑,其插入芷江县一屯定粮未经查清归
拨,所有黔省应裁粮额丁银并楚省应增田粮丁差银米,均造册送部
查销。"①"乾隆四十八年七月初八日,谕军机大臣等:据德保等奏,
贵州瓮安县土县丞宋遵仁,呈控伊家祖遗都挖山田地一所,先经作为
苗田入官,将山地给还土官家,其后复令土民开垦,山地均作为官
田,仍令伊家交纳差赋,屡在督、抚、藩司衙门控告未准。复经该县
知县董梁征收银两,加耗苛索,又折收仓谷、勒派喂马各款,请交贵
州巡抚李本研审究拟等语。此案,土官宋遵仁所控各情节,如果地方
官办理不善,及有苛派私征等弊,自应彻底查究;倘改土司挟嫌诬
控,希图泄忿,尤当严行惩治,以儆刁风。"②"乾隆九年四月三十
日,贵州总督张广泗奏报:毕节县夷民猫儿等因争佃不遂,率众逃赴
川省,现为叙永厅暂行安置。臣随饬布、按二司选员前往会审。"③
"乾隆八年六月二十九,广西巡抚杨锡奏:粤西怀远县之富禄寨与贵
州永从县之云洞寨,苗民上年互争田土,至今未结,现饬右江道前往
勘审。得旨,此等隔省之事,向有各庇属员之习,汝等痛改此弊,公
同和衷妥办可也。"④

(三) 田土所有权纠纷解决制度的特征

为了更全面地了解田土所有权纠纷解决制度的特征,下面从宏观
层面和微观层面归纳其特征。首先,归纳"田土所有权纠纷解决制
度"这一系统的特征,然后分别诠释"田土所有权纠纷解决制度"这
一系统的各子系统特征。

1. 宏观层面的特征

(1) 内柔外刚。"内柔"是指乡村精英、中人解决田土纠纷的形
式灵活多样,调解、仲裁田土所有权纠纷的依据多元,注重"情"和
"理"的功效,乡村精英、中人及田土所有权纠纷当事人的角色可能

① 《高宗实录》卷 179,第 12—13 页。
② 《高宗实录》卷 184,第 14—15 页。
③ 《高宗实录》卷 215,第 37 页。
④ 《高宗实录》卷 195,第 33 页。

相互转化。"外刚"是指官府判决田土所有权纠纷案件的主体法定、形式法定、依据法定。"内柔外刚"的特征是由乡村精英、中人、官府与田土所有权纠纷当事人的关系所决定的，是由乡村精英、中人和官府的身份地位所决定的。乡村精英、中人与田土所有权纠纷当事人的关系为内部关系，而官府与田土所有权纠纷当事人的关系为外部关系；乡村精英和中人是乡村传统权威的象征，而官府则是国家权威的象征。

"为尝闻施事以靖地方，朝廷有法律，乡党有禁条，所以端氏俗。立此禁条，开列于后：

——议砍伐山林，风水树木，不顾劝告，罚银三千文。

——议山场杉树，各有分界，若有争执，依据为凭，理论难清，油锅为止。

——议卖田作典，不得翻悔，将典作新，一卖百了，粮税随田，不能无田有税，有税无田（无税有田），宜各理清。

康熙十一年七月初三立"①

"乾隆八年六月二十九，广西巡抚杨锡□奏：粤西怀远县之富禄寨与贵州永从县之云洞寨，苗民上年互争田土，至今未结，现饬右江道前往勘审。得旨，此等隔省之事，向有各庇属员之习，汝等痛改此弊，公同和衷妥办可也。"②"乾隆九年四月三十日，贵州总督张广泗奏报：毕节县夷民猫儿等因争佃不遂，率众逃赴川省，现为叙永厅暂行安置。臣随饬布、按二司选员前往会审。"③

（2）诚信至上。诚信至上是田土所有权纠纷解决制度设计的理念，也是田土所有权纠纷解决制度的基本原则。不管是田土所有权纠纷解决主体确定，还是田土所有权纠纷解决的理据，抑或田土所有权纠纷预防规范和田土所有权纠纷案件的执行，都体现了诚信理念，都

---

① 张子刚：《从江古今乡规民约 从江历代告示实录》，中国科学技术出版社 2013 年版，第 2—3 页。

② 《高宗实录》卷 195，第 33 页。

③ 《高宗实录》卷 215，第 37 页。

贯穿了诚信至上的基本原则，如乡村精英和官府对田土所有权纠纷过错方的处罚目的是促使田土所有权纠纷过错方诚实信用。"盖闻祖宗创业于前，而子孙世守无替，先圣先贤之言，垂诸后世而不朽也，想予鱼龙寨下坝众户，先祖居住以来，协力开垦成熟水田陆地，合之则为一庄，分之则为二十四场。数十场中又分之为四十八丫，具属同乡共井。因乾隆年间本村土司茔站亏欠，众户义助其田毛租二百八十八石与伊，零星拨抵，各认债主纳租。迨后各自备价赎回。仅有那笼、那科纳、那哄悃三丫，抵当何姓，未曾归赎。嘉庆十七年，黄姓子孙欲占卖此田，众等心怀不平，空经杜县主讯断，永为百姓之业，黄姓不得沾污丘角，有案在券。延至道光元年，仍复妄生枝叶，私派陆地应役，两造互控，经县府主，伊自知情愧，无敢升堂对质，央请绅耆私地和息，伊立有杜后柄据，具结在案，孰知伊谋心不遂迭控无休。于本年四月内，廖主荣升，伊子孙无知先辈有凭，复捏词妄控，蒙廖主明鉴，触破奸情讯明，永不得妄自伯占。计此田原先每丫出谷五斗当夫，今因争讼费用捐去三斗，止亏二斗，每值换官搬仓夫五名照品，予众等恐后无凭，是以为序，以勒于石，以垂不朽尔，大清道光十九年季夏月望一吉旦立。"①

（3）调解为本。到了清代，儒学思想已经深深地影响了贵州官府和乡村社会，而"和为贵"乃是儒学的重要思想，"和为贵"的儒学思想在法律领域的缩影为调解。调解为本乃是"和为贵"在清代贵州田土所有权纠纷解决制度的真实写照。乡村精英、中人解决田土所有权纠纷的主要方式是调解，官府在判决田土所有权纠纷案件之前，尽力促使田土所有权纠纷当事人通过调解方式解决田土所有权纠纷。

2. 微观层面的特征

（1）乡村精英解决田土所有权纠纷制度的特征。乡村精英解决田

---

① 黄开运：《鱼龙村拒控碑》，载贵州省志民族志编委会《民族志资料汇编》（第一集布依族），第101页。

土纠纷制度的特征有三，一是中立性。中立性是指乡村精英在田土所有权纠纷解决中的角色是实质上的中间人。"为了确保和平，大家商定请来各地方的头人，划分山河地界。关于这件事，在'二千九条规'中（清朝雍正时期以前）有如下的叙述，款词写道：从弄林田界，到弄硬平应；经邑扒山岭，进到关现、邓满；经面留，过枫树坳；经召耕半坡，汇合已列山界；到归那河归列，到烈山、领那山；这些山河溪，是'二千九'的地方。岑夏岭，八店河口往下拐弯到黄江已湖；经过已湖，下到岭布王述到达八姑河，往上苟论，往下苟路；上到苟论坳卡河高邑坳卡；划到村七，下论鲁高邑鲁；这些山、坳卡河路，是'二千九'的地方。由高岑岭顺着山岩，到河口下到燕；再上山，到归落沙；再溯河而上，到孟井庆这个深潭。以上这段款词，详细地叙述了划分山河地界的情形。经过各寨的头人讨论、勘查、界定，明确了'二千九'山林、坳卡、河流、溪沟、田坝、水塘河道路等等的范围。"① 二是权威性。权威性是指乡村精英对田土所有权纠纷所做的裁判具有强制力。"诏尽豁新疆钱粮，永不征收，以杜官胥之扰。其苗诉仍从苗俗处分，不拘律例。"② 三是惩罚性。惩罚性是指乡村精英解决田土所有权纠纷中将会处罚过错方。"祖山竹木，蓄禁保基，来龙去脉，亦宜顾全。倘有不法子弟及他姓毗连擅行破挖者，均应鸣族长理处。不服者由族长分别指名禀究。田土坟茔等事，或口角肇衅及分挂不清，或与异性毗连相争，必先据入本祠，由族长查明理处，寝事不遵，再由族祠处断，但不准强砍掘牵坐并种种。无论公产私产如有族中强佃霸压、骗租籍端夸索等弊，鸣族长理处。不服者禀究。族中孤儿寡妇无恒产者，可酌量周济；有恒产者，宜设法保全。如有恃强侵欺谋产霸占者，由族长处理，违抗者送究。（杨氏十甲族规）"③

---

① 　向零：《高增与"二千九"的社会组织》，载贵州省民族研究所 贵州省民族研究学会编《贵州民族调查》（之九），1992 年 2 月，第 6—7 页。

② 　《清史稿卷五百五十五·列传第三百二·土司四》，第 14269—14292 页。

③ 　杨明兰、杨学军：《从族谱看侗族的族规、家规、家训、家约》，载贵州省志民族志编委会《民族志资料汇编》（第三集 侗族），1987 年 10 月，第 64—65 页。

（2）中人解决田土所有权纠纷制度的特征。中人解决田土所有权纠纷制度的特征有四。一是具有意定性。意定性是指中人解决田土所有权纠纷的权力是由田土所有权纠纷当事人约定授予的。二是自愿性。自愿性是指田土所有权纠纷当事人自愿选择两方都认可的中人解决田土所有权纠纷，中人也自愿参与田土所有权纠纷解决。三是预防性。预防性是指田土所有权纠纷解决的理念是"以预防为主"。预防性主要体现在两个方面：一方面，田土所有权纠纷当事人签订田土所有权纠纷解决的书面合同，而书面合同的一个重要功能是以防纠纷的发生；另一方面，中人是田土所有权纠纷合同的见证人，有些中人不但是田土所有权纠纷合同的见证人，而且是田土所有权纠纷合同的代笔人。四是高效性。所谓高效性是指田土所有权纠纷解决效率高。由于中人与田土所有权纠纷当事人之间的信用度高，田土所有权纠纷解决方法和措施明确，田土所有权纠纷合同的证据力强，所以中人解决田土所有权纠纷的效率高。

（3）田土所有权纠纷"神判"制度特征。田土所有权纠纷的"神判"制度特征有三。一是例外性。例外性是指田土所有权纠纷的"神判"案件只是个案。二是形式公平。田土所有权纠纷"神判"制度所追求的法律价值理念乃是形式公平。三是地域性。田土所有权纠纷"神判"制度只是局限于崇尚神灵的乡村。"上谕难忘，用志诸石，其有条目，开列于左：一、村寨难免有事，或遇婚姻田土等事例，应经中理论。倘若不清，照俗捞汤表白。如希（系）枉控，罚钱二千文入公。一、本境客籍住在一寨，公平出入，或易钱交易，照事抵等，不准重利盘剥。如有利过加三，谷放断投，俱罚充公。如估骗不还者，公同追给（究）。咸丰四年七月二十九日谷旦 二十四寨众等公立。"①

（4）官府解决田土所有权纠纷制度特征。与其他田土所有权纠纷

---

① 吴永清：《黎平、从江两县部分历史碑刻》，载贵州省志民族志编委会《民族志资料汇编》（第三集 侗族），1987年10月，第11页。

制度相比，官府解决田土所有权纠纷制度具有以下一些特征。其一，法定性。受理田土所有权纠纷的官府由法律规定，判决田土所有权纠纷的依据为官方的法律规定。"道光二年八月二十九日又谕：糜奇瑜奏体察苗疆情形拟定应办事宜，酌立条款请旨。据称，汉苗交涉田土事件或因借欠准折，或因价值典卖，历年既久，积弊已深。请查明实系盘剥准则、利过于本者，令苗人照原借之数赎回；其出价呈买，如田浮于值，以汉民应得田土若干，划分执业，余田断回苗民耕种，俟备价值赎时全归原户。"① 其二，既判力强。官方一旦对田土所有权纠纷判决，就产生法律效力。"此据它（托）苗等寨苗民、老千、老总等具禀：吾得佳、曹英、杨宗歧、潘自明、潘文和、曹老四等擅种山土，强砍树木，滋事等情，业经本县差提讯明，将吾得佳等责惩。其所搭茅棚自行拆毁，分别递籍。并将贺姓廖姓概行驱出，毋许仍在山场妄砍，滋生事端，在案。嘉庆二十五年四月十六日示。"② 其三，双重惩罚。败诉方要受到经济和人身的双重处罚。"乾隆四十八年七月初八日，谕军机大臣等：据德保等奏，贵州瓮安县土县丞宋遵仁，呈控伊家祖遗都挖山田地一所，先经作为苗田入官，将山地给还土官家，其后复令土民开垦，山地均作为官田，仍令伊家交纳差赋，屡在督、抚、藩司衙门控告未准。复经该县知县董梁征收银两，加耗苛索，又折收仓谷、勒派喂马各款，请交贵州巡抚李本研审究拟等语。此案，土官宋遵仁所控各情节，如果地方官办理不善，及有苛派私征等弊，自应彻底查究；倘改土司挟嫌诬控，希图泄忿，尤当严行惩治，以儆刁风。"③

---

① 《宣忠实录》卷40，第21—23页。

② 吴永清：《黎平、从江两县部分历史碑刻》，载贵州省志民族志编委会《民族志资料汇编》（第三集 侗族），1987年10月，第13页。

③ 《高宗实录》卷1184，第14—15页。

第二节　清代贵州民田用益物权制度

一　山林租佃制度

（一）山林租佃股份取得制度

1. 山林租佃股份性质

山林租佃股份是债权，还是物权呢？从以下 3 个山林租佃股份取得契约文书的记载看，山林租佃股份不是债权，而是物权，是对山场和林木所享有的占有、使用和收益等方面的权利。如山林租佃股份取得契约文书 1 所载：今龙、吴、李三姓投山种地，以后栽杉修理长大发卖，山林租佃股份取得契约文书 2 所载：佃与蒋姓种粟栽杉，山林租佃股份取得契约文书 3 所载：今栽有杉木□佰□株。

2. 山林租佃股份取得主体

山林租佃股份取得主体为山林租佃权人，山林租佃股份取得是原始取得，而不是继受取得。山林租佃股份取得契约文书 1 中的山林租佃股份取得主体是立佃种山场合同人龙文魁、吴光才、李富林等，山林租佃股份取得契约文书 2 中的山林租佃股份取得主体是立租佃字人湖广省黔阳县蒋玉山、景春弟兄二人，山林租佃股份取得契约文书 3 中的山林租佃股份取得主体是□老村字人吴秀荣。

山林租佃股份取得主体与山林所有权人之间存在两层法律关系。一层法律关系是山林租佃关系，另一层法律关系是合伙关系。如山林租佃股份取得契约文书 1 中的佃种人龙文魁、吴光才、李富林与文斗下房姜周、姜永风、姜文襄之间的关系既是山林租佃关系，又是合伙关系。山林租佃股份取得契约文书 2 中的立租佃字人湖广省黔阳县蒋玉山、景春弟与文斗下寨主家姜朝瑾、朝甲弟兄之间的关系既是山林租佃关系，又是合伙关系。山林租佃股份取得契约文书 3 中的□老村字人吴秀荣与攞洞刘清广的关系既是山林租佃关系，又是合伙关系。

3. 山林租佃股份取得程序

山林租佃股份取得包括了以下 3 个程序。第一个程序是山林租佃人找山林所有权人考察山林，并向其提出租佃山林意向。如山林租佃股份取得契约文书 1 所载：立佃种山场合同人稿样（高郎）寨龙文魁、龙文明、邦寨、吴光才、吴光岳、吴光模、吴启白、蔡溪寨李富林、李忠林三寨人等，亲自问到文斗下房姜周、姜永风、姜文襄得买乌养山一所。山林租佃股份取得契约文书 2 所载：立租佃字人湖广省黔阳县蒋玉山、景春弟兄二人，因佃到文斗下寨主家姜朝瑾、朝甲弟兄等之山。山林租佃股份取得契约文书 3 所载：□老村字人吴秀荣自己问到攞洞刘清广之地土名冲间坡壹□。第二个程序是双方当事人、凭中、代笔人及其他相关人参与山林租佃股份事宜。第三个程序是签订合同。如山林租佃股份取得契约文书 1 所载：今恐无凭，立此投佃字存照。凭中、代书：姜梦熊、曹聚周、姜安海；佃种人：龙文魁、吴光才、李富林；党加众山佃约付与梦熊收存。山林租佃股份取得契约文书 2 所载：今恐人信难凭，特立佃当字为据。山林租佃股份取得契约文书 3 所载：立有合同是实。代笔：北十汉，合同为据。

4. 山林租佃股份取得原则

从以下 3 个山林租佃股份契约文书可以得知：山林租佃股份取得遵循了 3 个民法原则。第一个民法原则是等价有偿原则。如根据租佃山林耕种成本、预期收益等因素确定林木收益分配比例。如山林租佃股份取得契约文书 1 所载：今龙、吴、李三姓投山种地，以后栽杉修理长大发卖，乌书山二股平分，其山有老木，各归地主，不得霸占。第二个原则是遵循习惯的原则。一般情况下，山林租佃股份的比例以五五股份或四六股份居多。如山林租佃股份取得契约文书 1 所载：乌养山四六股份，栽手占四股，地主占六股；乌书山栽手占一股，地主占一股。山林租佃股份取得契约文书 2 所载：佃与蒋姓种粟栽杉，言定五股均分，地主占三股，栽手占二股。山林租佃股份取得契约文书 3 所载：今栽有杉木□佰□株，其木四六内分。栽手六根，地主四根。第三个民法原则是风险约定原则。虽然山林租佃股份取得契约文书 2

和山林租佃股份取得契约文书没有直接约定栽种风险分担，但是依据"没有约定风险分担的情况下，根据公平原则确定风险分担"的习惯可以判断山林租佃风险共担，山林租佃股份取得契约文书 2 约定了栽种风险分担。山林租佃股份取得契约文书 2 记载：限定五年木植一起成林，如若不成，栽手毫不系分。玉山、景春自愿将先年佃栽姜光前污救略之山栽手（股）作抵。倘有不成，任凭朝瑾弟兄仰当管业，而蒋姓弟兄不得异言。

5. 山林租佃股份取得法律效力

山林租佃股份取得法律效力有二。一是山林租佃人变为合伙人。山林租佃人与山林所有权所签订的山林租佃股份取得契约文书生效后，山林租佃人成为合伙人。如山林租佃股份取得契约文书 1 中的佃种人龙文魁、吴光才、李富林等人与山林所有人姜周、姜永风、姜文襄等成为了合伙人。山林租佃股份取得契约文书 2 中的立租佃字人湖广省黔阳县蒋玉山、景春弟兄二人与山林所有权人姜朝瑾、朝甲弟兄成为合伙人。山林租佃股份取得契约文书 3 中的山林租佃人□老村字人吴秀荣与刘清广成为合伙人。二是山林租佃人与山林所有权人成为林木共有人。山林租佃人栽种林木后，按照山林租佃股份取得契约文书的约定，山林租佃人与山林所有权人共同对新栽种的林木享有所有权。如山林租佃股份取得契约文书 1 中的佃种人龙文魁、吴光才、李富林等人与山林所有人姜周、姜永风、姜文襄等成为新栽杉木的共同所有者。山林租佃股份取得契约文书 2 中的立租佃字人湖广省黔阳县蒋玉山、景春弟兄二人与山林所有权人姜朝瑾、朝甲弟兄成为杉木共同所有人。山林租佃股份取得契约文书 3 中的山林租佃人□老村字人吴秀荣与刘清广成为杉木共同所有人。

　　山林租佃股份取得契约文书 1 "立佃种山场合同人稿样（高郎）寨龙文魁、龙文明、邦寨、吴光才、吴光岳、吴光模、吴启白、蔡溪寨李富林、李忠林三寨人等，亲自问到文斗下房姜周、姜永风、姜文襄得买乌养山一所。今龙、吴、李三姓投山种地，以后栽杉修理长大发卖，乌书山二股平分，乌养山四六股份，栽手占四股，地主占六股；乌书山栽手占一股，地主占一股。其山有老木，各归地主，不得霸占。今恐无凭，立此投佃字存照。

凭中、代书：姜梦熊、曹聚周、姜安海

佃种人：龙文魁、吴光才、李富林

党加众山佃约付与梦熊收存

乾隆四十五年正月二十九日 立"①

山林租佃股份取得契约文书2"文斗寨保存的35张清代苗族山林租佃契约，基本属同一文式，仅选录一契作例：立租佃字人湖广省黔阳县蒋玉山、景春弟兄二人，因佃到文斗下寨主家姜朝瑾、朝甲弟兄等之山，土名坐落纠坏。此山上平姜朝琦（山），下平路，左平朝瑾本山。右平冲，四至分明。佃与蒋姓种粟栽杉，言定五股均分，地主占三股，栽手占二股，限定五年木植一起成林，如若不成，栽手毫不系分。玉山、景春自愿将先年佃栽姜光前污救略之山栽手（股）作抵。倘有不成，任凭朝瑾弟兄仰当管业，而蒋姓弟兄不得异言。今恐人信难凭，特立佃当字为据。嘉庆十九年（1814年）七月十六日 立"②

山林租佃股份取得契约文书3"立合同承种栽杉木，□老村字人吴秀荣自己问到攞洞刘清广之地土名冲间坡壹□，上抵路，下抵田，左抵杨北山，右抵栽主山为界。今栽有杉木□佰□株，其木四六内分。栽主六根，地主四根。□二此同□，不得异言，倘有异言，各据一纸为据。长大坎伐下河地归原主，不得争端。立有合同是实。

代笔：北十汉

合同为据

---

① 潘志成、吴大华、梁聪：《林业经营文书》，贵州民族出版社2012年版，第3页。

② 杨有赓：《清代清水江林区苗族山林租佃关系》，载贵州省民族研究所 贵州省民族研究学会编《贵州民族调查（七）》，1990年，第109页。

　　光绪乙未年六月二十七日 立"①

　　（二）山林租佃股份变更制②

　　1. 山林租佃股份变更主体

　　山林租佃股份变更主体是新栽林木所有权人由原山林租佃人（栽手）与山林所有权人共有变为其他人与山林所有权人共有。如在山林租佃股份变更契约文书1中，杉木所有权由杨文显、文举、文运弟兄与地主共有变为姜朝瑾与地主共有。在山林租佃股份变更契约文书2中，杉木所有权由姜相坤与地主共有变为姜绍韬与地主共有。在山林租佃股份变更契约文书3中，杉树和栗树所有权由张以文、林荣玉、林荣富、潘明发与地主共有变为姜世龙、登泮、登科叔侄、姜熙侯与地主共有。

　　2. 山林租佃股份变更原则

　　山林租佃股份变更原则有2。第一个原则是"山林租佃股份利害关系人享有优先权"原则。山林租佃股份利害关系人是指与转让山林租佃股份的山林租佃人（栽手）存在法律关系上的人，如其他栽手和地主。栽手转让山林租佃股份时，地主享有优先权，即若转让山林租佃股份，则栽手须先问地主是否愿意受让山林租佃股份，如果地主并没有受让山林租佃股份的意愿，那么栽手再把山林租佃股份转让给第三人。如山林租佃股份变更契约文书3所载：外批：内添一字。其山日后成林，要与地主分□，如有栽手出卖，定要先问地主，后问他人。第二个原则是"栽手自由转让山林租佃股份"原则。转让山林租佃股份时，栽手可以根据实际情况，只转让部分山林租佃股份，即先把自身拥有的山林租佃股份细分为若干山林租佃股份，然后再把细分

---

　　① 贵州大学、天柱县人民政府、贵州档案馆、江苏宏德文化出版社基金会合编：《天柱文书》（第一辑）（②），江苏人民出版社2013年版，第181页。

　　② 山林租佃股份变更制是指栽手可以将山林租佃股份转让给第三人，也可以引入第三人管理经营林木，对租佃股份细分。归纳起来，它包含三层含义。第一层含义是变更部分山林租佃股份；第二层含义是变更全部山林租佃股份；第三层含义是既变更山林租佃股份的权利，又变更山林租佃股份的义务。

后的一部分山林租佃股份转让给第三人，第三人的主体数量不限，可以是一人，也可以是数人。因情势变更或不可抗力，并不需要经过地主的同意，栽手可以将山林租佃股份转让给第三人，一旦栽手把山林租佃股份转让出去，那么他将不再对栽种的林木享有权利。如山林租佃股份变更契约文书 1 所载：今将栽手一大股出卖与文斗姜朝瑾名下承买为业，当面议价二十五两五钱，亲手收回应用。其木任从买主管业，卖主并无一根在内。倘有栽手不清，在卖主理落。山林租佃股份变更契约文书所载：原作五股均分，范保兰占栽手二股，我等占地租三股，又将地租之三股作为四小股，相坤母子占一股。今将出卖之后，任从买主照股管业，卖主不得异言。

3. 山林租佃股份变更法律效力

山林租佃股份变更的法律效力有二。一是新栽树木共有主体发生变更了。山林租佃股份变更主体的情况已在上文阐述了，在此不再重述。二是山林租佃股份的内容发生变更。由于栽手发生了变化，不同的栽手管理树木的方法也不同，管理树木的成本不同，树木的成才不同，树木的收益也不同。因此，从山林租佃股份所获取的经济利益也不同。

　　山林租佃股份变更契约文书 1 "立卖杉木契干洞寨杨文显、文举、文运弟兄三人移住文斗寨，佃载到姜佐周、宾周之山，地名鸠坏，作二大股平分，载手占一股，地主占一股，今将栽手一大股出卖与文斗姜朝瑾名下承买为业，当面议价二十五两五钱，亲手收回应用。其木任从买主管业，卖主并无一根在内。倘有载手不清，在卖主理落。今欲有凭，立卖契存照。

　　代笔 杨宏杰 凭中 龙绍远 姜宗智 姜宗仁 杨宏高 张维龙 姚政法 姜光周 卖主 杨文举 杨文显 杨文运

　　嘉庆四年（1799 年）七月 日 立"①

---

① 杨有赓：《清代清水江林区苗族山林租佃关系》，载贵州省民族研究所 贵州省民族研究学会编《贵州民族调查（七）》，1990 年，第 115—116 页。

　　山林租佃股份变更契约文书2"主断卖杉木山场契人姜相坤、胞弟七生有峰母子，今因家下要钱应用，自己将到杉山二块出卖与姜绍韬叔名下承买为业。当面议定价九两三钱正，亲领入手应用。杉木上一块地名槁霭道，左平冲，右平岭，上登凹劲，下至河为界；下一块地名捕见山纲形，上登大岩，下至河，左平绍宏山，下至映达老木，山头盘过仍抵映达木，落河为界，右边界至抵光远，以下抵小冲落河为界。二处界至分明。原作五股均分，范保兰占栽手二股，我等占地租三股，又将地租之三股作为四小股，相坤母子占一股。今将出卖之后，任从买主照股管业，卖主不得异言。今欲有凭，立卖字存照。度中 姜映宗 凭中 姜相麟 代书 姜绳武 道光元年（1821年）十二月初一日立 "①

　　山林租佃股份变更契约文书3"立佃栽杉种粟字人张以文、林荣玉、林荣富、潘明发四人，为因无地栽种，自愿登门佃到文斗下寨姜世龙、登泮、登科叔侄与姜熙侯等所共一山一块，坐落地名秀奇。其有界限：上登顶，下凭水冲，左凭卓贤之山，以小冲为界，右凭岭，以地主之山为界，四抵分清。又右边一块系世龙、登泮、登科叔侄等私山一块，上凭顶，下凭冲，左凭岭，与熙侯所共之山为界，右凭冲，四抵分清。其山地主、栽手分为五股，地主占三股，我种栽之人占二股。限定五年成林，若不成林，我佃种之人无分，任凭地主另招别人。恐后无凭，立此佃字为据是实。

　　外批：内添一字。其山日后成林，要与地主分□，如有栽手出卖，定要先问地主，后问他人。

　　凭中、代笔：姜登津

　　光绪三十二年八月卅日 立"②

---

　　① 杨有赓：《清代清水江林区苗族山林租佃关系》，载贵州省民族研究所 贵州省民族研究学会编《贵州民族调查（七）》，1990年，第115—116页。

　　② 潘志成、吴大华、梁聪：《林业经营文书》，贵州民族出版社2012年版，第15页。

（三）山林租佃的自由与格式化

从山林租佃契约文书的签订和约定看，山林租佃契约既蕴含自由思想，又暗含契约格式化理念。山林租佃契约自由思想表现为如下两个方面。其一，签订山林租佃契约自由。山林租佃双方当事人可以签订山林租佃契约，也可以不签订山林租佃契约，当然，不签订山林租佃契约就意味着双方之间不存在契约关系，不存在法律关系，就意味着双方不存在权利义务关系。其二，约定山林租佃契约条款自由。对于山林租佃的权利、义务及违约责任，双方都是通过平等协商加以确定的。如山林租佃契约文书1中立分合约字人中房龙飞池、延彩与老富所约定的山林租佃股份的份数及权利义务等。山林租佃契约文书2中立断卖栽手杉木字人九（鸠）怀寨、黄冈寨王乔生侄一宗与龙光星与姜钟英、世豪伯侄约定出卖杉木股份事宜。山林租佃契约文书3所载：范宗尧，今因要银无出，自愿将到嫂姜氏福香继受夫杉木三块；一块地名翻到，此木八股均分，本名占一股；一块地名卧谷，八股，本名占一股；又一处地名引补两，此木四股均分，本名占一股。今将此三处木植出当与兄姜映辉，本银一十两整，亲手领回应用。山林租佃契约文书4所载：立佃字人天柱县属居仁里干（甘）洞寨杨文元、杨文显、龙求才、鸠还寨林天益，佃到文堵寨姜佐周之地土名鸠怀，住坐开山种栗。□顷□经主法，毫无过犯，亦不得停留面生歹人，连戾地主。

山林租佃契约格式化理念体现为如下几个方面。其一，所有的山林租佃契约文书都说明了山林租佃和山林租佃股份变更的原因。山林租佃的主要原因是租佃方无地耕种，山林租佃股份转让的主要原因是情势变更和不可抗力。其二，山林租佃契约都是书面形式。山林租佃契约文书4所载：执字赴公廪究，自干罪戾。所字是实。山林租佃契约采用书面形式既可以起到证据作用，又可以预防纠纷的发生。其三，山林租佃契约的签订都有凭中在场和签字。凭中不但扮演山林租佃契约的签订证人的角色，而且还扮演山林租佃契约履行的监督者的角色，甚至还扮演山林租佃纠纷调解的角色。如山林租佃契约文书1

所载：恐后无凭，立此合约存照。山林租佃契约文书 2 所载：恐后无凭，立有断卖字为据。山林租佃契约文书 3 所载：今恐无凭，立此当字为据。

山林租佃契约文书 1 "立分合约字人中房龙飞池、延彩，为因先年得买上寨龙保三连亩带地，分为二大股，延彩、非池、保三三人占地一大股。其有老木，保三并无系分。日后长大，保三发卖，并无租地。老富所栽仔木，后日长大发卖，老富各自全收，亦无租地。恐后无凭，立此合约存照。

非池 笔

乾隆五十七年八月廿一日□立【半书】"①

山林租佃契约文书 2 "立断卖栽手杉木字人九（鸠）怀寨、黄冈寨王乔生侄一宗与龙光星，先年二人所佃栽买主之山，地名刚培道杉木一块，出卖与主家文斗下寨姜钟英、世豪伯侄二人名下承买为业。当日凭中言定价银二两八钱整，亲手收回应用。其山界限：上凭绍宏又与载渭之山，下凭盘路为界，左凭大岭，以盘过冲，右凭刚培道为界，四至分明。此山地主、栽手分为五股，地主占三股，栽手占二股。今将栽手二股出卖，自卖之后，任凭买卖修理管业。若有不清，卖主尚（上）前理落，不干买主之事。恐后无凭，立有断卖字为据。

内添二字

凭中：易明喜

代笔：林文述

道光廿年五年七月十七日 立

⋯⋯九怀寨王乔生、龙光星卖刚培栽手契"②

---

① 潘志成、吴大华、梁聪：《林业经营文书》，贵州民族出版社 2012 年版，第152 页。

② 同上书，第 55 页。

山林租佃契约文书 3 "立借当字人范宗尧，今因要银无出，自愿将到嫂姜氏福香继受夫杉木三块；一块地名翻到，此木八股均分，本名占一股；一块地名卧谷，八股，本名占一股；又一处地名引补两，此木四股均分，本名占一股。今将此三处木植出当与兄姜映辉，本银一十两整，亲手领回应用。其木自当之后，不俱远近，卖托将银照月相还，不得有误。如有等情，任从银主管业。今恐无凭，立此当字为据。

外批：引补两之木，内有一股当与李先和名下，未有赎清，亲笔立此是实。

将来开木林之账

凭中：范继尧

嘉庆二十四年八月廿四日 立"①

山林租佃契约文书 4 "立佃字人天柱县属居仁里干（甘）洞寨杨文元、杨文显、龙求才、鸠还寨林天益，佃到文堵寨姜佐周之地土名鸠怀，住坐开山种栗。□顷□经主法，毫无过犯，亦不得停留面生歹人，连戾地主，执字赴公廪究，自干罪戾。所字是实。

乾隆五十一年七月"②

二 人工造林制度和护林制度

（一）人工造林和护林的内在动力

一方面，省外和朝廷对木材需求量逐渐增大，随着贵州移民和居民民族人口的增多，贵州的木材开采量的自然增大，这也使与木材相关的主体获取了可观的经济利益。从而驱动这些主体人工造林的内在

---

① 潘志成、吴大华、梁聪：《林业经营文书》，贵州民族出版社 2012 年版，第 155 页。

② 同上书，第 24 页。

动力机制，即大力开荒林地，人工造林。"晚年，值岔处与卦治争江，两年不通买卖，吾曾祖罄其所有，广囤木植。嗣事结，沿江半属我家印本，以一二年购进万数之木，四五旬尽卖之，获利数倍。其时，田山虽未广置，黄白已冠千家。近来或自砍祖山，或购买人木，个个斟酌，获利倍于人，所谓家和万事兴也。大清光绪二年丙子，孙佐卿作于东轩书室。"①另一方面，贵州少数民族既有崇拜"神树"的传统，又有"天人合一"的生态理念，所以他们形成人工造林和护林的习惯，为了鼓励大家为造林和护林做贡献，有志人士刻护林碑。"九南水口山护林碑 □□思功 盖闻'德不在口，亦不在小'，书云'作善降之百祥'，能修于远而忽忽于近乎。我境水口，放荡无阻，古木凋残，财爻有缺，于是合乎人心捐买地界，复种植树木。故载者培之郁乎苍苍，而千峰叠嶂罗列于前，不使斧斤伐于其后，永为护卫，保障回环，岂曰小补之哉。是为序。 嘉庆二十五年十一月一十九日良辰立注：碑存在敦寨镇九南村水口山公路侧。"②

（二）人工造林和护林的碑刻制度

在人们心目中，老林是神树，是保护寨子的神灵，有对树木图腾的传统，还有栽培"儿女杉"的传统。"据黎平县茅汞乡腊洞村《永记碑》载：吾祖遗一山，土名跳朗坡，祖父传冷（吴姓）曰：无树则无以作栋梁，无材则以无以兴家，欲求兴家，首树树也……光绪六年（1881年）至宣统元年（1908年）黎平等地的人工造林不下数十万亩。在清水江流域的苗村侗寨旁都种有风景林，还栽种寺庙林、桥头林、护寨林、祭祀林等等，而且还将林木神化，致使人们不敢随便砍伐。人们还有栽培'儿女杉'的传统。"③

---

① 杨有赓：《姜氏家谱反映的明清时期文斗苗族地区经济文化状况》，载贵州省民族研究所 贵州省民族研究学会《贵州民族调查》（之六），1988年11月，第348页。

② 姚炽昌选辑点校：《锦屏碑文选辑》，锦屏县政协文史资料委员会 锦屏县志编纂委员会办公室编，1997年9月，第60页。

③ 徐晓光：《清水江流域林业经济法制的历史回溯》，贵州人民出版社2006年版，第118页。

文斗六禁碑上雕刻了保护林地、林木的条款。既有禁止破坏杉木的条款，又有惩罚破坏杉木的条款，更有教育子孙后代护林的条款。

"文斗六禁碑 名垂万古 众等公议条禁开列于左。一禁不俱（拘）远近杉木，吾等□靠，不许大人小孩砍削，如违罚艮十两。一禁各甲之阶分落，日后颓坏者自己修补，不遵禁者罚艮五两，兴众修补，留传后世子孙遵照。一禁四至油山，不许乱伐乱捡，如违罚艮五两。一禁今后龙之阶，不许放六畜践踏，如违罚艮三二两修补。一禁逐年放鸭，不许众妇女挖前后左右锄膳，如违罚艮三两。

乾隆叁拾捌年仲冬月姜弘道书撰立

注：碑铺在文斗后龙坡山路上"①

勒石刊碑记载了保护林地、林木的历史传统和制度，在此基础上阐述了立此碑的缘由，明确保护林地和林木章程。根据勒石刊碑的规定，不但承袭以前的保护林地和林木章程，而且新的章程加重了对破坏林地和林木行为的处罚力度，不但予以罚款，而且要送到官府治罪。

"盖闻梨山蓄禁古木，以配风水。情因我等其居兹境，是在冲口左边，龙脉稍差，人民家业难以盛息。前人相心相议，卖此禁山蓄禁古木，自古及今，由来旧矣。蓄禁古木成林，被人唆害，概将此木砍净。咸丰、同治年间以来，人民欠安，诸般不顺。至光绪七八年间，合村又于同心商议，又将此木栽植成林。不料有不法行之徒，反起歹心，早捕人未寝之时，暮捕人收工之后，私将此载之秧木扯脱，成林高大之苑砍伐枝丫，剥皮暗用，

---

①　姚炽昌选辑点校：《锦屏碑文选辑》，锦屏县政协文史资料委员会 锦屏县志编纂委员会办公室编，1997年9月，第58页。

弄叶杀树。合村众人见之目睹心伤，殊属痛憾。自今勒石刊碑之后，断不扯坏。若再有等私起妒忌歹心之人故意犯者，合团一齐鸣锣公罚赔禁栽植章程。另外罚钱拾三千文，违者禀官究治，预为警戒。以是为序。

　　大清光绪二十三年二月谷旦公立

　　注：碑存大同乡章山村"①

　　以上两块保护林地和林木碑文相比而言，后者比前者更科学、更合理、更全面。后者不但承袭了前人制定的保护林地和林木制度，而且根据违法者的过错程度不同，作了区别处罚的规定。

（三）人工造林制度和护林契约制度

　　纵观以下 3 个人工造林和护林契约文书可以发现，地主要求栽手必须承担栽种树木和成林的义务，必须承担护林的义务，若栽手未能履行自己承诺的义务，将会承担不利的法律后果。如人工造林和护林契约文书 1 所载：种栗栽杉，限至五年之内俱要成林。种栗栽杉，限至五年之内俱要成林。议定三股均分，地主占二股，栽手占一股，自愿将耕牛作当，如有不成林者，锡贵自□□耕牛补栽，栽手杉木毫无系分，锡贵不异言。今欲有凭，立此佃字存照。人工造林和护林契约文书 2 所载：限至五年成林，逐年挖修，栽手有分。若不挖掘之土，栽手无分，任凭主家另招别人佃种。长大成林，另分合同各执。恐后无凭，立此佃字为据是实。人工造林和护林契约文书 3 所载：洪美、富宇二人占木一股，今已砍伐起造。余存佐周、文科二人一股留存蓄禁。日后另除头脚木与佐周、文科外，余九根，放在二大股岌共均分。恐后无凭，立此存照。

　　人工造林和护林契约文书 1 "立佃字人岩湾寨范锡贵，今因

---

① 姚炽昌选辑点校：《锦屏碑文选辑》，锦屏县政协文史资料委员会 锦屏县志编纂委员会办公室编，1997 年 9 月，第 61 页。

佃地栽杉，自愿佃到文堵寨姜绍熊、绍齐兄弟二人一块，土名坐落也周。上凭田，下凭溪，左右凭冲。种粟栽杉，限至五年之内俱要成林。议定三股均分，地主占二股，栽手占一股，自愿将耕牛作当，如有不成林者，锡贵自□□耕牛补栽，栽手杉木毫无系分，锡贵不异言。今欲有凭，立此佃字存照。

　　绍钦 笔

　　道光十九年七月二十日 立"①

　　人工造林和护林契约文书 2 "立佃种栽杉木字人上寨龙万宗、姜送主、林主、化贤四人，今因佃到下寨姜世凤、登兴、登洋、登高、潭氏卧姑等之山一块，地名九龙山丢祺。界限：上凭土垦，下凭盘路，左凭主家之山，右上截凭水冲以德相之山，右下凭超桂弟兄叔侄之山，四界分清。此地山主、栽手分为五股，地主占三股，栽手占二股。地主之三股又分为三十六股。今佃到世凤伯侄二股、潭氏卧姑四股、登兴、登洋、登科、登高弟兄名下九［股］，余存上寨姜焕乡、德相、国相、杰相等共占廿一股地主在外。限至五年成林，逐年挖修，栽手有分。若不挖掘之土，栽手无分，任凭主家另招别人佃种。长大成林，另分合同各执。恐后无凭，立此佃字为据是实。

　　内落二字，天（添）了。

　　姜相德 亲佃笔

　　光绪卅三年正月廿八日 立佃"②

　　人工造林和护林契约文书 3 "立合同议约人姜洪美、富宇、佐周、文科等，今有共木一块，地名丢又山。洪美、富宇二人占木一股，今已砍伐起造。余存佐周、文科二人一股留存蓄禁。日后另除头脚木与佐周、文科外，余九根，放在二大股岌共均分。恐后无凭，立此存照。

① 潘志成、吴大华、梁聪：《林业经营文书》，贵州民族出版社 2012 年版，第 13 页。
② 同上书，第 18—19 页。

四房地租早已出银一两二钱，补清相贤。文科、起风、香保、严吉凭中

凭中、代笔：文劝

乾隆二十八年一月十二日 立

合同各执存照【半书】"①

三　祖坟田土使用制度

（一）祖坟田土使用原则

在祖宗崇拜的社会中，祖坟土地是重要的民田，人们也非常注重祖坟土地使用。从杨氏族谱开例续修规条看，根据祖坟地的性质不同，祖坟地分为公地和私地两种不同类型。祖坟地使用遵循了以下原则。

第一个祖坟地使用原则是房族老人死后，都可以葬公地。由于公地属于房族人所有成员共有，所以房族老人死后，都可以葬公地，并不需要交纳公地使用金。在公地上，根据先占原则确定安葬的地段，并不排斥房族中的其他老人安葬，但是排斥房族人非正常死亡的老人、非老人及房族外的老人安葬。第二个祖坟地使用原则是私地的排他使用。在私地上，不经权利人同意，房族外的老人和房族的老人都不能安葬。第三个祖坟地使用原则是保护祖坟原则。在祖坟附近的植被和树木不准践踏和破坏。"前谱注先人生没，必书朝代国号，由元及明，盖朝代因时屡异，若不详晰分明，难保不无混淆，今从通字派序来，均皆我熙朝大清盛时人焉，所以谱上只记年，不复书朝代，族中日后不得以从简痴议。一共谱宗族中凡于祖坟阴地，原有各私房私众不一，如未分基各葬时，已前有众坟，公祖一同祭扫者，此属公地。公葬后不得借以先有私坟独不许各房人葬，遂至纵有背行私立封

---

① 潘志成、吴大华、梁聪：《林业经营文书》，贵州民族出版社 2012 年版，第151 页。

禁碑记，皆系混争逆辈鸣众。尚要直斥公罚，特不过其中所有公众阴地老坟各处间有空穴隙处，决不许骑头斩脚傍老坟，逢中插入，破监进葬，须要离老坟上下左右丈余外入葬，以及坟山后脉并产妇身亡者，定不许进葬，秽坏欺祖风水。谱内同宗共派后裔，自数房分基，各立各房，以后凡于面分，并买阴地亦各有房私葬私阴地者，自今以后只许各房葬各房阴地，决不准外房插葬，谱注朗然，共遵勿忽。（杨氏族谱开例续修规条）"[1] "族中祖坟、阳宅以及庙宇、青龙首上前所培植风水，蓄禁树木并修立文峰墙基界址等项，不拘私众有分无分，一暨不许砍伐、挖伤、擅择搬移，朽坏均皆封禁，如或后有违之公罚公呈。（杨氏族谱开例续修规条）"[2]

（二）祖坟土地使用制度

1. 入葬制度

根据杨氏族谱开例续修规条可以得知：根据祖坟所有者性质不同，规定了不同的入葬规则。对公地和私地的入葬做了严格的区分。"一共谱宗族中凡于祖坟阴地，原有各私房私众不一，如未分基各葬时，已前有众坟，公祖一同祭扫者，此属公地。公葬后不得借以先有私坟独不许各房人葬，遂至纵有背行私立封禁碑记，皆系混争逆辈鸣众。尚要直斥公罚，特不过其中所有公众阴地老坟各处间有空穴隙处，决不许骑头斩脚傍老坟，逢中插入，破监进葬，须要离老坟上下左右丈余外入葬，以及坟山后脉并产妇身亡者，定不许进葬，秽坏欺祖风水。谱内同宗共派后裔，自数房分基，各立各房，以后凡于面分，并买阴地亦各有房私葬私阴地者，自今以后只许各房葬各房阴地，决不准外房插葬，谱注朗然，共遵勿忽。（杨氏族谱开例续修规条）"[3]

---

① 杨明兰、杨学军：《从族谱看侗族的族规、家规、家训、家约》，载贵州省志民族志编委会《民族志资料汇编》（第三集 侗族），1987 年 10 月，第 75—76 页。

② 同上书，第 76 页。

③ 同上书，第 75—76 页。

2. 祖坟土地合理使用制度

为了更好地保护祖坟，明确规定：祖坟土地附近必须种植树木，不许砍伐祖坟附近的树木，否则给予严厉处罚。"祭田当别蓄其租，专充祭祀之费，其田券字号步亩亦须勒石祠堂口，子孙永远保守。（吴氏家规）"[①] "族中祖坟、阳宅以及庙宇、青龙首上前所培植风水，蓄禁树木并修立文峰墙基界址等项，不拘私众有分无分，一暨不许砍伐、挖伤、擅择搬移，朽坏均皆封禁，如或后有违之公罚公呈。（杨氏族谱开例续修规条）"[②]

四　苗疆民田租佃的规制

（一）制定了苗疆民田租佃章程

基于三个方面的考虑，清代贵州官府制定了苗疆民田租佃章程。一是苗疆已出现了"人多地少"的矛盾。二是汉人典当苗疆民田势必使苗民失去田土，从而严重影响苗民的生存，同时也引发汉民与苗民的矛盾。三是促使苗民自耕田土，维护苗疆社会稳定。"□所议原属周妥，但有治人无治法，务须行之以实，持之以久。苗人果能乐业，永无衅端，方为不负委任；"[③] "苗人全赖垦种度日，一经租给流民，则失业堪虞。且势必欠租欺压，日相控争。倘地方官办理不善，并恐别滋事端，所关匪细。应再行出示晓谕，凡有苗寨各属地方，责令土牟、乡约、寨头实力稽察，以后倘有流民潜入，借以垦种纳租为由，愿为苗佃，立即□明地方官，将流民责惩递解。若有占据开垦情由，即治以强占山场之罪。"[④]

苗疆民田租佃章程包括了以下几个方面的内容。一是禁止流民私典、

---

① 杨明兰、杨学军：《从族谱看侗族的族规、家规、家训、家约》，载贵州省志民族志编委会《民族志资料汇编》（第三集 侗族），1987 年 10 月，第 68 页。

② 同上书，第 76 页。

③ 《宣宗宣德实录》卷 261，第 37 页。

④ 贵州省文史研究馆点校：《贵州通志·前事志》（三），贵州人民出版社 1985 年版，第 467—469 页。

私当苗疆民田。二是严格限制汉民租佃苗疆民田。三是禁止随意增加田赋和田租。四是严惩违法者。"道光七年九月十八日，贵州巡抚嵩溥奏：编查附居苗寨客民保甲完俊，并酌拟随时稽核章程：一、禁加租逐佃；一、禁棚户垦占。得旨，依议妥为之。"① "道光十四年十二月二十四日，协办大学士云贵总督阮元奏：遵义流民租种苗田章程：一、外省流民私佃苗田，应严明立禁；一、客户勾引流民续入苗寨，应严行究办；一、近苗客户，不得续当买苗产；一、续来流民，预宜盘诘递送，稽查游棍，以安苗境。"② "十四年（甲午，公元一八三四）总督阮元、巡抚裕泰奏，遵旨查禁流民租种苗田，续拟章程。一、外省流民潜入私佃苗田，应严立明禁也。土牟等弊行举首，一并严惩，并将失察徇纵之地方官分别参处，仍将查察缘由，令该管府州县按季报查。其前准附居客户内，如有不安本分或有与苗人奸控田土事件，即由地方官秉公审办。"③

（二）制定了汉苗隔离特别法

汉苗隔离特别法与苗疆民田租佃章程具有相同点，也有异点。它们的相同点有三：一是两者都是苗疆民田租佃规制的法规。二是限制汉民租佃、典当苗疆民田。三是都是为了苗疆的社会稳定，为了民族团结。它们的异点也有三：一是前者属于特别法，而后者属于一般法。二是前者禁止汉民租佃苗疆民田，后者只是禁止汉民私典或典当苗疆民田。三是前者通过禁止汉民与苗疆苗民居住和置办产业，从而限制汉民租佃苗疆民田，后者却是直接限制汉民租佃苗疆民田。"苗汉隔离的特别法基本上是由封疆大吏针对时弊提出，由皇帝批准或认可而形成的。主要内容有：第一，不准苗汉杂居。第二，不准汉族人在新辟苗疆地区置办产业。第三，禁止马贩进入苗疆要区。"④

---

① 《宣宗宣德实录》卷126，第6页。

② 《宣宗宣德实录》卷261，第37页。

③ 贵州省文史研究馆点校：《贵州通志·前事志》（三），贵州人民出版社1985年版，第467—469页。

④ 周相卿：《台江县五个苗族自然寨习惯法调查与研究》，贵州人民出版社2009年版，第46—47页。

五　田土抵当制度

（一）严禁租佃人私押私当田土

从此契约文书约定看，田土所有者严禁租佃人私押、私当。笔者认为，田土所有者严禁租佃人私押、私当实质上是不认可田面权。如田土抵押契约文书所载：亦不准将此田土私押、私当，以及在地方上滋事，即将田土扯回重佃，押佃红钱充罚无还。尊之慎之，为此给行。实计押佃红钱贰拾捌千文整。为什么田土所有者严禁租佃人私押、私当呢？原因有二。一是租佃人私押、私当行为必然影响田土所有者对田底权的处分。二是租佃人私押、私当行为势必产生纠纷，这自然会影响田土所有者的利益。虽说官府和田土所有者严禁租佃人私押、私当，但是实际上，有些租佃人仍然私押、私当。

　　　田土抵当契约文书1"屯主余，今将三官寨门户地一丫，陈四经屋基园土乙（壹）块，小田贰丘，小土乙（壹）塘，山背后土乙（壹）块，佃与陈在序耕种。每年上条银乙（壹）钱乙（壹）分贰厘，新米乙（壹）升筒半，高粱肆筒半，新鸡两年乙（壹）只。按年秋收照额完纳，不可短少。其有杂派扯手、工程夫役，照粮均摊，随派随应，不可有误。亦不准将此田土私押、私当，以及在地方上滋事，即将田土扯回重佃，押佃红钱充罚无还。尊之慎之，为此给行。实计押佃红钱贰拾捌千文整　凭中　罗忠见陈官绶　陈四经王长元　陈三贵谢千保　咸丰八年十二月初二日给　印　陈永泰笔　"①

　　　田土抵当契约文书2"立低字人岸凸寨王玉荣今因要银使用无所得处，自愿将到土口岑凸寨脚田一坵三股　今分仰玉荣口股作抵。自己上门问到汉寨刘口元、二见、宗照三人承抵当，日言定价银拾两。六口正任照月口工一银息，限二月本利归还，不得

---

　　① 余宏模、罗勇：《彝族扯勒部大屯土司庄园历史调查》，载《贵州民族调查》（之八），贵州省民族研究所、贵州省民族研究学会编，1990年，第17页。

拖欠分文，若有拖欠任从抵，主上前理落不管抵主之事。自抵之后不得异言，若有异言，恐口无凭立有抵字为据。

　　凭中□祥　　亲笔　王荣

　　光绪十二年十二月二十九日立"①

　　（二）田土抵当法律性质

　　田土抵当属于担保物权，还是属于用益物权呢？从 10 个田土抵当契约文书的约定看，田土抵当不属于担保物权，而是属于用益物权，其理由有二。一是田土抵当包含两层含义：一层含义是债权人耕种债务人的田土，或租佃债务人的田土给第三人；另一层含义是若债务人不履行约定债务，或不完全履行约定债务，则债权人直接处分债务人抵当给债权人的田土。由此可见，田土抵当不同于我国民法上的田土抵押。二是田土抵当是实现田土的使用价值，而不是实现田土的交换价值。担保物权是实现担保物的交换价值，用益物权却是实现物的使用价值，因此田土抵当不是担保物权，而是用益物权。

　　（三）田土抵当自由

　　清代贵州存有大量的田面权抵当契约文书，在此，仅列举两个例子。从以下两个田面权抵当契约文书，即田土抵当契约文书 3 和田土抵当契约文书 4，从其约定看，田面权抵当自由。田面权抵当自由表现为两个方面。其一，田面权抵当契约自由。其二，田面权抵当不需要到官府登记。如田土抵当契约文书 2 所载：自愿将到项下山场树木壹片，座落地名同马，上抵尖坡，下抵当主左右栽石为界，请凭中证人上门，出当与石宗保先生名下。自当之后，任从银主砍伐树、开山种地，不拘远近，银到归赎，再无亏补之情，亦无滥本之说。田土抵当契约文书 3 所载：倘有违误，将取明牟姓水田一丘作抵押。日后在（再）不得异言，口恐无凭，立借字为据行。

────────

① 贵州大学、天柱县人民政府、贵州省档案馆、江苏宏德文化出版基金会合编：《天柱文书》（第 1 辑）（②），江苏人民出版社 2013 年版，第 180 页。

田土抵当契约文书 3 "立约当山场树木文契人石老三，为因急用，自愿将到项下山场树木壹片，座落地名同马，上抵尖坡，下抵当主左右栽石为界，请凭中证人上门，出当与石宗保先生名下，是日当面受当价纹银壹两玖钱二分整，亲手领明白。自当之后，任从银主砍伐树、开山种地，不拘远近，银到归赎，再无亏补之情，亦无滥本之说。今恐口无凭，立当约为据。

见银凭中人　石杨保

代笔人石雨亭

同治三年正月二十六日立当约"①

田土抵当契约文书 4 "立借约人张王保，金（今）来凭中借到屯主老爷名下谷子二斗，即（残缺）议凭利息加七升，以当年八月内本利相还，共三斗四升不误。倘有违误，将取明牟姓水田一丘作抵押。日后在（再）不得异言，口恐无凭，立借字为据行。同治六年三月十六日 立借约人 张王保陈应松 凭中人 谢龙贵胡阿元 同在 陈三元 笔"②

（四）田土抵当规制

田面权抵当规制体现为两个方面。其一，田面权抵当程序规制。田面权抵当需要经过一定程序，即首先说明田面权抵押原因，其次委托凭中找田面权抵押人，再次双方当事人和凭中当面商议田面权抵当事宜，最后签订田面权抵押契约。其二，田面权抵当权利义务履行规制。例如，银到归赎，倘有违误，将取明牟姓水田一丘作抵押等等。如田土抵当契约文书 5 所载：愿将大河沟水田二丘作抵骆姓耕栽，不得异言，今恐人心不一，故立抵借据为据。田土抵当契约文书 6 所载：远近相还愿宅下水壹丘作抵，今恐人心不一，故立借字为据。

① 孟学华：《贵州毛南族清朝土地契约文书调查研究》，《贵州民族研究》2014 年第 1 期。

② 余宏模、罗勇：《彝族扯勒部大屯土司庄园历史调查》，载《贵州民族调查》（之八），贵州省民族研究所、贵州省民族研究学会编，1990 年，第 18 页。

田土抵当契约文书 5 "立出借字人周福贵今手借到骆芳名下铜钱贰千文正。彼日面议每月加壹百二十文，行利其钱不误两月相还，有拖欠，愿将大河沟水田二丘作抵骆姓耕栽，不得异言，今恐人心不一，故立抵借据为据。

道光乙巳年二月初三日借 周福贵

凭 周颖泰笔"①

田土抵当契约文书 6 "立出借字人周福禄今手借到邹秀发二爷名下铜钱叁千文整。彼日面议利息每千每月加贰拾伍文，行利其钱不居，远近相还愿宅下水壹丘作抵，今恐人心不一，故立借字为据。

咸丰巳未年五月十六日借 周福禄

凭 周佰顺 笔

周福禄"②

(五) 田土抵当原则

田土抵当原则有二。一是"到期债务未还，即实现田土抵押权"原则。田土抵当实质上就是债务担保问题，即债权人为了预防债务人不偿还到期债务，而要求债务人以田土作为抵当物。若债务人未偿还到期债务，则债权人有权处分抵押物——田土。进而言之，债权人实现田土抵当权的唯一有因性是债务人未偿还到期债务。如田土抵当契约文书 8 所载：[姜世] 珍自愿将冉休长田一丘作抵，[姜世] 清将南休长田一丘 [作抵]，[姜世] 龙将皆要大田一丘 [作抵]，[姜登] 泮将冉荡也风大田一丘作抵。田土抵当契约文书 7 所载：立出当约人刘开洪吾钱用度，今将得当刘天相之土地地名岩磜平土一福出当与龚仕友名下耕众，二加面议当价铜钱八文正。彼日现交本人清领明白并吾少欠，自当之后其有年不定不居，对期钱到土面。二是"直接

---

① 汪文学编校：《道真契约文书汇编》，中央编译出版社 2014 年版，第 26 页。

② 同上书，第 73 页。

处分田土"原则。债权人实现田土抵当权的方法是直接处分田土，而不需要经过债务人和第三人的同意，也不需要由第三人对田土价值进行评估和拍卖田土，以期为债务人偿还债务，即若抵当田土变现不足以偿还债务，则由债务人通过其他方式偿还剩余债务；若抵当田土变现偿还债务有剩余，则把剩余部分归还给债务人，而是直接由债权人处分抵当田土，不管抵当田土是否足以抵偿债务。

　　田土抵当契约文书 7 "立借字人姜世珍、世龙、世清、登泮等，因生理借到本家祭祀会银一元洪平四十九两八钱九分，其银照月加三分行利。［姜世］珍自愿将冉休长田一丘作抵，［姜世］清将南休长田一丘［作抵］，［姜世］龙将皆要大田一丘［作抵］，［姜登］泮将冉荡也风大田一丘作抵。恐（空）口无凭，立此借抵为据。

　　世清、世臣 过付

　　光绪十四年正月廿三日［姜登］泮亲笔立"①

　　田土抵当契约文书 8 "立出当约人刘开洪吾无钱用度，今将得当刘天相之土地地名岩礁平土一福出当与龚仕友名下耕众，二加面议当价铜钱八文正。彼日现交本人清领名白并吾少欠，自当之后其有年不定不居，对期钱到土面，两吾异言，今恐无凭立出转当为据。

　　道光壬辰年十一月十三立出当约人 刘开洪

　　凭中人 骆永顺

　　代笔人 侯世才"②

　　（六）田土抵当法律效力

　　田土抵当产生三个方面的法律效力。一是产生债权与物权双重法

---

① 潘志成、吴大华：《土地关系及其他事务文书》，贵州民族出版社 2011 年版，第 57 页。

② 汪文学编校：《道真契约文书汇编》，中央编译出版社 2014 年版，第 16 页。

律关系。所谓债权与物权相抵的法律关系是指田土抵当契约文书一旦
生效，则债权人对债务人既享有债权，又对债务人的抵当田土享有占
有权、使用权和收益权。如田土抵当契约文书9中邹德盛所享有的要
求周福禄偿还铜钱玖千文整，又享有对周福禄抵当田土的占有权、使
用权和收益权。田土抵当契约文书10中陈昌宇所享有的要求邹德高
每年偿还秋收风杨□进干应谷花叁担肆小斗不得短少升合，又享有对
邹德高抵当田土的占有权、使用权和收益权。二是债权人有可能享有
直接处分债务人抵当田土的权利。若田土抵当契约文书生效后，债务
人不履行约定债务或不完全履行约定债务，则债权人可以按照约定享
有直接处分债务人抵当田土的权利。如田土抵当契约文书9中周福禄
若不按约定期限内归还铜钱玖千文整，则邹德盛可以直接处分周福禄
抵当给其的田土。三是债权债务关系消灭。不管债务人是否完全履行
约定的债务，只要约定债务已到期，债权人处分了债务人抵当给其的
田土，则田土抵当契约文书中的债权债务关系消灭。

　　田土抵当契约文书9"立出当约人周福禄今因无钱用度情愿
将自己得并三叔水田地名宅下壹坵，二处地名大园子山土壹全幅
凭中出当与邹德盛耕哉耕种。彼日面议当价铜钱玖千文整。彼时
入手现交亲首领明并无少欠分文。自当之后以定叁载钱到田回，
两无异言，今恐人心不一，故当立约为据。
　　同治元年二月二十日立出当约人 周福禄
　　凭中 骆永喜 骆永洪 周福王
　　凭 周颖泰 笔"①
　　田土抵当契约文书10"立出抵当文约人邹德高今因无钱支
用，情愿将自己严父得并之水田地名仲家沟坐宅当门下股悉行乙
并出抵当陈昌宇其田本人佃转耕栽，每年秋收风杨□进干应谷花
叁担肆小斗不得短少升合，如倘一季不楚陈姓自行上耕邹姓得异

①　汪文学编校：《道真契约文书汇编》，中央编译出版社2014年版，第89页。

言，今恐人心不亦，故出抵当约为据。

　　光绪戊子年八月初四日出抵当人　邹德高"①

六　民田开荒制度和抛荒制度

（一）民田开荒制度

1、鼓励开荒田土制度

　　授职升用、提供荒地，减免田赋，给予开荒地永佃权，提供一定的开垦资金等措施鼓励开荒田土。清代不同的当权者所鼓励开荒田土措施侧重点略有不同。顺治皇帝时期，除了在一定年限内减免田赋外，还给予捐资开荒田土者的地方官员升职的鼓励举措。"顺治十五年十月三十日，贵州道御史李秀奏言，迩来田土荒芜，财赋日绌，臣以为劝垦荒田之典不可不隆。其州县士民暨现任文武各官并闲废晋身，有能捐资开垦者，请食部从优分别授职升用，则不烦帑金之费而做收额课之盈。"②"顺治十八年二月十五日户部议复，云南贵州总督赵廷臣条奏：滇、黔田土荒芜，当亟开垦，将有主荒田令本主开垦，无主荒田招民垦种，俱三年起科，该州县给以印照永为己业。"③"顺治十八年二月十五日，户部议复，云南贵州总督赵廷臣条奏：滇、黔田土荒芜，当亟开垦，将有主荒田令本主开垦，无主荒田招民垦种，俱三年起科，该州县给以印照永为己业。"④康熙皇帝时期，一方面，鼓励卫所官兵开荒田土；另一方面，不立年限减免田赋。"康熙六年九月初七，湖广道御史萧震疏言：今黔、蜀两省，地多人少，诚行屯田之制，驻一郡之兵即耕其郡之地，驻一县之兵即耕其县之地，驻一乡之兵即耕其乡之地。如此，则国家养兵之费既省，而两省荒田亦可

---

①　汪文学编校：《道真契约文书汇编》，中央编译出版社 2014 年版，第 249 页。

②　《世祖实录》卷 121，第 15—16 页。

③　《圣祖实录》卷 1，第 22—23 页。

④　同上。

渐辟矣。下部议行。"① "康熙四年四月十二日，贵州巡抚罗绘锦疏言：黔省以新造之地，哀鸿初集，田多荒废，粮无由办，请不立年限，尽力次第开垦，酌量起科"②乾隆皇帝时期，针对不同地段的荒地开垦的田赋减免的优惠措施，也鼓励夷民开垦荒地。"乾隆六年九月初十，户部议复：署贵州总督云南巡抚张允随奏称，黔省地鲜平畴，凡山头地角零星地土，及山石搀杂工多获少，或依山傍岭，虽成丘段而土浅力薄须间年休息者，悉听夷民垦种，永免升科。至有水可引，力能垦田一亩以上，照水田例六年升科，不及一亩者亦免升科。无水可引，地稍平衍，或垦为土或垦为干田，二亩以上照旱田例十年升科，不及二亩者亦免升科。应知所请。从之。"③ "族中所有之荒山荒地应由管业人随时相定土宜分别种垦，如有力不能种或任意其荒废者，经族长查明或仍责成本人种植，或劝令租给族人承种，其租金得由族长依照该地普通时价定之，仍双方应立款约，以杜后来纠葛。（杨氏十甲族规）"④

2. 开垦田土主体权益保护制度

为了促使田土开荒者对其荒地精细管理和可持续性在其开荒地上投入财力、人力和物力，清王朝采用三种不同方式保护开垦田土主体的权益。如发给印信执照，开荒田土产权归开荒者，减少开荒田土义务，允许开荒田土买卖等。"顺治十八年二月，因各地田土荒芜，贵州省责令有主荒田由田主开垦，无主荒田招民开垦，并由州县发给印信执照，产权归己。朝廷准予三年不征赋税。是年，境内农业生产有所恢复和发展。"⑤ "族中所有之荒山荒地应由管业人随时相定土宜分

---

① 《圣祖实录》卷24，第3页。

② 《圣祖实录》卷15，第4—5页。

③ 《高宗实录》卷150，第11—12页。

④ 杨明兰、杨学军：《从族谱看侗族的族规、家规、家训、家约》，载贵州省志民族志编委会《民族志资料汇编》（第三集 侗族），1987年10月，第64—65页。

⑤ 佘绍基：《三都水族自治县历史文献资料》，载贵州省志民族志编委会《民族志资料汇编》（第七集 水族、藏族），1988年10月，第10页。

别种垦，如有力不能种或任意其荒废者，经族长查明或仍责成本人种植，或劝令租给族人承种，其租金得由族长依照该地普通时价定之，仍双方应立款约，以杜后来纠葛。（杨氏十甲族规）"①

从以下4个开荒地权属买卖契约文书可以得知：第一，开荒地主体对开荒地享有完整的权能，即对开荒地享有占有、使用、收益和处分的权能，尤其是享有自由处分开荒地的权利。如自由转让永佃权。第二，给予了开荒地主体自力保护开荒地权益。开荒地主体自力保护开荒地权益一种方式乃是签订契约文书。从证据学角度看，契约文书属于物证，其证明力较强，因此，开荒地权属买卖契约文书既保护开荒地权属原始取得人的开荒地权益，也保护开荒地权属继受取得人的开荒地权益。

（二）民田抛荒制度

1. 抛荒田土再分配制度

为了充分利用抛荒田土，清代贵州对抛荒田土进行了再分配。根据被分配的对象不同，清代贵州对抛荒田土分配的方式有三。一是把抛荒田土分配给卫所；二是把抛荒田土分配给夷民；三是把抛荒田土分配给汉民。"乾隆三年十二月十一日，户部议复：贵州总督兼管巡抚事张广泗疏报：镇远等六府州县，清出叛苗绝户田四千七百七十三亩，山土三十三亩有奇，俱经拨归屯军，分给屯户耕种。从之。"②"凡有田土，皆末轻徙，此其明验。但城中基址，有原主逃出，招之不来者，有系绝户，而宗族亲友欲图占取者，所以城外农民，巩有争论，故屡招不来。伏乞核夺作主，既尝准城外农民入城，各择其址居住。日后或有城中逃户归来，及故绝户之宗族亲友，应如何区处，方免争端。恳请转详各宪，出示立案，以垂永久等情到县。……所有城内地基，自应准其各自择住。并即派令局绅秉公查勘，按户均分，不

---

① 杨明兰，杨学军：《从族谱看侗族的族规、家规、家训、家约》，载贵州省志民族志编委会《民族志资料汇编》（第三集 侗族），1987年10月，第64—65页。

② 《高宗实录》卷82，第25页。

得多为侵占。至于从前老户，屡终出示招集，并迭次勒限日期，赶紧各归故土，请认屋基。数月以来，俱已渐次归回。其余尚未回者，无非故绝之户。且荔邑于乾隆二年，改建县于息石里，城中田某房屋，系发价银七百四十余两买置，现在百门犹有碑记。其实城中地基，一概均屡公地，目下招徕乡民，亦屡正办。即使日后逃户归来，乃故绝之亲族人等，凡于住定屋基，一概不许多事，以免争端。……城中逃户，日久未回，自系故绝，现终该县招徕入城之户，自应听其各自择住。故绝之亲族永远不准多事。现住之户，亦不准多占，仰即遵批立案。该署县安民灭寇。请野入城，致使火亡渐集。……所有招集入城之户，凡于城内基地，自应听其择住，亦不得多为侵占。……同治十年四月十三日立。"①

2. 抛荒田土耕种生产资料借用制度

由于战争和自然灾害等不可抗力因素而导致平民抛荒田土，即使平民想耕种抛荒田土，但是缺乏耕种抛荒田土生产资料，清王朝制定了抛荒田土耕种生产资料借用制度。抛荒田土耕种生产资料借用制度既规定了抛荒田土耕种生产资料借用的条件、数量，又规定了归还抛荒田土耕种生产资料的方式、期限及免除归还抛荒田土耕种生产资料的条件。"乾隆二年六月二十九日，贵州总督兼管巡抚事务张广泗疏报：黔苗之乱，复业难民按亩借给籽种牛具银两。各属查报复业难民共一万四千一百七十五户，共水田八万一千二百六十三亩有奇，山土三万八千六百九十九亩有奇，请分作五年还项。得知，有旨谕部宽免矣。"②"乾隆三年五月十六日，户部议准贵州总督张广泗疏称：黔省台拱等处逆苗不法，扰害黄平、清平等处，居民逃避，家资荡然，迨今复业，所有平越、思州等各府州县复业难民一万四千一百七十余户口，共田八万一千二百六十亩有奇，土三万八千六百九十亩有奇，借

---

①　石同义：《禀准招集农民入城居住以固根本告示碑》，载贵州省志民族志编委会《民族志资料汇编》（第七集 水族、藏族），1988 年 10 月，第 39 页。

②　《高宗实录》卷 45，第 20 页。

给籽种牛具银两二万零一千一百二十两有奇，自二年七月为始，作十年完纳。"① "乾隆三年五月十六日，户部议准贵州总督张广泗疏称：黔省台拱等处逆苗不法，扰害黄平、清平等处，居民逃避，家资荡然，迨今复业，所有平越、思州等各府州县复业难民一万四千一百七十余户口，共田八万一千二百六十亩有奇，土三万八千六百九十亩有奇，借给籽种牛具银两二万零一千一百二十两有奇，自二年七月为始，作十年完纳。"②

第三节　清代贵州民田登记制度

田土登记既是征收田赋的依据，又是田土权利的确认和公示，具有很强的公信力，尤其是在移民和屯军增多的情况下，加强田土登记尤为重要，因此清王朝和贵州官府要求对民田进行登记，并在康熙、乾隆等时期重新丈量和登记民田土。同时，从清代贵州田土契约文书中可以发现清代贵州民田登记制度。

一　民田登记范围

（一）民田登记面积较大

从《贵州通志》（康熙）、（万历）《黔记》及（万历）《贵州通志》对贵州布政司民田的登记情况可以得知，清代贵州民田登记的面积比明代贵州民田登记的面积大。"贵州布政司原额田壹百玖拾捌万伍千玖分壹厘玖毫贰丝壹忽贰微叁纤肆渺。又康熙三十一二年，提督恭报官庄及清镇县报垦额外田壹百玖拾捌亩肆分陆厘捌毫，荒芜田捌拾贰万贰千柒百肆拾贰亩叁厘捌毫陆忽叁微柒□陆纤叁渺。实在成熟田壹百壹拾陆万贰千伍百伍拾伍亩，原额租地山土壹拾伍万陆千肆百贰拾叁亩陆分壹厘陆毫捌丝肆忽捌微壹□叁纤叁渺，荒芜地土壹拾万

① 《高宗实录》卷69，第1—2页。
② 同上。

伍千肆百柒拾肆亩壹分壹厘叁毫玖丝贰忽玖微捌□屯陆地肆百伍拾分伍厘伍丝，实在成熟地土伍万捌百捌拾柒亩叁分贰毫玖丝壹忽捌微叁□叁纖叁渺屯陆地壹百捌拾玖分玖丝。"①"贵州布政司田地原无丈量顷亩，岁纳粮差俱于土官名下，总行认纳，随查。本省所属民粮田地黄册开有顷亩不及一半军屯田地。明旨清丈行令各委官分投，查磐旧管田亩，在有司共该官民田地壹百肆万叁千伍百玖亩。"②"贵州布政使司：屯田，陆地官军民通共九十四万五千二百三十亩零，田四十二万八千六百五十九亩有奇，地五十一万六千五百七十七亩有奇。"③

清代贵州民田登记的面积比明代贵州民田登记面积大的原因是多方面的。其一，明代贵州，屯田、土司田土在田土总量中占有较大的比重，而由官府真正控制和管理的民田并不多。其二，明代贵州布政司并没有对土官名下的民田登记，而是由土官对其管辖范围的民田直接管理或登记，各土官对民田登记情况并需要汇总给贵州布政司。

（二）民田登记所分布区域较广

民田登记所分布区域比明代贵州民田登记所分布区域广，其依据如下。

一是"改土归流"一直是明朝和清朝的政治策略，尤其是乾隆时期大力推行"改土归流"。从田土制度维度看，"改土归流"实质上是把土司的田土转化为民田和官田，因此，从此意义上说，"改土归流"势必增加民田，把土司的一部分田土转化为民田了。"顺治十八年七月初八，吏部议复云南贵州总督赵廷臣疏言：马乃土司应改为普安县，设知县一员。又分设土司巡检，准令世袭，听其土俗自治，仍节制于县官，并将姓名报部，以便后裔承袭。从之。"④"康熙元年六月二十三，云南总督赵廷臣疏言：曹滴司改土归流，请令黎平府经历

---

① （康熙）《贵州通志》卷十一。

② （明）郭子章：《黔记》卷十九。

③ （万历）《贵州通志》卷一。

④ 《圣祖实录》卷3，第15页。

管理。从之。"① "康熙五年二月初一，以土司安坤故地比喇为平远府，大方为大定府，水西为黔西府；改比喇镇为平远镇，调云南曲寻武沾总兵官刘文进为平远总兵官。"② "光绪九年正月初六，蜀云贵总督岑毓英等奏：拟酌改黔省土司为世职；并挑补兵额。下部议。"③

　　随着西南省份政局逐步稳定，随着"改土归流"政治战略的完成，势必需要减少卫所，屯田是卫所存在的物质基础，减少卫所的结果是屯田的减少。有些屯田是来源于绝户田、逆田或"生界"的成熟田土和荒地，基于"物归原主"和"耕者有其田"的理念，官府把这些屯田归还给原主和没有田土耕种的农民或田土耕种不够的农民。"乾隆二年闰九月十二日，停贵州古州苗田屯军。谕总理事务王大臣：贵州总督张广泗奏称，内地新疆逆苗绝产，请酌量安插汉民领种，万一苗人滋事蠢动，是内地之民人，因耕种苗地而受其荼毒，此必不可行者。……而叛苗绝产与余苗现种田亩多有搀杂，应将现户之田凡有搀入绝田内者，令其指明若干邱段归并屯内，即以绝田之在旁列不宜安屯之处，令该苗自行相度，按数拨还，宁使有余，毋令不足等语。……从前屯田之意，原因该督等奏系无主之绝产，故有此议。今看来此等苗田，未尽系无主之产，或经理之人以为逆苗罪在当诛，今既宥其身命，即收其田产，亦法所宜然，故如此办理。"④ "贵州设立郡县，多就卫、所、土司而改。纳土建官，未暇深勘。郡县各境遂多'华离'之地，搀越断续，不成片段。往往附城田土非我所属，而所属乃在他境之外，致令士民输纳，舍近就远，盗贼流劫，避此趋彼，而牧令声教既阻于重关之外，又或不行卧之旁。"⑤ "二十八年（壬寅谕：直省卫所屯田，半成虚设。此项田亩，私行典卖，辗转胶葛，弊

----

① 《圣祖实录》卷6，第27页。

② 《圣祖实录》卷18，第7页。

③ 《宣宗德宗实录》卷158，第3页。

④ 《高宗实录》卷52，第14—17页。

⑤ 贵州省文史研究馆点校：《贵州通志·前事志》（四），贵州人民出版社1985年版，第598—600页。

端百出，宜认真清查，改归丁粮，以昭核实而裕赋课。着有屯卫省分各督、抚将屯田地亩彻底查明，悉令改为丁粮，归州、县官经征。其原设之卫守备、千总等官，并着裁撤，改归营用。"① "光绪七年正月二十九日，贵州巡抚岑毓英奏：黎平府前因贼氛扰攘，捐办屯田，积弊甚多。现黔省肃清，请裁撤军屯，将此案注销，所有民田退还原捐业户。从之。"②

到了清代后期，经过对"生界"开发和征服，"生界"已变为清王朝直接治理的地域，"生界"田土面积逐渐增多，尤其是"生界"荒地已变成了成熟地，有些"生界"已成了贵州的林业开发区，如清水江一代的锦屏，有些"生界"也成了贵州的产粮区，如道真。

（三）民田类型的登记较多

从（万历）《贵州通志》和（康熙）《贵州通志》对田土登记情况看，清代贵州对民田类型的登记比明代贵州对民田类型的登记较多。清代贵州不但对陆地和水田的民田类型进行了登记，而且对成熟田土和荒地的类型也进行了登记。"原额田壹百玖拾捌万伍千玖拾捌亩玖分壹厘玖毫贰丝壹忽贰微叁纤肆渺，又康熙三十一二年，提督恭报官庄及清镇报垦额外 田壹百玖拾捌亩肆分陆厘捌毫，荒芜田捌拾贰万贰千柒百肆拾贰亩叁厘捌毫陆忽叁微柒尘陆纤叁渺，实在成熟田壹百壹拾陆万贰千伍百伍拾伍亩叁分肆。"③ "贵定县原额本折田贰万伍千壹百玖拾伍亩叁分贰厘肆毫壹丝贰忽，荒芜田柒千肆拾玖亩陆分肆厘陆毫壹丝壹忽贰微壹□捌纤叁渺，实在成熟田壹万捌千壹百肆拾伍亩陆分柒厘捌毫柒微捌□壹纤柒渺。龙里县原额田叁万壹千玖百陆拾肆亩伍分捌厘捌毫叁丝捌忽贰微叁□伍纤，荒芜田玖千陆百肆拾肆亩玖厘贰丝捌忽叁微陆□贰纤捌渺，实在成熟田贰万贰千叁百贰拾亩肆分玖厘捌毫玖忽捌微柒□贰纤贰渺。修文县原额民屯田贰万捌千贰百

---

① 贵州省文史研究馆点校：《贵州通志·前事志》（四），贵州人民出版社 1985 年版，第 851 页。

② 《宣宗德宗实录》卷 126，第 20 页。

③ （康熙）《贵州通志》卷 11。

肆拾贰亩伍分肆厘捌毫玖肆三忽，荒芜田肆千壹百捌拾贰亩玖分贰厘肆毫伍丝叁忽，实在成熟田贰万肆千伍拾玖亩陆分贰厘肆毫肆丝。"①

表2　　　　　都匀汉族移民类型与土地占有情况表（1826年）②

身份地位	户数	口数	家庭规模	山地数量（块）	水田数量（丘）
各属买当苗人田土客民	6441	38381	5.95	10125	54042
佃户	1480	7193	4.86	2580	1001
雇工客民	2575	11096	4.3		
住居城市乡场及隔属买当苗民田土客民	516			318	13443
总数	11012	56670		13023	68486

明代贵州只是对陆地和水田的民田类型进行了登记。"赤水卫：土田，旧额水陆田地五万七千二百八十八亩。万历九年，新丈报增六万六千三百五十亩，十二年覆丈增七百八十七亩，二十五年增至六万七千一百五十六亩零。屯田五万四千三百七十六亩，科田一万二千八百八十亩。"③ "铜仁府：土田，旧志府属司民田五万一千三百五十六□。万历九年新丈增至八万九千七百九十六亩零。学田，罗田冲□泥冲田四十二亩。万历十六年，知府林木□置上地野□家寨田一假计种三斗五升，又一假计种三斗六升地二□。万历十九年，知府邓应龄椎官张祐清置射圃。"④

二　民田登记内容

（一）民田登记客体

民田登记客体包括了三个方面，一是登记了原额田，二是登记了

①（康熙）《贵州通志》卷11。

② 李中清：《中国西南边疆的社会经济：1250—1850》，林文勋、秦树才译，人民出版社2012年版，第330页。

③（万历）《贵州通志》卷11。

④（万历）《贵州通志》卷17。

实在成熟田，三是登记了荒芜田土。"安顺府所辖南龙壹厂镇宁、永宁、普安三州、普定普安、清镇、安平、安南伍县原额田肆拾贰万玖千柒百肆拾亩伍分陆厘叁毫壹丝柒忽伍微叁□伍纤玖渺，又额外田壹百玖拾捌亩肆分陆厘捌毫，荒芜田壹拾叁万肆千叁百柒拾捌亩贰分柒毫捌忽捌微贰纤贰渺，实在成熟田贰拾玖万伍千伍百陆拾亩捌分贰厘肆毫捌忽柒微叁□叁纤柒渺。"[1] "思南府亲辖原额田叁万柒千捌百陆百亩伍厘贰毫，荒芜田玖千贰百叁拾玖亩陆分壹厘伍毫捌丝壹忽捌微肆纤壹渺，实在成熟田贰万捌千伍百陆拾陆亩肆分叁厘陆毫壹丝捌忽壹微玖纤玖渺。安华县原额田伍万伍千捌百肆拾壹亩肆分叁厘捌丝，荒芜田贰万肆千贰百玖拾玖亩捌分捌厘肆毫伍丝捌忽叁微玖□玖纤玖渺，实在成熟田叁万壹千伍百肆拾壹亩伍分肆厘陆毫贰丝壹忽陆微壹渺。"[2]

（二）民田面积基本单位的登记

明代贵州民田面积仅细分到厘，而清代贵州民田面积基本单位不但已经细分到渺，而且要求对民田面积进行登记，必须精准到毫。"印江县原额田壹万捌千柒百肆拾柒亩柒分壹厘叁毫，荒芜田叁千捌百伍拾肆亩壹分叁厘陆毫柒忽陆微叁□壹纤，实在成熟田壹万肆千捌百玖拾叁亩伍分叁厘陆毫玖丝贰忽叁微陆□玖纤。""婺川县原额田贰万陆千壹百陆拾捌亩伍厘捌毫捌丝玖忽，荒芜田地壹万伍千肆百捌拾叁亩柒分伍厘玖毫捌丝捌忽陆微贰□柒纤叁渺，实在成熟田壹万陆百捌拾肆亩贰分玖厘玖毫叁微柒□贰纤柒渺。"[3] "石阡府所辖龙泉壹县原额田捌万玖千壹百贰亩贰厘壹毫贰丝，荒芜田肆万玖千陆亩柒分柒厘肆毫壹丝捌忽柒微玖□贰纤叁渺，原额山土壹万柒千捌百叁拾亩肆分肆厘柒毫玖丝捌忽捌□，实在成熟山土壹千贰拾捌亩玖分柒厘捌毫肆忽。石阡府亲辖原额田伍万肆千柒百柒拾玖亩捌分伍厘，荒芜田叁万陆百陆拾贰亩肆分叁厘柒毫玖丝贰微壹□柒纤柒纤壹渺，实在成熟

---

① （康熙）《贵州通志》卷11。

② 同上。

③ 同上。

田贰万肆千壹百壹拾柒亩肆分壹厘贰毫玖忽柒微捌□贰纤玖渺。龙泉县原额田叁万肆千叁百贰拾贰亩壹分柒厘壹毫。贰县荒芜田壹万捌千叁百肆拾肆厘壹分柒厘壹毫。"①

（三）民田权利变动登记

李中清先生以贵州省政府对民族地区汉族移民情况的调研报告（1826 年）为中心，通过图表形式描述了贵州省及其各地民族地区汉族移民与土地占有情况，下面仅列举了贵阳、黎平等地民族地区汉族移民与土地占有情况。见表 3 和表 4。

表3　　　　　　贵阳移民类型与土地占有情况（1826 年）②

身份地位	户数	口数	家庭规模	山地数量（块）	水田数量（丘）
各属买当苗人田土客民	6105	29573	4.84	8456	29332
佃户	521	2211	4.24	767	708
雇工客民	2261	8937	3.95		
住居城市乡场及隔属买当苗民田土客民	364			316	3633
总数	9251	40721		9539	33673

表4　　　　黎平府汉族移民类型与土地占有情况（1826 年）③

身份地位	户数	口数	家庭规模	山地数量（块）	水田数量（丘）
各属买当苗人田土客民	2284	16490	7.22	1553	34344
佃户	1843	8049	4.36	2362	954
雇工客民	3154	9511	3.02		
住居城市乡场及隔属买当苗民田土客民	221			2	14891
总数	7502	34050		3917	50189

---

① （康熙）《贵州通志》卷 11。

② 李中清：《中国西南边疆的社会经济：1250—1850》，林文勋、秦树才译，人民出版社 2012 年版，第 329 页。

③ 同上。

一些学者收集清代清水江契约文书、清代天柱契约文书、清代吉昌契约文书及清代道真契约文书。李清中先生对贵州省及其各地民族地区汉族移民与土地占有情况的描述，以及清代贵州契约文书蕴含了清代民田权属变动登记制度和原则。

1. 民田权利变动主体为户主

与清代贵州的屯田权属变动主体不同，清代贵州民田权属变动主体为户主。如表2和表3中对汉族移民取得民田所有权、租佃权的主体是家庭，清代贵州契约文书1所载：中我上甲弟兄四十余家，将抽三田，共留十担，地名九党田六丘，永祀后龙□神及南岳香火，以垂久远。是为记。（以下姜姓38人、龙姓2人姓名，略）清代贵州契约文书2所载：立分窖堆合同约人姜鼎相、炳相、周信、周栋叔侄，合同二张，鼎相、周信二人各存一张。从法律角度看，家庭存在两层法律关系：家庭内部关系和家庭外部关系。户主在家庭内部关系中扮演长角色，对外关系扮演家庭的全权代理人角色。

2. 民田权属变动内容为民田所有权、民田用益物权

从表3、表4、清代贵州契约文书1和清代贵州契约文书2可以得知：清代贵州民田权利变动内容为民田所有权、民田用益物权和民田抵押权。表3和表4记载：各属买当苗人田土，客民佃户，住居城市乡场及隔属买当苗民田土客民。各属买当苗人田土就是民田所有权买卖，客民佃户就是民田租佃权，住居城市乡场及隔属买当苗民田土客民就是民田抵押权。清代贵州契约文书1约定：将抽三田，共留十担，地名九党田六丘，永祀后龙□神及南岳香火，此约定实际上就是民田用益物权，清代贵州契约文书2约定：因有先人买遗公山一所，自此分定之后，我等只准进葬，不准出卖。此约定实际上就是民田所有权买卖和民田用益物权。

　　清代贵州契约文书1"瑶光《万古流传》碑 万古流传……我九寨同仇偕作，决战于婆洞地方，三战三捷。我里大众，力解城围。地方富户，欢腾眉捷，愿将田亩存七抽三，酌出力劳。我上

甲弟兄四十余家，将抽三田，共留十担，地名九党田六丘，永祀后龙□神及南岳香火，以垂久远。是为记。（以下姜姓 38 人、龙姓 2 人姓名，略）匠人 唐文清 写碑人 吴必魁 咸丰九年十月二十八日 立 注：碑立瑶光上寨"①

清代贵州契约文书 2 "立分窖堆合同约人姜鼎相、炳相、周信、周栋叔侄，因有先人买遗公山一所，地名地牙，另名抱景彰，即在德修采得鲤鱼形背后呼为龙形，取□山干向兼已亥三钱内中钱，为上下二排：上排取三棺以坐山为主，周栋占中棺，鼎相占左棺，周信占右棺；下排取四棺，鼎相占中左一棺，炳相占中右一棺，余剩左右傍穴二棺，不俱（拘）我家谁人进葬，可以酌谪（商）。自此分定之后，我等只准进葬，不准出卖。今欲有凭，立此窖堆合同字远永发达。

凭中：彭高怀、朱大老、姜斌相、李德元

笔人：姜为宏

合同二张，鼎相、周信二人各存一张。

【半书】分窖堆合同二张存照

光绪三十二年三月廿七日 立"②

三　民田登记法律性质

清代贵州民田登记法律性质是什么呢？换言之，清代贵州民田登记属于民事法律行为，还是属于行政法律行为呢？与明代贵州民田登记法律性质不同，清代贵州民田登记不仅是行政法律行为，还是民事法律行为。

从《贵州通志》（康熙）和贵州省政府对民族地区汉族移民情况

---

① 姚炽昌选辑点校：《锦屏碑文选辑》，锦屏县政协文史资料委员会 锦屏县志编纂委员会办公室编，1997 年 9 月，第 130 页。

② 潘志成、吴大华：《土地关系及其他事务文书》，贵州民族出版社 2011 年版，第 116—117 页。

的调研报告（1826 年）的史料分析得知，清代贵州民田登记属于行政法律行为，其依据如下。一是启动民田登记法律主体是官府，而不是户主。二是对民田进行登记的目的是征收田赋、其他税收，是为了贵州社会秩序的稳定，更好地处理汉族移民与世居民族之间的关系。三是民田登记所花费的人力、财力和物力是由官府支付。"平越府所辖黄平壹州、平越、余庆、翁安、湄潭肆县原额屯科田贰拾肆万柒千捌百伍拾伍亩捌分叁厘玖毫玖丝陆微贰□捌纤陆渺，荒芜田叁万柒千肆拾伍亩柒分伍厘肆丝壹忽，实在成熟田贰拾壹万捌百壹拾亩捌厘玖毫肆丝玖忽壹纤壹渺。原额山土陆万柒千陆百玖拾亩玖分捌厘叁毫，荒芜山土肆万叁千壹拾伍亩玖分伍厘贰毫捌丝，实在成熟山土贰万肆千陆百柒拾伍亩叁厘贰丝。"①

　　从清代贵州契约文书的史料分析得知：清代贵州民田登记属于民事法律行为，其依据如下。一是清代贵州田土契约文书发达，这说明清代贵州民田权利变动在民间具有普及性，而清代贵州田土契约文书所约定的内容为民田权利变动，从公信力角度看，其所约定的民田权属变动与民田官府登记有异曲同工之妙。二是清代贵州田土契约文书双方当事人是代表各自家庭的户主，在协商约定田土过程中的关系是平等的。三是不管是田土权属变动动因，还是田土权利变动主体，都是户主，而户主属于民事主体。

四　民田登记法律效力

（一）民田权利变动有效性

　　由于民田登记具有双重法律性质，所以民田权属变动有效性也存在两个层面上的含义。从民事法律行为的层面看，民田权利变动有效性包含两层含义：一层含义是指民田权利取得主体资格得到认可。民田权利取得资格需要得到对方当事人和社会的认可。如清代贵州契约文书 3 中的姜启才、国珍等五十两之山纸上有名六人姜明相、文龙、

---

① （康熙）《贵州通志》卷 11。

文奇十两之山有名人等要取得其约定的地上权，必须得到对方当事人——下寨姜国珍、启才、应飞、周杰、俨党、兴才等，上寨姜廷伟、姜明、光周、文龙、文奇、龙香保等的同意，也要得到凭中：姜廷式、姜士朝、姜廷盛、姜岩生、姜官科等人的见证。另一层含义是指民田权利变更行为有效。民田权利变更行为有效包括了民田权利客体变更和民田权利内容变更。如清代贵州契约文书2中公山的分割就是民田权利客体变更，对公山用益物权的分享就是民田权利内容变更。

从行政法律行为层面看，民田权利变动有效性包含两层含义：一层含义是指民田登记引发了官府财税权变更有效。官府减免民田田赋及其他税收的主要依据是民田面积多少和质地，而民田面积多少和质地情况以登记为准。"平越府亲辖原额田肆万叁千叁百叁拾玖亩叁分玖毫玖丝陆微贰□捌繼陆渺，荒芜田壹万伍百壹拾柒亩贰分陆厘伍毫叁丝肆忽捌微伍繼，实在成熟田叁万贰千捌百贰拾贰亩肆厘肆毫伍丝伍忽捌微贰□叁繼陆渺，原额全熟山土肆百玖拾叁亩叁分肆厘。黄平州原额田伍万柒千柒百伍拾柒亩陆分伍厘贰毫，荒芜田壹万柒千捌百柒千捌百柒拾伍亩贰分捌厘捌毫，实在成熟田叁万玖千捌百捌拾贰亩叁分陆厘叁毫玖丝叁忽壹微玖□柒繼壹渺。原额山土伍千亩，荒芜山土肆千肆拾亩三分。"①另一层含义是指民田登记引起编户的变更有效。民田登记与编户变更之间存在着内在关联性，如民田的面积和质地情况是否能为编户的首要条件，民田权属主体和民田权属内容的变更也会影响编户数量的变化。

（二）民田契约文书的义务履行

从民事法律行为角度看，在官方民田权利登记不专业的语境下，民田契约文书就是民田权利登记，而根据权利义务对等原则，民田契约文书的义务履行就是民田权利登记法律效力。如清代贵州田土契约文书3中的下寨姜国珍、启才、应飞、周杰、俨党、兴才等，上寨姜

---

① （康熙）《贵州通志》卷之第十一（田赋）。

廷伟、姜明、光周、文龙、文奇、龙香保等把山场的地上权交付给姜启才、国珍等五十两之山纸上有名六人姜明相、文龙、文奇十两之山有名人等就是他们约定义务的履行。清代贵州田土契约文书4中的姜宾周，因横争姜绍韬、绍略、绍吕三家之乌大球山，实际上就是因为不履行约定义务而引起的纠纷。

　　清代贵州田土契约文书3"立清白分山合同约人下寨姜国珍、启才、应飞、周杰、俨党、兴才等，上寨姜廷伟、姜明、光周、文龙、文奇、龙香保等，为因白号山场早已分清栽木无异，今有姜兴才所栽杉木在白号山头，二比混争，意欲兴诉。族人亲友不忍坐视，于中释纷解劝，将兴才所栽之山并地，公处拾二股，将十一股断与姜启才、国珍等五十两之山纸上有名六人收租管业所有，一股断与姜明相、文龙、文奇十两之山有名人等收租管业，日后不得异言。恐后无凭，立此合同各执一纸存照。

　　【半书】立分合同为据

　　映飞手承一纸

　　凭中：姜廷式、姜士朝、姜廷盛、姜岩生、姜官科

　　代笔：姜文勷

　　乾隆五十五年八月初九日 立"①

　　清代贵州田土契约文书4"立清白错字人姜宾周，因横争姜绍韬、绍略、绍吕三家之乌大球山，以致律讼，蒙县主公断，归家［后］姜宾周屡屡向三家乱行滋事。蒙寨老坐视不忍，入中直斥解劝，宾周自今以后，不得借故生端滋事。余有宾周所存字约，日后以为故纸，立清白是实。

　　凭：族长姜绍牙

　　代笔：姜荣

---

　　① 潘志成、吴大华：《土地关系及其他事务文书》，贵州民族出版社2011年版，第220—221页。

道光十年四月初五 立"①

五　民田登记模式

清代贵州民田登记是属于物权登记实质主义，还是属于物权登记形式主义呢？笔者认为，清代贵州民田登记属于物权登记实质主义，其依据如下。一是不管官府对田土面积和种类的登记，还是户主对田土权属变动的约定登记，都是要审查田土权属及相关证件的真实性。二是从法律责任角度看，若审查和登记民田面积、种类和民田权属变动出现错误，则必须承担法定法律责任或约定法律责任。三是从民田官府登记情况看，民田登记属于物权登记实质主义。四是从田土登记与田赋及其相关税收征收的关系，从田土权利变动与其约定义务的关联性等角度看，民田登记应该属于物权登记实质主义。"镇远府所辖镇远、施秉贰县原额田地壹拾伍万壹千肆百壹拾伍亩柒毫陆分捌丝，荒芜田地壹拾万肆千贰百贰拾贰亩伍分玖厘贰丝肆忽捌□壹纤肆渺，实在成熟田地肆万柒千壹百玖拾叁亩壹分壹厘捌毫叁丝伍忽玖微壹□捌纤陆渺。镇远府亲辖原额田贰万叁千玖百叁拾伍亩伍分伍厘贰毫，荒芜田壹万壹千柒拾贰亩肆分叁厘贰毫，实在成熟田壹万贰千捌百陆拾叁亩壹分贰厘。镇远县原额田地玖万陆千壹百玖拾陆亩柒分捌厘，荒芜田地柒万贰千壹百壹拾玖亩玖分伍厘叁丝贰微捌□壹纤肆渺，实在成熟田地贰万肆千柒拾陆亩捌分贰厘伍毫陆丝玖忽柒微壹□捌纤陆渺。施秉县原额田地叁万壹千贰百捌拾叁亩叁分柒厘陆，荒芜田地贰万壹千叁拾亩贰分叁毫玖丝叁忽捌微，实在成熟田地壹万贰百伍拾叁亩壹分柒厘贰毫陆丝陆忽贰微。"②

---

① 潘志成、吴大华：《土地关系及其他事务文书》，贵州民族出版社2011年版，第220—221页。

② （康熙）《贵州通志》卷十一。

第四章

明清时期贵州民田制度的
变迁轨迹及其启示

第一节　明清时期贵州民田制度的变迁轨迹

纵观明清时期贵州民田制度的横切面，它呈现了三条变迁轨迹：一是民田权利变动的变迁轨迹：从"身份"到"契约"。二是民田权能变迁轨迹：从"统一"到"分离"。三是民田的法律价值的变迁轨迹：从"象征资本"到"经济资本"。明清时期贵州民田制度的三条变迁轨迹符合从"物的所有"到"物的利用"的物权法发展趋势，符合"契约自由"的合同法原则。

一　民田权利变动的变迁轨迹：从"身份"到"契约"

所谓民田权利变动轨迹：从"身份"到"契约"是指民田的权利分配和实现是由其身份确定转变为民田的权利分配和实现是通过契约加以确定的。此处的"契约"含义与英国法人类学家梅因在《古代法》中所指的"契约"的含义不同。此处的"契约"是广义的，而不是狭义的；而梅因在《古代法》中所指的"契约"是狭义的，是指以"个人主义为中心"为基础的契约。进而言之，民田权利变动轨迹：从"身份"到"契约"包含了两层含义。一层含义是民田权利的取得主要方式是从"授田"和"占有"到"契约"。另一层含义是民田权利的变更主要方式是从"授田"到"契约"。明代初期，从空间维度看,民田一分为二,即土司领地的民田和"生界"田土家族共有制和游牧制,不管是土司领地还是"生界"田土家族共有制和游牧制,民田的权利取得和变更都是由身份确定的。例如,土司对其领地内的田土享有绝对所有权,可以按其意志占有、使用、处分田土,获取田土的收益。"生界"的家族成员对其田土所享有的权属的根据乃是其属于家族中的一员。为了控制贵州和云南、四川等西南省份,明王朝在贵州推行开荒制度和移民制度,明王朝通过"授田"方式分配田土给卫所的官兵家属和移民,卫所官兵家属和移民对田土所享有权利是其特殊的身份。到了明代中后期,随着"改土归流"的推进,对一部分"生界"的控制和开发,一部分田土的权属的分配和实现则是由契约确定,当然,民田权利取得的主要方式仍然是"授田"和"占有"。明代贵州民田所有权制度中"物归原主"制度是对明代贵州民田变动方式的"授田"和"占有"的捍卫,明代贵州对苗民田土权利保护制度折射了明代贵州对苗民田土权利变动形式——"授田"和"占有"。

"授田"是明代贵州民田权利变更主要方式。明代贵州民田有三类:官府直接监管的民田、土司直接监管的民田及"生界"的民田。不管是哪一种类型的民田,主要是自耕民田,主要充分发挥民田的收益权能;不管是哪种类型的民田,原则上不准私自民田权利变更;不管是一部分土司的田土转化为民田,土司领地的民田转化为官府直接监管的民田,抛荒田土的分配,都是通过官府"授田"方式加以变更民田权利。固然,明代贵州出现了一些小地主,而这些小地主的一部分田土权利是通过契约方式受让而来,但是这不是主流。

到了清代中后期,民田权利取得和变更的主要方式不是由身份确定,而是由契约确定,尤其是民田权利的变更由契约确定表现尤为突出。例如,到了清代中后期,出现了大量的田土契约文书,如清代贵州清水江田土契约文书、清代贵州天柱田土契约文书、清代贵州吉昌田土契约文书、清代贵州道真田土契约及正在整理的清代贵州北盘江田土契约文书等。这些清代贵州田土契约文书属于民田契约文书,实际上，这些清代贵州田土契约文书约定的条款就是民田权利变动。纵观清代贵州民田权利变动契约，可以发现民田权利变动的有因性，可以发现民田权利人变更民田权利的原因说明，尤其是说明民田权利变更的情势变更或不可抗力。清代安徽、山东、福建、江浙等省的许多民田变更契约中并没有说明民田权利变更的原因。民田权利变动的有因性说明了民田权利变更体现了民田权利变动双方主体的商谈，体现了民田权利变动双方主体对民田权利变动的真实意愿。清代贵州民田的分割制度、股权变更制度、赎买制度、典当制度、互换制度、租佃制度、人工林开发和保护制度等民田制度的载体都是契约文书，这就反映了清代贵州民田权利变动契约化已是一种常态。

二　民田权能变迁轨迹：由"统一"到"分离"

民田权能变迁轨迹：由"统一"到"分离"指明清时期贵州民田权利的占有权能、使用权能、收益权能及处分权能等权能由"民田所有者控制"转化为"民田所有者、民田用益物权者共同控制"，由"民田所有权单一制"到"民田所有权二元制——'一田二主'"。明代贵州起初的土司领地民田和"生界"田土家族共有制和游牧制有一个共性，贵州的民田所有权能、占有权能、使用权能、收益权能等权能是统一的，并没有分离，是由民田所有者控制了占有权能、使用权能、收益权能和处分权能。而到了明代中后期，尤其是到了清代中后期，贵州民田的所有权能、占有权能、使用权能、收益权能等权能逐步呈现了"由统一到分离"的趋势，民田权能分离趋势强与"田土变动的身份性"到"田土变动的契约性"相伴而行，是一个问题的两个方面。例如，民田的自由租佃、自由典当、自由转让、租佃权、"田面权与田底权"的分离等。这实际上就是民田的占有权能、使用权能、收益权能、处分权能的分离，民田占有权能又分为实际占有权能和观念占有权能的分离，民田所有权人享有民田的观念占有权能、收益权能和处分权能，民田承租人享有民田实际占有权能、使用权能和收益权能。民田典当权人享有民田的实际占有权能、使用权能、收益权能及处分权能，民田典当人享有民田的观念占有权能和处分权能。民田转让人享有对民田的一次性收益权能，体现为货币，民田受让人享有民田的占有权能、使用权能、收益权能和处分权能。

明代贵州的耕地为户主所有制，对其所有的耕地采取自行耕种的方式，这就说明耕地权利的权能并未分离。外来移民对开荒地或抛荒地享有所有权，并自己耕种开荒地或抛荒地，土司领地的"民田"和"生界"的民田也是所有者自己耕种，明代贵州初期禁止外来移民租佃和卖土司的田土，禁止屯田变更为民田。清代贵州民田的转让制度、典当制度、赎买制度、分割制度、互换制度、租佃股权制度、抵押制度等都是民田权能分离的表现。

三 民田制度的价值目标变迁轨迹：从"象征资本"到"经济资本"

民田制度的价值目标多元，视角不同，民田制度价值目标的类型也不同。从本体论看，民田制度的价值目标有秩序、效率、公平等，从结构和功能的视角看，民田制度的价值目标有政治功能、社会功能和经济功能等。在此，仅从结构和功能的视角诠释民田制度的价值目标变迁轨迹。从制度经济学的维度看，民田是稀缺资源，它具有经济价值；从政治制度学的维度看，民田具有政治性，它存在为谁服务的问题，它存在代表谁的利益问题。从明王朝和清王朝的利益观看，民田制度的价值目标变迁轨迹：从"象征资本"到"经济资本"，即民田制度的功能是从"政治利益"到"经济利益"。

所谓从"象征资本"的体现到"经济资本"的实现是指明代贵州初期，民田制度的主要功能只是体现象征资本，只是实现了明王朝的政治利益，随着明王朝对贵州的控制和治理，尤其是自从乾隆时期全面推行"改土归流"后，对苗疆有效控制和治理后，民田制度的主要功能由"象征资本"的体现转变为"经济资本"的实现，明王朝和和清王朝逐步实现了民田的经济利益，尤其清代中后期表现得尤为突出。民田制度的价值目标变迁轨迹：从"象征资本"的体现到"经济资本"的实现之表现如下。一是明代初期，明王朝实际控制的贵州民田少，民田对明王朝的财税贡献率极低。明代贵州初期，一方面，存在大量的"生界"，许多民田是由土司直接管辖，同时也存在大量的荒地；另一方面，由于征收民田的田赋成本高，民田的生产效率低，因此民田对明王朝的财税贡献率极低。二是明代中后期，明代贵州大力推行"移民就乡宽"的政策，许多外来移民开发了不少荒地，鼓励卫所官兵家属开发科田，一部分土司领地的民田已转化为官府管控的民田，与明代初期贵州相比，此时期的明王朝实际控制民田较多，民田对明王朝的财税贡献率较多。三是从《贵州通志》（康熙）、《清实录》、《贵州通志·前事志》及其他史料可以得知：到了清代中后期，开荒地面积增多了，民田增多了，林地、林木租佃股份制就是为了林地资源、技术、劳动及资金有机融合，尤其是为了充分发挥租佃人的劳动积极性，民田的财税贡献率比明代中后期的民田财税贡献率增多。"按：《康志》，顺治十八年正月，报新垦荒田。安顺等府、赤水等卫所，新垦民屯田地九万三千九百三十五亩，应增秋粮屯米共四千三百四十六石零，应征条马岁用银共五千三百四十四两零，黄豆六十六石零。报续垦荒田。本年二月，报续垦荒田。顺治十八年分贵阳等府、贵前等卫所新垦民屯科田五万一千一百九十九亩零，应征秋粮屯米、豆共三千八百七十二石九斗零，条马岁用等银共二千二百八十八两零。"①"雍正八年七月闰七月十七日，贵州巡抚张广泗疏报：贵筑等十三县开垦雍正七年分田地九千九百亩有奇。"②"乾隆二十一年八月初十，贵州巡抚定长疏报：思州、镇宁、清镇、清平、瓮安、黄平、湄潭七府州县，二十一年分报垦田二百七亩有奇，又垦山土坡地五百三十一亩有奇；分别六年、十年后入额升科。"③"乾隆四年七月二十八，贵州总督张广泗题报：乾隆三年陆续据思州、大定二府，普

---

①　贵州省文史研究馆点校：《贵州通志·前事志》（三），贵州人民出版社1985年版，第71页。

②　《世宗实录》卷84，第6页。

③　《高宗实录》卷518，第8—9页。

安、镇宁、永宁、正安四州，普安、瓮安、湄潭、施秉、玉屏五县，册报民、苗开垦额内、额外田地八百四十四亩有奇；又垦地土六十七亩有奇。"① "嘉庆六年十一月十三，户部议准……贵州巡抚孙曰秉疏报：独山、黄平二州开垦田三亩有奇，照例升科。从之。"② "与明代由政府组织迁徙合屯田不同，清朝主要采用鼓励民间向西南边疆地区移民和开垦的间接策略来推动西南农业的发展。到 18 世纪晚期，共有 300 万人口响应政府的这些激励政策，迁居到西南地区。耕地面积相应地从 1500 万亩增加到 5000 万亩。"③

第二节　明清时期贵州民田制度的启示

一　明代贵州民田抛荒制度的启示

明代贵州民田抛荒制度具有以下三个方面的启示。第一，鼓励耕种抛荒民田。由于战争、天灾人祸等诸原因，明代贵州民田也出现抛荒现象，尤其是出现了不少无主田土。为了充分利用抛荒民田，明代贵州官府采取鼓励外来移民和世居民族耕种抛荒民田。如鼓励抛荒者耕种，分配一部分无主民田，借用生产资料给耕种抛荒民田，减免税收等。近年来，我国抛荒田土现象严重，贵州也不例外，如何解决抛荒田土，这是我国急需解决的问题。虽说我国抛荒农民集体所有农用地的原因与明代贵州民田抛荒的原因有所不同，但是其根本原因一样，田土的收益权能未达到预期目的。因此，解决抛荒田土的根本方法乃是提高田土的收益权能。明代贵州鼓励耕种抛荒民田的措施就是提高田土的收益权能，从此意义上说，鼓励耕种抛荒民田对解决抛荒农民集体所有农用地具有启示。虽然我国已经通过免除农业税的方法

---

① 《高宗实录》卷97，第20页。

② 《仁宗实录》卷90，第31页。

③ 李中清：《中国西南边疆的社会经济：1250—1850》，林文勋、秦树才译，人民出版社2012年版，第57页。

提高农民集体所有农用地的收益权能，但是农民集体所有农用地的"细碎化"现象突出，规模经营农民集体所有农用地者缺乏资金来源，这也是导致农民集体所有农用地收益权能难以发挥的重要原因，而明代贵州鼓励耕种抛荒民田的其中措施就是解决民田"细碎化"问题和资金问题，如把一定数量的抛荒民田给愿意耕种抛荒民田者，并借用一定农业生产资料和资金。第二，确认抛荒民田权利。从田土权利变动角度看，我国农民集体所有农用地抛荒的收益权能并未发挥应有的功效的重要原因是农民集体所有农用地权利的确认缺位。如农民集体所有权主体缺位，缺乏监管农民集体所有农用地抛荒的内在主体和动力，许多地方农村土地承包承包经营权确权也未到位，农村土地承包经营权的权能缺位，尤其是农村土地承包经营权的处分权能和收益权能的实现存在法律上的障碍，这也是农民集体所有农用地抛荒的动摇诱因。另外，抛荒农民集体所有农用地的权利确认不清制约了耕种农民集体所有农用地的积极性。而明代贵州对民田权利确认工作做得到位，尤其是对无主民田权利的确认非常到位，从而激发了耕种抛荒民田的积极性。明代贵州对无主民田权利确认对促进我国农民集体所有农用地抛荒解决具有参考价值。第三，追究人为抛荒者的责任。明代贵州不但追究人为抛荒者的责任，而且要追究民田监管者的责任，这增加了人为抛荒者和监管民田者抛荒民田的机会成本，增加他们的法律风险，从外部惩罚机制促使他们不抛荒民田。目前，对人为抛荒农民集体所有农用地者的惩罚规定不明确，只是从剥夺权利层面做了简单的规定。其实，这样的规定起不到应有的效果，因为没有真正的主体监管和处罚人为抛荒者，如农民集体所有农用地所有者主体缺位。

二　清代贵州林地制度的启示

清代贵州林地制度具有以下两个方面的启示。第一，完善林地开发和使用的诚信制度机制。清代贵州林业发展较好之根本原因是清代贵州制定了合理的林地制度，尤其是完善的林地开发和使用的诚信制度机制。当前贵州集体林权制度的一个缺陷是林地开发和使用的诚信制度机制不健全，而林地开发和使用的诚信制度机制的缺陷是阻碍贵州集体林权制度改革顺利进行的重要障碍，所以真正要实现贵州集体林权制度改革的目标，必须完善林地开发和使用的诚信制度机制。集体林权制度改革中存在的许多问题都是由于林地开发和使用的诚信制度机制的缺陷所造成的。如林木的确权过程中权属纠纷较多，林木采伐许可证制度不完善，林农处分权未落实并未形成合理预期，林权抵押贷款制度尚有缺陷，公益林补偿机制尚未完善，林木所有权和林地承包经营权的登记。而清代贵州林地开发和使用制度蕴含了丰富的诚信理念。如清代贵州林地开发和使用的契约化，凭中在林地开发和使用契约文书的三重角色，林地开发和使用契约文书的书面化和格式化、林地租佃股权契约文书、林地典当契约文书、林地赎买契约文书等。第二，林地权能分离。林地所有权与租佃权分离是清代贵州林地制度一个重要特征，这个特征是促使清代贵州林业发展的重要动因。林地所有权与林地用益物权的分离是林地权能分离的缩影，林地所有权与林地用益物权分离有助于林地使用价值和林地交换价值的充分利用，有助于林地使用价值和交换价值的互动，也有助于林地与劳动力和资金的有机结合，有助于林地租佃股份制的发展，从而推动林地的开发和使用。林地产权不清、林地权能分离不够、林地权属主体的权利难以得到保护，这是集体林权制度改革中存在的突出问题，而吸收清代贵州林地权能分离的理念可以为解决集体林权制度改革中所存在的突出问题给予启示。

三　清代贵州民田所有权纠纷解决制度的启示

清代贵州民田所有权纠纷解决制度的启示是多层面的，基于"就近原则"和民族村寨旅游开发的土地纠纷凸显的缘由，仅谈谈清代贵州民田所有权纠纷解决制度对民族村寨旅游开发的土地纠纷的启示。笔者认为，清代贵州民田所有权纠纷解决制度对民族村寨旅游开发土地纠纷解决具有三个方面的启示。第一，规范农村土地所有权变动合同。从证据学的角度看，清代贵州田土所有权变动合同是物证，它具有很强的证据力。由于清代贵州田土所有权变动合同比较规范，对田土所有权变动事宜记载比较全面，都有凭中参与签字，所以一旦因田土所有权变动发生纠纷，田土所有权变动合同既可以为其纠纷的解决提供证据，也可以促使凭中调解其纠纷，而现行农村土地所有权变动合同不规范是其产生纠纷的重要动因，也是对其纠纷难以解决的关键原因，因此，从此意义上说，很有必要规范农村土地所有权变动合同。第二，大力培育解决土地纠纷的民间职业人。中人是清代贵州解决民田所有权纠纷的民间职业人，他们既扮演了预防民田所有权纠纷发生的角色，又扮演了民田所有权纠纷见证者和调停者的角色。中人与公正机构既有相同点，又有不同点。两者的相同点是预防田土纠纷发生的角色，是田土纠纷发生的见证者，不同点是公正机构不是纠纷发生的见证者。据调查，民族村寨旅游开发土地纠纷发生的一个动因是缺乏像"中人"这样解决纠纷的民间职业人，既然如此，就应该大力培育解决田土纠纷的民间职业人。第三，强化司法判决的独立性和权威性。贵州省高院委托调研课题"贵州农村土地承包经营权流转及其他权项纠纷解决研究"组深入贵州省基层法院调研发现，由于有些基层政府是民族村寨旅游开发土地纠纷的当事人，而基层法院在受理、判决和执行此类案件时，受到基层政府的干扰比较大，所以法院的判决的独立性难以保证，他们的权威性也受到挑战。而纵观清代贵州乡村精英和官府解决民田所有权纠纷制度，乡村精英和官府对民田所有权纠纷的判决具有很强的独立性和权威性，那时的民田所有权纠纷案件的执行效果好。因此，从此意义上说，清代贵州乡村精英和官府解决民田所有权纠纷制度对民族村寨旅游开发田土纠纷解决具有启示。

参考文献

一 史料类

[1]《明实录》，南京国学图书馆影印本。

[2]（明）郭子章：《黔记》，贵州省图书馆藏本。

[3]《贵州通志·贵州前事志》（第二册），贵州人民出版社1987年版。

[4]《大明律》，法律出版社1999年版。

[5]（清）张廷玉等：《明史》，中华书局1974年版。

[6]（嘉靖）《贵州通志》，贵州省图书馆藏本。

[7]（万历）《贵州通志》，贵州省图书馆藏本。

[8]《明实录贵州资料辑录》，贵州人民出版社1983年版。

[9]《清实录》，中华书局1985年版。

[10]（清）赵尔巽：《清史稿》，中华书局1977年版。

[11]《贵州图经新志》，贵州省图书馆藏本。

[12]（嘉靖）《普安州志》，贵州省图书馆藏本。

[13]（康熙）《贵州通志》，贵州省图书馆藏本。

[14]（乾隆）《贵州通志》，贵州省图书馆藏本。

[15]《道光贵阳府志》，贵州省图书馆藏本。

[16]（乾隆）《镇远府志》，贵州省图书馆藏本。

[17]（光绪）《黎平府志》，贵州省图书馆藏本。

[18]（乾隆）《独山州志》，贵州省图书馆藏本。

［19］（道光）《遵义府志》，贵州省图书馆藏本。

［20］（咸丰）《安顺府志》，贵州省图书馆藏本。

［21］（道光）《思南府志》，贵州省图书馆藏本。

［22］（乾隆）《玉屏府志》，贵州省图书馆藏本。

［23］何仁仲等：《贵州通史》（二），当代中国出版社 2003 年版。

［24］孙兆霞等编：《吉昌契约文书汇编》，社会科学文献出版社 2010
　　　年版。

［25］《贵州通志·前事志》（四），贵州省人民出版社 1985 年版。

［26］（清）张廷玉编，罗康智、王继红编著，杨庭硕审订：《明史·
　　　贵州地理志考释》，贵州人民出版社 2008 年版。

［27］（清）张廷玉编，翟玉前、孙俊编著，罗康隆审订：《明史·贵
　　　州土司列传考证》，贵州人民出版社 2008 年版。

［28］章培恒、喻遂生主编：《二十四史全译》（明），汉语大词典出
　　　版社 2004 年版。

［29］（明）郭子章著，杨曾辉、麻春霞编著：《诸夷考释》，贵州人
　　　民出版社 2013 年版。

［30］方慧编著：《中国历代民族法律典籍——"二十五史"有关少
　　　数民族法律史料辑要》，民族出版社 2004 年版。

［31］贵州省志民族志编委会：《民族志资料汇编》（第一集 布依
　　　族）。

［32］姚炽昌选辑点校：《锦屏碑文选辑》，锦屏县政协文史资料委员
　　　会 锦屏县志编纂委员会办公室编 1997 年。

［33］佘绍基：《三都水族自治县历史文献资料》，载贵州省志民族志
　　　编委会《民族志资料汇编》（第七集 水族、藏族），1988 年。

［34］贵州省志民族志编委会：《民族志资料汇编》（第九集 土家
　　　族）。

［35］方铁：《西南通史》，中州古籍出版社 2003 年版。

［36］贵州大学、天柱县人民政府、贵州档案馆、江苏宏德文化出版
　　　社基金会合编：《天柱文书》。

[37] 汪文学编校：《道真契约文书汇编》，中央编译出版社 2014年版。

[38] 潘志成、吴大华、梁聪：《林业经营文书》，贵州民族出版社2012年版。

[39] 潘志成、吴大华：《土地关系及其他事务文书》，贵州民族出版社 2011年版。

[40] 孙兆霞等编：《吉昌契约文书汇编》，社会科学文献出版社 2010年版。

[41]（清）张廷玉编，翟玉前、孙俊编著，罗康隆审订：《平苗纪略研究》，贵州人民出版社 2008年版。

[42] 贵州省志民族志编委会：《民族志资料汇编》（第三集，侗族），1987年10月。

[43] 贵州省志民族志编委会：《民族志资料汇编》（第七集，水族、藏族），1988年10月。

[44] 贵州省志民族志编委会：《民族志资料汇编》（第八集，彝族），1988年1月。

[45]（清）谢圣纶：《滇黔志略》，贵州人民出版社 2008年版。

[46]（清）方显：《平苗纪略研究》，贵州人民出版社 2008年版。

二　专著类

[1] 赵俪生：《中国土地制度史》，武汉大学出版社 2013年版。

[2] 武建国：《均田制研究》，云南人民出版社 云南大学出版社 2011年版。

[3] 李启成：《外来规则与固有习惯——祭田法制的近代转型》，北京大学出版社 2014年版。

[4] 俏澎：《从冲突到和谐——元明清时期西南少数民族纠纷解决机制研究》，云南人民出版社、云南大学出版社 2011年版。

[5] 徐晓光：《清水江流域林业经济法制的历史回溯》，贵州人民出版社 2006年版。

［6］何伟福：《制度变迁与清代贵州经济研究》，中国时代经济出版社 2008 年版。

［7］吴大华等：《侗族习惯法研究》，北京大学出版社 2012 年版。

［8］邵泽春：《贵州少数民族习惯法研究》，知识产权出版社 2007 年版。

［9］张晋藩、怀效锋：《中国法制通史》第七卷（明），法律出版社 1999 年版。

［10］杨国桢：《明清土地契约文书研究》，中国人民大学出版社 2009 年版。

［11］［日］加藤雅信著，郑芙蓉译：《所有权的诞生》，法律出版社 2011 年版。

［12］梁治平：《清代习惯法：社会与国家》，中国政法大学出版社 1996 年版。

［13］杨昌儒、孙兆霞、金燕：《贵州民族关系的构建》，贵州人民出版社 2010 年版。

［14］李中清著：《中国西南边疆的社会经济：1250—1850》，林文勋、秦树才译，人民出版社 2012 年版。

［15］蒲坚：《中国历代土地资源法制研究》，北京大学出版社 2006 年版。

［16］［日］长野郎著，强我译，袁兆春点校：《中国土地制度的研究》，中国政法大学出版社 2004 年版。

［17］杨芝斌：《布依族摩文化研究》，黔新出 2011 年一次性内资准字（省批）第 67 号。

［18］张佩国：《近代江南乡村地权的历史人类学研究》，上海人民出版社 2002 年版。

［19］［英］亨利·萨姆奈·梅因：《古代法》，九州出版社 2007 年版。

［20］周相卿：《台江县五个苗族自然寨习惯法调查与研究》，贵州人民出版社 2009 年版。

[21] 辞海编辑委员会：《辞海》上海辞书出版社1980年版。

[22] ［德］黑格尔、范扬：《法哲学原理》，张企泰译，商务印书馆1982年版。

[23] 刘云生：《民法与人性》，中国检查出版社2005年版。

[24] 张晓辉：《多民族社会中的法律与文化》，法律出版社2011年版。

[25] 邹源等：《贵州少数民族习惯法调查与研究》，中央民族大学出版社2014年版。

[26] 李鸣：《中国民族法制史论》，中央民族大学出版社2008年版。

[27] ［日］三潴信三著，孙芳译，韦浩点校：《物权法提要》（上、下）中国政法大学出版社2005年版。

[28] ［美］黄宗智：《清代以来民事法律的表达与实践——历史、理论与现实》，法律出版社2014年版。

[29] 马珺：《清末民初民事习惯法对社会的控制》，法律出版社2013年版。

[30] ［日］长野郎：《中国土地制度的研究》，强我译，袁兆春点校，中国政法大学出版社2004年版。

[31] 顾诚：《隐匿的疆土——卫所制度与明帝国》，光明日报出版社2012年版。

[32] 徐晓光、文新宇：《法律多元视角下的苗族习惯法与国家法——来自黔东南苗族地区的田野调查》，贵州民族出版社2007年版。

[33] 陈金全：《彝族仡佬族毛南族习惯法研究》，贵州民族出版社2008年。

[34] 王明贵、王继超：《水西简史》，贵州民族出版社2011年版。

[35] 伍丹戈：《明代土地制度和赋役制度的发展》，福建人民出版社1982年版。

[36] 刘志敫原著：《民法物权编》，中国政法大学出版社2006年版。

[37] "历史研究"编辑部编：《中国历代土地制度问题讨论集》，生

活·读书·新知 三联书店 1957 年版。

[38] 张君约编著:《历代屯田攷》(上 下),知识产权出版社 2014 年版。

[39] 胡兴东:《中国少数民族法律史纲要》,中国社会科学出版社 2015 年版。

[40] [俄] 克鲁泡特金:《互助论》,商务印书馆 2010 年版。

[41] 方铁、方慧:《中国西南边疆开发史》,云南人民出版社 1997 年版。

[42] 徐晓光:《清水江流域林业经济法制的历史回溯》,贵州人民出版社 2006 年版。

[43] 曹务坤:《国有农用地承包经营法律研究》,中国社会科学出版社 2011 年版。

[44] 曹务坤:《林权法律问题研究》,中国社会科学出版社 2012 年版。

[45] [英] 詹姆斯·塔利:《论财产权:约翰·洛克和他的对手》,王涛译,商务印书馆 2014 年版。

[46] 梁慧星:《中国物权法研究》(上 下),法律出版社 1998 年版。

[47] 王卫国:《中国土地权利研究》,中国政法大学出版社 2003 年版。

[48] 周林彬:《物权法新论——一种法律经济分析的观点》,北京大学出版社 2002 年版。

[49] 方慧:《元明清时期国家与边疆民族地区基层社会的互动关系研究——以法律变迁为中心的考察》,中国社会科学出版社 2012 年版。

[50] 伍忠仕:《镇宁近现代史专题研究》,云南出版集团 云南人民出版社 2015 年版。

三 论文

[1] 李仕波:《明代贵州军屯述论》,《贵州文史丛刊》2008 年第

2 期。

[2] 林芊:《近代天柱凸洞侗族地区的土地买卖和地权分配——以清水江文书(天柱卷)研究之一》,《贵州大学学报》(社会科学版)2013 年第 2 期。

[3] 程昭星:《试论清王朝对西南民族地区实行的政治改革及其意义》,《贵州社会科学》1991 年第 12 期。

[4] 向零:《高增"二千九"的社会组织》,载贵州省民族研究所 贵州省民族研究学会编《贵州民族调查》(之九)1992 年版。

[5] 雷广正,《榕江县水族社会历史调查》,载贵州省志民族志编委会《民族志资料汇编》(第七集 水族、藏族)1988 年 10 月。

[6] 邓建鹏、邱凯:《从合意到强制:清到民国清水江纠纷文书研究》,《甘肃政法学院学报》2013 年第 1 期。

[7] 胡积德:《清代盘江流域布依族地区"改土归流"与领主经济向地主经济的转化》,《贵州民族研究》1982 年第 3 期。

[8] 杨有赓:《姜氏家谱反映的明清时期文斗苗族地区经济文化状况》,载贵州省民族研究所、贵州省民族研究学会编《贵州民族调查》(之六)1988 年版。

[9] 杨有赓:《清代苗族山林买卖契约反映的苗汉等族间的经济关系》,《贵州民族研究》1990 年第 3 期。

[10] 孟学华:《贵州毛南族清朝土地契约文书调查研究》,贵州民族研究 2014 年第 1 期。

[11] 杨有赓:《清代清水江林区苗族山林租佃关系》,载贵州省民族研究所、贵州省民族研究学会编《贵州民族调查(七)》1990 年。

[12 杨有赓:《姜氏家谱反映的明清时期文斗苗族地区经济文化状况》,载贵州省民族研究所、贵州省民族研究学会编《贵州民族调查》(之六)1988 年 11 月。

[13] 石同义:《禀准招集农民入城居住以固根本告示碑》,载贵州省志民族志编委会《民族志资料汇编》(第七集 水族、藏族)

1988 年 10 月。

［14］徐晓光：《清代黔东南锦屏林业开发中国家法与民族习惯法的
互动》，《贵州社会科学》2008 年第 2 期。

［15］罗洪洋、赵大华、吴云：《清代黔东南文斗苗族林业契约补
论》，《民族研究》2004 年第 2 期。

［16］罗洪洋、张晓辉：《清代黔东南文斗侗、苗林业契约研究》，
《民族研究》2003 年第 3 期。

［17］姜秀波：《轰动世界的锦屏 10 万件清代林契》，《文史天地》
2003 年第 2 期。

［18］罗洪洋：《清代黔东南锦屏苗族林业契约的纠纷解决机制》，
《民族研究》2005 年第 1 期。

［19］罗洪洋：《清代黔东南锦屏苗族林业契约之卖契研究》，《民族
研究》2007 年第 4 期。

［20］徐晓光：《清代黔东南锦屏林业开发中国家法与民族习惯法的
互动》，《贵州社会科学》2008 年第 2 期。

［21］杨明兰、杨学军：《从族谱看侗族的族规、家规、家训、家
约》，载贵州省志民族志编委会《民族志资料汇编》（第三集 侗
族）1987 年 10 月。

［22］黄开运：《实贴那志寨晓谕碑——附永远遵照碑》，载贵州省志
民族志编委会《民族志资料汇编》（第一集 布依族）。

［23］杨有赓：《锦屏清代碑林撷萃》（中），载贵州省民族研究所 贵
州省民族研究学会编《贵州民族调查》（之九）1992 年 2 月。

［24］吴永清：《黎平、从江两县部分历史碑刻》，载贵州省志民族志
编委会《民族志资料汇编》（第三集 侗族）1987 年 10 月。

［25］杨明兰、杨学军：《从族谱看侗族的族规、家规、家训、家
约》，载贵州省志民族志编委会《民族志资料汇编》（第三集 侗
族）1987 年 10 月。

［26］李鸣：《明代土地租佃的法律调整》，《现代法学》2002 第
5 期。

[27] 史继忠：《明清时期贵州地主所有制》，《贵州文史丛刊》1998 第 5 期。

[28] 彭艳华：《从秦氏托梦看清代的祭祀财产保护制度——读红楼梦 第十三回引发的思考》，《南华大学学报》（社会科学版）2013 年第 3 期。

[29] 李力：《清代法律制度中的民事习惯法》，《法商研究》2004 年 第 2 期。

[30] 肖汉银：《论清代民族立法的主要原则》，《理论月刊》2003 年 第 11 期。

[31] 龙泽江、李斌、吴才茂：《木材贸易与清代贵州清水江下游苗 族社会变迁》，《中国社会经济史研究》2013 年第 4 期。

[32] 罗时法：《清代前、中期贵州矿业略考》，《贵州社会科学》 1986 年第 4 期。

[33] 陈纪越：《从清实录看贵州清代土地开垦》，《铜仁职业学院学 报》（社会科学版）2013 年第 2 期。

[34] 付可尘：《清代贵州屯田的民地化述论》，《贵州民族研究》 2013 年第 2 期。

[35] 寺田浩明：《日本对清代土地契约文书的整理与研究》，1989 年 中国法律史学会年会上的发言。

[36] 王彪：《清代贵州学田刍议》，《安顺学院学报》2012 年第 2 期。

[37] 梁方仲：《明史·食货志》第一卷笺证（续三），《北京师院学 报》（社会科学版）1981 年第 2 期。

[38] 赖家度：《明清两朝土地占有关系及其赋税制度的演变》，《历 史教学》1995 年第 9 期。

[39] 李文治：《从地权形式的变化看明清代地主制经济的发展》， 《中国社会经济史研究》1991 年第 10 期。

[40] 傅衣凌：《论明清时期社会与封建土地所有形式》，《厦门大学 学报》（哲学社会科学版）1978 年 ZI 期。

[41] 龙登高:《地权交易与生产要素组合:1650—1950》,《经济研究》2009 年第 2 期。

[42]《明清时期田皮交易契约研究》,《中国人民大学学报》2014 年第 4 期。

[43] 方行:《清代前期的土地产权交易》,《中国经济史研究》2009 年第 2 期。

[44] 张一平:《近代租佃制度的产权结构与功能分析——中国传统地权构造的再认识》,《学术月刊》2011 年第 10 期。

[45] 张湖东:《传统社会土地交易"找价"新探》,《学术月刊》2013 年第 7 期。

[46] 杨德才、陆蕾:《论中国历史上的押租制——新制度经济学的视角》,《福建师范大学学报》(哲学社会科学版)。

[47] 徐晓光:《清朝民族立法原则初探》,《民族研究》1992 年第 1 期。

[48] 杨进飞:《侗款制试探》,《民族论坛》1987 年第 3 期。

[49] 张晋藩:《清朝民族立法经验浅析》,《国家行政学院学报》2011 年第 1 期。

[50] 苏钦:《苗例考析》,《民族研究》1993 年第 3 期。

四　调研报告及其他参考文献

[1] 贵州省民族研究学会 贵州省民族研究所编:《贵州民族调查之三》,1985 年 10 月。

[2] 贵州省民族研究学会 贵州省民族研究所编:《贵州民族调查之四》,1986 年 8 月。

[3] 贵州省民族研究学会 贵州省民族研究所编:《贵州民族调查之六》,1988 年 11 月。

[4] 贵州省民族研究学会 贵州省民族研究所编:《贵州民族调查之七》,1990 年 2 月。

[5] 贵州省民族研究学会 贵州省民族研究所编:《贵州民族调查之

八》，1990 年 11 月。

[6] 贵州省民族研究学会 贵州省民族研究所编：《贵州民族调查之
九》，1991 年 12 月。

[7] 贵州省民族研究学会 贵州省民族研究所编：《贵州民族调查之
十》，1992 年 11 月。

[8] 贵州省志民族志编委会：《民族志资料汇编》（第三集，侗族），
1987 年 10 月。

[9] 贵州省志民族志编委会：《民族志资料汇编》（第七集，水族、
藏族），1988 年 10 月。

[10] 贵州省志民族志编委会：《民族志资料汇编》（第八集，彝族），
1988 年 1 月。

[11] 朱艳英：《明清时期西南民族地区物权制度变迁研究》，云南大
学民族法学博士学位论文，2009 年 5 月。

[12] 任均尚：《论清前期贵州苗疆的经济开发》，西南师范大学专门
史专业硕士学位论文，2004 年 5 月。

[13] 魏顺光：《清代非正式法律制度之乡规民约探析》，湘潭大学中
国法律史专业硕士学位论文，2013 年 5 月。

后　记

　　本书是"研究阐释党的十八届四中全会精神国家社科基金重大项目——建设社会主义民族法治体系、维护民族大团结研究（14ZDC025）"的阶段性研究成果。本书吸收了"2013年贵州省社科规划项目——明清时期贵州财产法律制度研究（13GZYB31）"和"2013年贵州省出版发展专项资金资助项目——贵州法制史中的明代贵州法律制度"等项目研究成果。本书的前身是笔者的博士论文，进而言之，本书的撰写过程实际上就是笔者博士论文的撰写过程，笔者的博士论文能顺利通过，本书能顺利出版，这得益于良师们的悉心指导，得益于益友们的鼎力相助，得益于贵州财经大学的资助，在此，深表谢意。

　　虽说民商法专业和民族法学同属于法学门类，但是对我而言，从民商法领域转战到民族法学领域，真有点"隔行如隔山"的感受。很幸运，在这转战过程中，诸多良师益友的人文关怀、指点迷津，这让我受益匪浅，让我的生活多了一丝彩虹。

　　恩师方慧教授带我领略中国少数民族法制史的学术殿堂。从恩师编著的《中国历代民族法律典籍——"二十五史"有关少数民族法律史料辑要》中感悟到中国少数民族法制的曲线运动和博大精深，从她所开设的课程《中国少数民族法制史》中认知了踏入中国少数民族法制史学术殿堂的路径和方法。为让我尽早进入中国少数民族法制史研究者角色，恩师推荐我选修王文光教授的课程《中国民族史研究》，举荐我请教原贵州省文史馆馆长史继忠先生，开列中国少数民族法制史的经典书目，提供了一些宝贵的史料。从选题到论文的定稿，恩师付出了不少心血，悉心"全天候"指导：从选题提纲到论文结构，从史料提炼到研究内容，从语言表达到字符构建。

吴大华教授是我顺利完成博士论文的"驱动器"。作为委培生，繁重的科研任务和完成学业是我绕不开的矛盾，吴老师想方设法为我化解此矛盾。他不但提供一些极有价值的史料，而且指导我申报和完成贵州省社哲规划办 2013 年度一般项目《明清时期贵州财产法律制度》，并参与他主持的国家社科基金重大项目《建设社会主义民族法治体系、维护民族大团结》的研究，给予我参加《贵州法制史》（古近代卷）撰写的机会。

张晓辉教授和王文光教授的授课为选题给予启示，为论文撰写提供了方法和理论工具，他们对我的博士论文开题、预答辩提出了宝贵建议，这些宝贵建议如雪中送炭，贵州民族史、地方史研究专家史继忠教授对我博士论文开题和博士论文初稿写作给以指导。同时，牟军教授、王启梁教授、沈寿文教授、吴晓亮教授及杨晋玲教授等教授对我的博士论文开题、预答辩提出了建设性意见，让我茅塞顿开。

在笔者的博士论文答辩会上，答辩委员会主席王文光教授、答辩委员会委员郑冬渝教授、鲁刚教授、安树昆教授、高整军教授不但提出了一些建设性的意见，而且鼓励笔者继续对博士论文的相关问题进一步深入研究，他们的建议和鼓励激励我对"明清时期贵州民田制度"的相关问题进一步探讨。

师兄张青、孙健飞、张志强、师姐郭靖、同窗好友甘霆浩、邓小海、胡月军、马海云、牛文欢、徐尤龙、师弟辛纪元、李继扬等益友的相随、同行、人文关怀，让我的博士生活少了几丝孤寂，多了几分愉悦。

可以说，没有良师们的悉心指导，没有益友们的鼎力相助，没有贵州财经大学文法学院领导的关怀，没有贵州财经大学的资助，本书无法预期问世，再一次致以最真诚的谢意。

曹务坤

2016 年 8 月 8 日于鹿冲关枫林小区